东北师范大学博士后文库

黑龙江站话语音词汇特征及流变研究

杨松柠 ◎ 著

HEILONGJIANG
ZHANHUA YUYIN CIHUI
TEZHENG JI LIUBIAN YANJIU

中国社会科学出版社

图书在版编目（CIP）数据

黑龙江站话语音词汇特征及流变研究／杨松柠著．—北京：中国社会科学出版社，2015.5

ISBN 978-7-5161-5632-2

Ⅰ．①黑… Ⅱ．①杨… Ⅲ．①北方方言-方言研究-黑龙江省

Ⅳ．①H172.1

中国版本图书馆 CIP 数据核字（2015）第 041773 号

出 版 人 赵剑英
责任编辑 任 明
责任校对 王晓辉
责任印制 何 艳

出 版 中国社会科学出版社
社 址 北京鼓楼西大街甲 158 号
邮 编 100720
网 址 http://www.csspw.cn
发 行 部 010-84083685
门 市 部 010-84029450
经 销 新华书店及其他书店

印刷装订 北京市兴怀印刷厂
版 次 2015 年 5 月第 1 版
印 次 2015 年 5 月第 1 次印刷

开 本 710×1000 1/16
印 张 13
插 页 2
字 数 240 千字
定 价 48.00 元

序

　　中国的语言资源非常丰富。就汉语来说，方言的复杂性和多样性恐怕是全世界独一无二的。从理论上说，方言的差异是语言发展不平衡造成的，也就是历时变化在共时平面上的反映，因此方言研究总是和语言历史研究有着密切的关系。方言间的共时差异，甚至一种方言内部的差异，实际也就是一种语言发展的历史层次。过去的方言研究总是着眼于大的差异，明显的差异，因此研究的重点是放在与北方官话方言差别最大最明显的南方方言上。随着汉语研究的发展，我们逐渐发现即使是官话内部相对较小的差异，也是不容忽视的。很多原以为研究价值不大的现象经过挖掘也是纷纭复杂、蔚为大观的，而且蕴藏着深厚的历史文化信息。正因为官话方言和普通话、北京话的差异小，其变异从历史角度说往往是近古或近代形成的，这对于解释普通话、北京话的形成和发展，印证一些现象和规律，就更有说服力。正是基于这种认识，我国北方官话方言的研究近些年发展迅速，成果可观，这也直接或间接地推动了现代汉语和汉语史的研究。现在杨松柠同志的站话研究的刊印，又为北方官话研究奉献了一部非常有价值的学术著作。

　　现代社会的发展使得各种语言都处于快速整合的过程中，方言的削弱甚至消亡是不可避免的大势所趋。在这种形势下，方言研究有着抢救保存文化遗产的重大意义，而那些使用人口稀少且濒临灭绝的方言研究就更是迫不及待的任务。黑龙江的站话就属于这种濒临方言的一种。杨松柠任教的大庆市处于站话最集中的区域，正是出于对家乡的热爱和强烈的责任感使她承担了关于站话的省科研项目，并且把站话研究作为自己的博士论文题目，我作为导师真替她捏一把汗，没想到她竟然在攻博期间的短短两年多时间里，历经千辛万苦进行田野调查并完成了论文的写作，并且取得了具有创新性的成果，为家乡文化软实力的提升，为汉语方言学的研究做出了实实在在的贡献。概括地说，杨松柠的著作有以下特点：

　　1. 对站话分布点进行了全面的调查，弥补了过去对黑龙江站话调查研究仅局限在个别站点的不足，扩大了站话调查的范围。本书深入调查了肇源县新站村、肇源县古龙村、杜尔伯特自治县太和村、齐齐哈尔昂昂溪区头站村、富裕县宁年村、讷河市拉哈镇、嫩江县塔溪村八个站话方言代表点，这样就可以全面地了解站话方言的整体面貌，从而对站话方言有一个较为完整的、系统的认识。

2. 站话最早是清初驿站站丁及家属带入黑龙江的，由于实行军籍管理的驿站相对封闭而形成"方言列岛"，延续了二百多年传承遗留至今。这些站丁大多属于吴三桂旧部，在三藩之乱被平定后从云贵"免死发遣"到黑龙江驿站，以往的研究多考察站话与云贵方言的联系，并没有找到站话的真正源头。本书则通过历史和语言的考察，认定站话的最初来源是明末辽东话，有了这一"正本清源"，站话的面貌就更清楚了，而且根据清代汉语和北方方言的资料可以理出历史层次和发展脉络。

3. 站话作为黑龙江地区早期的汉语方言，对外来移民势必有感染同化作用，对黑龙江方言的形成有重大影响。黑龙江方言之所以比起其他官话来，更接近北京官话，站话所奠定的基础和影响不可小觑。本书在通过站话与周边方言的细致比较中发现，即便是黑龙江的东西两个区域，西区也因站话的存在而更接近北京官话。这些认识将为黑龙江方言、东北方言的进一步研究提供了新的资料和研究视角，也有助于丰富对汉语方言接触的认识。

4. 站话作为濒危汉语方言中的个案，对于它的调查研究，可以为汉语濒危方言的研究提供范例。在语言调查中采用什么样的方法以获得更多鲜活的第一手资料，如何从调查材料中分析、剥离出濒危语言的真正特点，怎样分清方言现实和历史层次，都需要理论的指导，本书的站话研究始终探索回答这些问题。站话作为观察濒危方言特点和流变的一个窗口，对濒危汉语方言的调查研究，对制定语言规划和语言政策也有一定的参考作用。

历来的方言研究都比较重视语音，多从语音的相似度来判定方言之间的亲疏程度，近些年来由于方言词汇研究和语法研究的开展，有些问题也值得我们重新思考。语言学理论告诉我们，作为一种语言的基础是基本词汇和语法，这其实也应适用于方言研究，本书在调查站话词汇工作中确实下了功夫，发掘出很多过去没有发现的站话或东北方言词汇，有的则从历史文献中找到了例证，这是很值得赞扬的。这部分内容也很有意思，引人入胜，特别是站话或者东北话中丰富的四字俗语，非常生动形象，惟妙惟肖，常令人拍案叫绝、忍俊不禁。本书的不足是语法部分的缺失，希望作者在今后的研究中能够补充完善。

杨松柠是我的博士生，现在她的书稿即将出版我非常高兴，黑龙江方言研究又出力作，后继有人。作为一个真正的学者，以研究为己任，终身不悔，决不能因为自己条件有限而降低学术标准，放弃那份执着。松柠总是以年龄大、愚钝作为谦辞，我借鼓励她的机会也自勉，只要脚踏实地地多做一些实际研究工作，水平和能力也就会越来越高，也许还会做出自己原来想都不敢想的成绩来。是为序。

周一民
2014 年国庆节前夕

目　录

第一章　绪论

第一节　黑龙江站话说略

"站"即"驿站","站话"即驻守驿站的人所说的话。邮驿制度在我国历史悠久,可以上溯到西周时期。但"驿"和"站"实际上是性质不同的两种机构。《清会典》中明确说明,为邮所设称驿,为兵所设称站。"站"来自于蒙古语"站赤",是元代以后在边境地区设置的驿传机构,清代时得到了进一步的加强。它不但负责传递边情军报,还负责接运往来的公差官兵及武器辎重和粮草等。但是,并非所有当差于边疆台站的站丁所说的话都被称为"站话"。"站话"作为一种汉语方言名称,具有"特指性",它专指从清代康熙年间开始,驻守黑龙江将军①辖区内的茂兴苏苏站(今黑龙江省大庆市肇源县茂兴镇)至黑龙江城(今黑龙江省黑河市爱辉区西岗子镇坤站村)间各驿站的站丁及其后裔所说的汉语方言。这些站丁来源于清代"三藩"之一的吴三桂叛军旧部,在"三藩之乱"被平定之后,由云贵"免死发遣"到黑龙江地区永成边台驿站。黑龙江地区自古为少数民族聚居区域,汉族人口大量进入是在清末民初之后。因此,这些站丁是较早成批进入到黑龙江地区的汉人。他们与当地土著以及后入汉族移民具有不同的民系特征,因特殊的来源和发展环境,也形成了自己独特的方言——站话。站丁及其眷属被称作"站人"或"站上人",站人将编入民籍的后入汉族移民称作"民人"或"荒上人",这一称呼一直延续至今。

站话在历史上曾经有过兴盛时期。由于清政府对站人实行严格的军籍管理,使得站人的交际对象单一,站话得以长期保持其特征并逐步发展。在黑龙江地区西部由南至北的绵长驿路上,二十个驿站中的站人们所说的站话形成一条带状的方言岛持续了二百多年。直到1908年驿站全面载撤,站人改籍为民走出驿站,与周围民人开始接触、融合,站话特征也开始逐

---

① 黑龙江将军,全称镇守黑龙江等处地方将军,康熙二十二年(1683年)设立,是清代黑龙江地区最高官员。除管理军政、旗务以外,还兼管地方民政、民刑等事宜。黑龙江将军辖区是黑龙江省的设立源头。

渐衰弱。时至今日，站人虽然对自己的身份非常明确，但是站话的使用却退缩于小部分区域和人群之中，大多数站人所持方言都是和周边人一样的民人话——黑龙江方言。随着站话分布区域、使用人口的萎缩，原来的带状方言岛已被分割为零星的"斑点状"方言岛了。站话逐步走向衰颓。

站话是于特殊历史时期和特殊的环境下，在一群特殊人群中发展起来的汉语方言，本身蕴涵着丰富的历史学、人口学、民俗学、地理学等宝贵的资源，可以为相关学科的研究提供语言学的支持材料。同时，站话作为黑龙江地区早期的汉语方言，不仅在黑龙江地区方言格局的形成中起到重要作用，而且也可以为我们观察早期东北方言提供一扇窗口。因此，对于站话的深入研究也将为黑龙江方言、东北方言，甚至整个官话方言的研究提供补充材料。

第二节　黑龙江站话研究综述

一　黑龙江站话研究概况

在汉语方言研究中，对于东北方言，甚至整个官话地区的方言的研究，与东南方言相比都是相对薄弱的。站话作为黑龙江地区的一个方言岛，被研究者关注只是近二三十年的事情。从 20 世纪 80 年代开始，研究站话的论文至今不过十篇，著作一部，其中较有影响的是贺巍、郭正彦、游汝杰、郭凤岚和陈立中等几位学者的相关论文及著作。以下将从研究者及研究内容角度来概述站话的研究情况。

1. 对黑龙江站话的研究，始于东北官话及黑龙江方言分区研究。1986年第三期《方言》上同时登载了贺巍的《东北官话分区（稿）》和郭正彦的《黑龙江方言分区略说》。这两篇文章虽然都只将站话作为一小部分论及，但可以看作是站话研究的开端，使站话开始进入到更多研究者的视野。贺巍根据古影疑两母开口一二等字今声母的不同，把东北官话分为吉沈、哈阜、黑松三个片（笔者按：黑龙江地区方言主要处于黑松片以及哈阜片北端一小部分）。然后又根据各片的内部差别下分小片。其中，将站话与嫩克、佳富并列划为黑松片的三个方言小片（《中国语言地图集》[①]、张志敏《东北官话的分区（稿）》[②]也依此划分）。郭正彦则根据古知庄章组字与古精组

---

① 中国社会科学院和澳大利亚人文科学院合编：《中国语言地图集》，香港朗文出版（远东）有限公司 1987 版。

② 张志敏：《东北官话的分区（稿）》，《方言》2005 年第 2 期。

字的读音情况，将黑龙江方言分为东西两个方言区以及站话和虎林、二屯、太平屯等三个方言岛。两篇文章对于站话分布、语音特征等看法完全一致。在语音上，他们都认为站话与周围方言最主要的区别特征是其阴平声调读作曲折调（调值为 423 或 312）；其次，站话中的[ʌ uʌ ʌu iʌu ʌ]分别与周围方言的[ɤ uɤ ou iou]相当。即周围方言的[p pʰ m f]拼[ɤ]韵，站话都读韵[ʌ]韵，如"博ᵈpʌ、婆ₒpʰʌ"等；[uɤ]韵站话都读[uʌ]韵，如"说ₛsuʌ、左ᵈtsuʌ"等；[ou]韵站话都读[ʌu]韵，如"斗ᵈtʌu、后 xʌuᵅ"等；[iou]韵站话都读[iʌu]韵，如"流ₗliʌu、修ₛɕiʌu"等。两位先生对文中提到的第二条语音特征，都没有指明调查点为哪一个地区，在后来研究者的站话调查中基本没有得到反映。可见站话的区别特征日渐模糊，各观察点站话面貌也有所不同，这也是站话流变情况较为复杂的一个表现。

2. 最早对站话进行较为全面考察的是游汝杰。他在 1988 年对肇源县赵家窝棚和泰来县时雨村的站人及站话进行了调查，相关论文发表在 1993 年《方言》第二期。他的研究成果主要体现在三个方面。第一，提出站人作为一个独立"民系"有三大标志：祖籍不同、风俗不同、方言不同。并从站人来源的角度，进一步明确了站话方言岛的归属。第二，描写了肇源县和泰来县站话的声韵调系统，并指出只属于站话的语音、词汇等特征。但是，这些特征很多都是黑龙江方言中共有的成分，比如"有[v]声母""有[ɤ]韵和[uɤ]韵""古桓韵合口今读[an]韵，没有[u]介音"等。这些特征郭正彦（1986）在讨论黑龙江方言特征时也有提及，比如，"北京的零声母合口呼字，本省（黑龙江省）大都读[v]声母""北京[p pʰ m f]逢[o]（实际音值是[uo]）韵，本省大都读[ɤ]韵"① 等。论文中提到的一些站话中的特字"客ʨʰiɛ²¹³、街kai³¹²、浓 nən³⁵"等，其读音也广泛见于黑龙江大部分地区。但文中列出的"去 kʰɤ⁵³ ₋ₗ哪～"，是站话中区别于周围方言的一个显著特征。第三，论文对站话形成、衰颓的原因进行了分析，指出封闭的环境与站丁间的单纯联系促成了站话的形成，而站人"改归民籍"后与民户杂居，导致其特征日渐削弱。并进一步从"时代层次上的萎缩""年龄层次上的萎缩""地理分布上的萎缩"等方面验证其衰颓的表现。这些讨论将描写与解释相结合，从流变角度对站话行了初步考察，扩展了站话研究的范围。游汝杰的这篇文章首开站话研究先河，此后，站话研究的相关文章在一定程度上有所增加。

3. 对站话进行多角度考察研究的是郭风岚。她在 2003 年发表的《消变中的科洛站话》一文中，分析了嫩江县科洛站话急遽消变的表现与原因。除外部环境影响等因素外，作者还从民系心理的角度，提到了"该民系内

---

① 郭正彦：《黑龙江方言分区略说》，《方言》1986 年第 3 期。

普遍存在着显性或隐性的自卑自贬心理"①，这也导致站人后代不再固守站话，甚至回避说站话，逐渐促成了站话的衰颓。这种从社会文化角度探讨站话衰变的思想，在她 2007 年发表的《文化缺失与语言的濒危——以站人、站话为例》一文中，进一步概括为"站人社群文化的缺失是导致站话濒危的直接原因"②。之后，郭风岚在 2008 年发表的《黑龙江科洛站话记略》一文中，对嫩江科洛站话声、韵、调系统进行描写，大体与游汝杰先生一致，只是韵母少了[øy]_{绿吕}[uɤ]_{波婆磨剥}，③这两个韵母恰是游汝杰认为肇源站话语音中所特有的成分。这篇文章以嫩江县科洛站话为调查对象，是对之前肇源县、泰来县站话研究的一个补充，为研究黑龙江地区各分布点站话的发展变迁提供了对比资料。此外，郭风岚在《方言》2008 年第 1 期上发表的《黑龙江站话的分布区域与归属》，可以看作是她对站话相关问题研究的一个总结。文章进一步明确黑龙江站话的分布区域，即"从黑龙江西部的肇源茂兴镇蜿蜒北上，经杜尔伯特蒙古自治县、泰来、富裕、讷河、嫩江到黑河爱珲附近"，指出"站话一直处于黑龙江方言包围之中"，其归属应为黑龙江方言中"一块孤独的方言岛"。④郭风岚的一系列站话研究文章，对之前的站话研究进一步加以充实，同时以方言同历史文化的关系作为切入点，探讨了站话发展衰颓的原因，从一个新的角度扩展了站话研究的范围。

4. 系统地对站话代表点之一——肇源县茂兴镇站话的语音、词汇面貌进行描写的是 2005 年出版的《黑龙江站话研究》一书。该书是中国社会科学院 A 类重大科研项目"中国濒危语言方言研究"的成果之一。作者陈立中以肇源县茂兴镇站话作为调查对象，运用描写语言学的方法，展现了茂兴镇站话的基本概貌。本书对于站话研究的贡献主要体现在以下几个方面：一是作者对于茂兴镇站话特点的描述详细而具体，标志着对站话某一分布点的研究已经达到了相当细致的程度。比如对于韵母特点的描述，除了列举一些成系统的特征外，还将许多个别字的韵母特征加以总结，如"'虏'在北京话中念^ᶜlu，在站话中念成^ᶜlou""'仰'在北京话中念^ᶜiaŋ，在站话中念成^ᶜʐaŋ""'俊_{臻合三稗精}'字在北京话中念tɕyn^ᵓ，在站话中念 tɕuən^ᵓ""'啄_{小鸡~米（江开二觉知）}'字，在站话白读层次念成_ᶜtau""'忒_{~好（曾开一德）}'字在站话中念_ᶜtʰuei""'茴_{~香（蟹合一灰）}'字在站话中念_ᶜneux"等；二是首次对站话的词法特征加以观察和描述，分别介绍了"子、巴、乎"等三个词缀、"A+'搭乎'"等四

① 郭风岚：《消变中的科洛站话》，《中国社会语言学》2003 年第 1 期。

② 郭风岚：《文化缺失与语言的濒危——以站人、站话为例》，《中国文化研究》2007 年夏之卷。

③ 郭风岚：《黑龙江科洛站话记略》，《文化学刊》2008 年第 2 期。

④ 郭风岚：《黑龙江站话的分布区域与归属》，《方言》2008 年第 1 期。

种 AB 式形容词、"BBAA 式"等五种形容词的重叠形式以及介词"匹"等五个方面的语法特征，扩展了站话的研究角度；三是以分类词表的形式收录了五千余条站话词汇，全面展现了茂兴站话的词汇面貌，为站话研究的进一步深入展开提供了丰富的基础材料。但是书中所列举的大多站话特征（如上面所列举的语音特征与词法特征）并没有反映出站话与周围黑龙江方言的差异，说明站话区别特征的研究还有待于进一步深入展开。

5. 此外，1993 年出版的《黑龙江省志·方言民俗志》中也对肇源县站话的语音、词汇等进行了描写。书中指出的站话和黑龙江东西两区方言的差别可以概括为以下几个方面：一是语音差异突出地表现在阴平的调值（调型）上。东西两区阴平调值为 44，而站话为 423。二是在连读变调方面，两个阴平字连读，第一个字变读为 35，第二个字变读为 21。三是站话中读作阳平的字比其他地区多。四是站话声韵配合上有两个突出的特点：（1）逢 l 和 i 拼合的音节，站话都读为 l 和 ei 拼合音节；反之，逢 l 和 ei 相拼的字，则有一部分在站话中读为 l 和 i 拼合的音节。（2）逢 l 和 ü 拼合的音节，站话都读为 l 和 uei 拼合的音节，没有例外。此外，书中还在黑龙江方言分类词汇中专门标注出 191 个站话专有词汇。由于编写者本人为生活在黑龙江的学者，因此能够将只属于站话自身的特征（而不是与周边黑龙江方言所共有的特征）提取出来，这一点为站话特征的进一步研究提供了非常可贵的资料。

总的来看，目前站话研究成果较少，尚属起步阶段。研究者主要运用描写语言学的方法，对几个分布点（肇源县茂兴镇、泰来县时雨村、嫩江县科洛村）的站话特征进行了调查与描写，积累了一定的基础材料。同时也从移民历史、社会文化等角度对站话的流变现象进行了初步探讨。

二　目前站话研究中几个相关问题的讨论

在已有的站话研究成果中，对于几个比较关键的问题，还存在一些模糊或是不一致的认识，主要表现在以下几个方面：

（一）关于站话的分布区域

据贺巍（1986）与郭正彦（1986），站话主要分布于黑龙江省西部"肇源、肇州、林甸、齐齐哈尔、富裕、讷河、黑河、塔河、呼玛、漠河等"县市站道两侧的带状地带，这一判断是大体根据清代驿站分布做出的。张志敏（2005）在《东北官话的分区（稿）》中沿用这一说法。游汝杰（1993）并没有具体明确站话的分布地点，只是指出："现代站人的分布并不限于清代驿站，不过大致上还是散居在古驿路的两侧。"郭风岚（2003、2008）通过实地调查和对文献资料的研究认为，《汉语方言地图集》把站话分布区域大体定为"北起黑龙江省漠河二十五站，中经十七站、新立屯、霍龙门、科洛、富裕等地，南抵杜尔伯特蒙古族自治县，至该县断开后，向南在黑龙江省肇州、肇源境内又有分布"的说法不准确。因为"墨尔根至额木尔河口的二十五个驿站受自然环境制约，站丁来源比较单纯，主要为当地少数民族士卒即索伦兵和蒙古骑兵，可以推测站丁间的交际工具可能还不完全是汉语，而中俄雅克萨战役后，康熙二十八年（1689 年），该驿路使用 4年后停用，驿站裁撤，后变为商路"。因此她认为，这段驿路（笔者按，指贺巍、郭正彦所说的黑河以北的呼玛、塔河、漠河等地）"不可能有站话分布"，而且"该段驿路相关的县志上也找不到相应的记载"。这一看法在她另一篇文章中进一步明确，即站话主要分布在"黑龙江将军统辖的19 驿"，即今天"包括黑龙江肇源、杜尔伯特蒙古自治县、泰来、齐齐哈尔、富裕、讷河、嫩江、黑河爱辉等县乡镇村"。而其中的齐齐哈尔，在史料、地方志中都未记载历史上曾有"三藩"降卒成规模的到此站作站丁，也没有有关站话的记载①。因此她最终明确地认定，站话"分布在肇源蜿蜒向北经杜尔伯特、泰来、富裕、讷河、嫩江到黑河爱辉附近"，这一分布区域的描述与其他研究者考察的结果相比大大缩小。之后的陈立中（2005：3）对站话分布区域的判定则采取相对笼统的表述，他认为站话的分布与康熙年间修建的从茂兴到黑河的十九个驿站、从嫩江到漠河的二十五个驿站、雍正五年（1727 年）和雍正十三年（1735 年）增设的新站、头台等五站以及光绪年间增加的五站"关系密切"。"确切地说，站话就是以上述驿路上清代所设的驿站为中心，大致呈现一种岛链式的分布态势。"陈立中的这一描述似乎过于宽泛，包括了清代黑龙江地区的五十五个驿站，这与史料中有明确记载或可根据记载推知的站人、站话分布情况不相符合。

　　从以上学者的考察可以看出，目前对于站话的分布区域还缺少更为明确和统一的认识。准确把握站话分布区域及其变化，是客观地认识站话与

---

　　① 郭风岚的这一结论不够准确。实际上，近代东北著名报人、方志家魏毓兰（1876—1949），在他的方志笔记《龙城旧闻》中，曾有对齐齐哈尔地区驿站及站人的记载："旧有卜魁站，更有茂兴站，为南行大道，墨尔根站，为北行大道，故统名西站。站丁多云贵人，清兵败吴三桂所俘男女，发遣极边，由山海关内外各站，匀拨来江，充邮卒，当苦差，世为站丁，不与满蒙贵族通婚姻，服劳力作，每站皆垦有闲荒，足以自给。惟旗员来往，供给车马皆不取资，而递送公文，则昼夜星驰，每人日行数百里。戍边之苦，习与性成。庚子以后，始与旗民齿。今则共和平等，已开放为民籍矣。"此外，清人方式济在《龙沙纪略》中也提到，康熙三十年（1691 年）在嫩江东岸的齐齐哈尔筑城，卜奎站移至城内，城因站名，仍称卜奎。因此，齐齐哈尔在历史上自然也属站话分布区域。

周围方言的区别特征及进行站话流变研究的首要任务。在分布区域的调查和研究上，应从两个方面加以关注：

一是明确历史上站话的分布情况，这主要通过对文献资料的研究加以确定。如前文所说，"站话"具有"特指性"，它专指清代由云贵发配至黑龙江地区充当站丁的吴三桂叛军旧部所说的方言，那么以他们所驻守的各驿站为中心，连接成线并覆盖整条驿路，应该是历史上站话的分布区域。因此，在清代黑龙江地区众多驿路与驿站中，在这一特殊群体及后裔驻守的驿站中发展起来的方言才是站话，站话的分布自然也只与这些驿站密切相关。二是明确现在的站话分布情况，这需要结合实地调查加以确认。许多历史上站话分布的区域，随着站话的衰颓，处于不断萎缩之中，甚至已经没有了站话的踪迹。而有些地区由于经济、地理等因素的制约，站人和站话相对集中。明确分布区域的变化，也是进行站话流变研究的基础和前提。因此，对于站话历史与现实的分布区域的认识，需要更为细致的考察和研究。

（二）对站话来源方言的认识

贺巍（1986）根据站人原籍大都是云南人，认为"早期的站话也许是云南话的底子，但从现在的语音系统来看，已看不出和云南话的关系"。郭正彦（1986）认为"站话是北京话、东北话和云南话融合而成的一种方言。但今天云南话的痕迹已消失"。《黑龙江省志·方言民俗志》（1993：29）认为，"站话的基础是云南话"，后来由于受到外来移民的影响，"形成了既不同于云南话，也不同于黑龙江其他地区方言的独具特点的站话"。游汝杰（1993）则采取了相对保守的判断，他认为，虽然站人的祖先大多原籍云南，并且在风俗上站人和云南人还有相似之处。但是比较两种方言："没有任何有力的证据可以说明今站话的底子是云南官话。站话应该是多种方言混合而成的，不过目前还很难指明它是由哪几种方言混合而成的。"郭风岚（2003）从站人来源地角度笼统地认为，站话"以云贵籍和北方籍士卒的方言为主"，同时还融合着其他方言和少数民族语言。陈立中（2005）在上述研究的基础上，将站话来源概括为："它以吴三桂旧部所使用的明代后期北方官话为基础，杂有西南地区及关内其他一些地方方言的成分，其后又受到周围'民人话'的渗透，甚至还在一定程度上受到了蒙古族、满族等民族语言以及俄语的影响"。

应该说，目前的考察已经勾勒出了站话形成的大体轮廓，即它是在不同时期、多种来源方言的综合影响下形成的。但是，"任何一种方言，不论其历史长短，都是活生生的'现代人'，而任何一个现代人，既有远古的祖先直至父母亲继承下来的素质和精神，也有生长过程中在外界条件作用下的后天的变异"。①因此，站话的面貌既是在发展过程中受到其他方言影响的结果，更是对于其来源方言继承的体现。如果没有对站话来源方言的认定和把握，就很难解释清楚站话与其他方言或语言间的渊源关系、亲疏关系，也难以把握站话的特征与流变过程。但已有的站话研究却对来源方言缺少明确的阐释，只是笼统地概括为"由几种方言混合而成"或者"以北方方言为基础"。由于缺少方言间承继关系的考察，使得站话的许多特征没有得到充分地揭示。因此，进一步明确站话的来源方言，才能追本溯源，认识并解释站话的特征与流变。

（三）对站话方言归属的认识

关于站话的方言归属，目前有以下观点：一种是把站话划作东北官话黑松片中的一个方言小片。持这一观点的是贺巍（1986）。他把东北官话分为吉沈、哈阜、黑松三个片。根据各片的内部差异，将黑松片（区域大体覆盖黑龙江省）划分为嫩克、佳富和站话三个小片。（具体见上文）另外一种是对站话不作方言归属的判定，比如郭正彦（1986），他根据黑龙江省方言的内部差别，把黑龙江方言划分为东西两个方言区以及站道两侧呈带状分布的站话和虎林、二屯、太平屯等三个方言岛②。站话既不划入东西两个方言区，也没有作为方言岛来看待。还有一种是将站话认定为方言岛。比如郭凤岚专门撰文谈到站话的归属问题，认为："站话一直处于黑龙江方言包围之中，为一块孤独的方言岛。"聂志平（2005：5）也曾从语言的特征角度讨论过站话的归属问题。他以林焘（1987）判断方言关系的标准作为依据，即"调值是汉语语音中相当敏感的成分，是一般人从听感上判断两个方言是否相似常用的标准。……在其他条件基本相同的情况下，根据调值来确定方言之间的关系，应该说是比较可靠的"，③认为站话阴平调的调型、调值与黑龙江方言差别很大，而且含有东北官话中所没有的元音[ʌ]的系列韵母。因此他认为："把站话看作处于黑龙江方言以及东北官话包围之中的方言岛，可能更合适一些。"④

站话在方言归属上的不同意见，也反映出站话在形成、发展上的特殊性。比如郭凤岚等将站话认定为方言岛的主要依据，是站话"一直处于黑

---

① 李如龙：《汉语方言学（第二版）》，高等教育出版社 2007 年版，第 34 页。

② 虎林话通行于虎林县境内，居民大都于 20 世纪初从辽宁丹东迁来，因此虎林话是在丹东话的基础上形成的。二屯话通行于同江市的二屯、三屯一带，老户大都于 20 世纪初由山东安丘迁来，因此二屯话是在山东安丘话的基础上形成的。太平屯话通行于嘉荫县的太平屯一带，老户大都于 20 世纪 40 年代从河北省的东光县和山东省的曹县、泰安等地迁来，因此太平屯话是在这几地方言的基础上形成的。

③ 林焘：《北京官话区的划分》，《方言》1987 年第 3 期。

④ 聂志平：《黑龙江方言词汇研究》，吉林人民出版社 2005 年版，第 5 页。

龙江方言包围之中"，但实际上站话在 17 世纪进入黑龙江地区时，这里人烟稀少，通行语言是满语等少数民族语言，直到 19 世纪前后，汉语才在此地通行。因此，无论将站话认定为方言小片还是方言岛，都应充分考虑它的特殊性。站话的方言归属问题，与认识站话的特征、站话与其他方言的关系、站话的发展演变等密切相关。同时，站话作为发展演变较为特殊的汉语方言，对于其归属的考察，还可以丰富对汉语方言岛类型、特征以及方言岛理论等问题的认识。因此对于站话的方言归属问题，还应做更为细致地探讨。

（四）对站话特征的认识

对于任何方言的研究，从根本上说，其出发点与最终目标，都在于对其特征的揭示，在揭示特征的基础上，进而明确各方言之间的关系，进行方言的分类、分区，比较方言的历史与现状，归纳出具有普遍性的语言理论等。反过来，这些研究也促进了对方言特征的进一步深入认识。在已有的研究材料中，目前对于站话特征的把握可以作如下概括：

1. 语音特征

（1）阴平调为曲折调型

这是研究者共认的站话与周围方言最主要的区别特征。但阴平的调值描写因人而异，有 423（贺巍，郭正彦，游汝杰），有 312（贺巍，郭正彦，郭风岚），有 412（陈立中）。

（2）声母、韵母与周围黑龙江方言差别不大

表 1-1　　　　　　　　　　各家概括的声母、韵母数量

	声母		韵母	
贺巍　郭正彦	22		35	
游汝杰	23	有[v]	39	有[øy] [uo]
郭风岚	22		38	有[uo]无[uəŋ][1]
陈立中	22		38	
黑龙江省志·方言民俗志	23	有[ŋ]	37	

表 1-2　　　　　　　　　　各家概括的声母特点

	相互间可对应的特点		相互间无对应的特点
游汝杰	日母今读[ʐ]，不读零声母	卷舌声母字较少且平卷舌声母字的对立不成系统。	有[v]声母

① [uəŋ]韵可能是作者遗漏。

续表

	相互间可对应的特点		相互间无对应的特点	
郭风岚		臻合一泥母字声母与来母同，读[l]	精、知、庄、章组字今读[ts]组还是[tʂ]组较为混乱	
陈立中		少数中古日、禅母字念[l]	平翘舌音部分相混	舌根音与舌面前音部分相混	少数中古非组字在站话中声母念双唇辅音

表 1-3　　　　　　　各家概括的韵母特点

	相互间可对应的特点					相互间无对应的特点	
贺巍郭正彦	[ʌ uʌ ʌu iʌu uʌ]与周围方言的[ɤ uɤ ou iou]相当						
游汝杰		有[ɤ]和[uɤ]韵	古桓韵合口今读[an]韵，没有[u]介音			有儿尾	有[øy]韵
郭风岚			山合一平、上、去泥来母字韵母一律读[an]	通合一泥母字韵母一律读[əŋ]			
陈立中	有韵母[uʌ iʌu]	部分遇摄及臻、通等入声字念[uei]	韵母为[o][uo]的果摄字与双唇、唇齿或零声母相拼时念[ɤ][uɤ]	部分山摄合口一等字念[an]	部分通摄合口一等字韵母念[əŋ]	部分宕摄开口三等药韵和江摄开口二等觉韵字，在站话白读层次韵母念[au][iau] 部分止、蟹摄及深、曾、梗摄入声字念[ei]	梗开二陌韵帮组和知组入声字韵母一律读[ai] "虏、仰、厉、秕、芒、割、俊、色、啄、忒、茵"等字读音有别

从表 1-1、1-2、1-3 可以看出，研究者对站话语音特征的认识有以下特点：一是站话"对内一致"的特征极少，二是多数特征为黑龙江方言的普遍特征。这说明对站话的语音特征还有待于做更全面细致的调查，同时需要克服静态描写的局限性，从共时差异的对比及历时演变的角度，全面地认识站话的语音特征。

2. 词汇特征

对于站话的词汇特征的研究，主要体现为对站话特有词语的描写。比如游汝杰（1993）列出了 14 个站话"特殊词汇"（如囗 fei 毛笔、哈什屋 ha ʂɿ u 仓房,满语借词、囗囗骨 xuai lə ku 脚肘、大爷岳父,比父亲大、大娘岳母,比母亲大、趴下蹲下、囗囗 tɕʰioŋ tsau 浪费钱财等）以及 14 个见于肇源县和泰来县的站话词汇（如网户搭旧时渔民把头、毛子磕葵花子、叫臼子捣蒜缸、游迁秋千、团瓢圆形仓库、砸伐子迁怒于人或迁怒于物、荒子半成品、秃鲁没有把握住、拿船划船、故动设法坑害人、派赖不整洁、不卫生、勺楞办事粗心等）；郭风岚列出了四个"与普通词语说法不同"的站话词语："汲水桶"，老站人叫"柳棍"，非站人叫"水桶"；"火柴"，老站人叫"取灯儿"，非站人叫"洋火"或"火柴"；"粮柜"，老站人叫"笼房"，非站人叫"仓房"；"香菜"，老站人叫"芫荽"，非站人叫"香菜"；陈立中（2005:29）也列出了 24 个站人与民人话"具有明显差异"的词语，如"闷雷"，站话是"闷雷"，民人话是"磨盘雷"；"瓢泼大雨"，站话是"马莲筒雨"，民人话是"筒子雨"；"冬天路面上起伏不平的坚硬冰雪"，站话是"疙瘩流丘"，民人话是"疙瘩娄子"；"晴天"，站话是"晴天"，民人话是"响晴天"；"地方"，站话是"疙瘩"，民人话是"地场"；"额头"，站话是"脑门子"，民人话是"页脑盖儿"；"臀"，站话是"屁股"，民人话是"腚"等。由于调查点不同，站话受到周边不同来源方言的影响不同，各点站话表现出的"特有词汇"也不尽相同。因此，对于站话词汇特征的认识，恐怕很难通过寻找"特有词汇"来实现。

3. 语法特征

在方言之间的差异中，尤其是北方方言内部，语法差异是最小的。对于站话语法特征，大多数研究者都没有提及，只有陈立中（2005：31）有过相关讨论。他从站话词汇的词缀（子、巴、乎）、AB 式形容词、形容词的重叠形式以及介词"匹"（笔者按：实为"比"的音变，如"我匹他高"）等方面进行描写，主要涉及的是词法特征。但是这些特征同样也体现在周边黑龙江方言中，甚至大部分东北官话之中。

从以上研究可以看出，目前对站话特征的揭示差异较大，统一的认识较少。同时，很多语音、词汇、语法特征为周边黑龙江方言，甚至是大部分东北官话所共有，这些特征的揭示，反倒让人觉得站话没有特征。因此，对站话语言特征的研究，既应注重对其形成的历史来源的追溯，同时也应关注站话与周边方言的共同及不同的发展轨迹，从而明确站话由来源方言继承下来的，区别于周围方言的特征，以及通过语言接触与周边方言共同发展形成的语言特征。

三　站话研究中存在的问题

综上所述，由始于方言分区到专著专文对站话进行具体研究，由语音

的共时描写扩展到对词汇、语法的共时描写，由本体研究到密切联系历史
文化探讨其流变，站话的调查与研究近三十年来取得了一定的研究成果，
对相关问题的认识与考察也在不断趋于全面和客观。同时也应看到，我们
目前对于站话的研究还有很多需要扩展的空间：

（一）应加强对站话各分布点的综合考察与比较，突破单点描写的局限
性，全面揭示站话特征

以往研究者大多以一点作为站话调查与研究的对象，这也是导致站话
特征差异较大的原因之一。历史上站话分布于黑龙江地区西部从南到北的
狭长地带，绵延一千七百多里。清末民初之后，来自于山东、河北、辽宁
等不同地区的大量移民的涌入，使站话处于这些后入方言的分割包围之中。
因此，各个点的站话在与周边方言接触的过程中，必然呈现出一定的差异，
而任何一点的现状都无法反映站话的全貌。如果单以一点作为考察对象，
很难对其特点有一个全面认识。因此对于这样一种呈"列岛型"分布状态
的方言岛，如果要全面认识其特征及流变，必须在最大范围内对站话各点
进行全面调查，在综合考察、比较的基础上才能获得。

（二）应注重对站话历时演变的研究，突破单纯静态的、共时描写的框
架，将站话研究引向深入

对于站话共时层面的描写与比较，是站话一切研究的前提与基础。但
如果只局限于此，很难对其特征有更加全面的认识，也很难对其发展演变
进行合理的解释和预测。因此，注重对站话与其历史上的来源方言间的承
继关系、亲属关系的考察，并且将站话的共时差异与纵向的历时演变结合
起来，才能更加客观全面地把握站话特征，并将其研究引向深入。

（三）应进一步深化站话与社会历史、地域文化等语言系统外因素的综
合研究

"研究方言的本体结构和流变同研究方言与历史文化的关系是补充的
关系、兼容的关系而不是对立、矛盾的关系。"（李如龙2007：245）对于方
言，尤其是正处于急速衰变中的方言的研究，其目的除了在于认识方言特
征及演变规律外，还在于对方言所承载的文化内涵的挖掘与传承。同时，
方言本身就是一种历史文化现象，是地域文化的一种表现形式。全面地认
识方言特征，离不开对其所蕴涵的历史文化内涵的考察与研究。二者相互
印证，相互支撑，并且相互促进。因此，将方言与历史、文化等因素结合
起来进行综合考察，将会拓展站话研究的领域，并极大地促进对于站话特
征及发展演变的认识。

第三节　研究目的、意义及方法

一　研究目的

1. 首先在实地调查与查阅文献资料的基础上，明确站话的分布区域、来源方言以及方言归属等问题。在此基础上，选取 8 个站话分布点进行深入调查，全面描写各点的语音、词汇的基本面貌。这是本文研究的基础。

2. 以站话各点之间的差异、站话与周边方言的差异作为研究的切入点，描写站话语音、词汇特征，并考察其流变规律。具体地说，在对站话各代表点的语音进行共时对比分析的基础上，概括出站话区别于周边方言的语音特征及类型，并将各点的共时差异对比与站话语音的历时演变考察相结合，从中得出站话语音流变的发展脉络；在对各点词汇调查分析的基础上，概括出站话区别于周边方言的词汇特征。并通过对站话词汇中的明清词语、外来语、特殊词语等方面的考察，揭示站话词汇构成和发展演变的基本情况，使其面貌能够立体全面地加以呈现。

3. 以站话研究作为观察黑龙江方言的一扇窗口，通过对于黑龙江方言发展历史的考察，明确站话在黑龙江方言及其格局形成中的重要作用。

二　研究意义

1. 对站话分布点较为全面的考察，将极大地弥补对黑龙江站话调查研究的不足，使我们能够更加全面地了解站话的分布现状，拓宽站话调查研究的领域。此外，本书深入调查了八个站话代表点，使我们能够从站话整体，而不是局部分布点来了解站话的真实面目，也使人们对站话有一个全面的、全新的认识。

2. 本书通过对移民背景、社会文化等资料的考证和方言特征比较，确定了站话的来源方言为明末清初层次的辽东话，这一认识为进行站话的流变研究提供了立足点，使我们对于站话的认识不仅仅局限于静态的描写，还可以从历时的对比分析中明确站话的特征及发展脉络，将站话的研究引向深入。

3. 站话作为黑龙江地区早期的汉语方言，对黑龙江方言格局形成的作用一直没有得到关注。本书通过站话与周边方言特征的比较，认为在方言接触的过程中，站话对于黑龙江方言及其格局的形成产生了一定的影响，这一认识将为黑龙江方言、东北方言的进一步研究提供新的基础资料和研究视角，也有助于丰富对汉语方言接触的认识。

4. 站话作为濒危汉语方言中的个案，对于它的调查研究，有助于为汉语濒危方言的研究提供鲜活的语言材料和观察濒危方言流变的一个窗口，有助于对濒危汉语方言进行理论上的概括，对制定语言规划和语言政策也有一定的借鉴作用。

三　研究方法

1. 田野调查法。在实地调查走访了历史上站话分布区域的基础上，摸清今天站话分布情况，确定了 8 个站话分布点进行细致深入地调查。调查内容主要涉及语音、词汇。调查资料来源于笔者在 2012 年 5、9 月以及 2013 年 10、11 月期间的实地调查。语音调查以《方言调查字表》[①]为据，词汇以《方言调查词汇手册》[②]《黑龙江省志·方言民俗志》[③]分类词汇表为据。

2. 描写法。对站话各代表点的语音、词汇等进行了全面细致地静态描写，力求真实地反映出站话在共时平面上的语言面貌。语音部分在对 8 个分布点的音系进行描写的基础上，对各点内部差异及类别进行比较，反映语音特点及流变规律。词汇部分除以分类词表展现各点站话词汇面貌外，还对站话词汇中的明清白语词语、外来词、四字格词语、"子"缀词语等进行了描写和讨论。

3. 比较法。包括共时的比较和历时的比较。共时的比较有：站话各代表点之间差异的比较，站话与周边黑龙江方言差异的比较，站话与来源方言特征的比较等，有时为了揭示某些站话特点，还通过更大范围内的方言比较明确其来源和发展方向。历时的比较有：与中古切韵音系进行比较，与明清白话词汇的比较以及站话词汇三十年间演变情况的比较等。通过这些纵向的比较，可以看出站话在语音词汇方面的特点及演变规律。无论是进行共时比较还是历时比较，我们只选取那些能够反映差异的语言项目，而并非面面俱到，使比较的方法突出它的作用。

第四节　站话代表点及发音人的选取原则

一　代表点的选取

以往的研究者在近三十年来的站话调查与研究中，都是立足于站话单

---

① 中国社会科学院语言研究所：《方言调查字表（修订本）》，商务印书馆 1981 年版。

② 丁声树：《方言调查词汇手册》，《方言》1989 年第 2 期。

③ 黑龙江省地方志编委会：《黑龙江省志（第五十八卷）方言民俗志》，黑龙江人民出版社 2001 年版，第 172—466 页。

个点的描写。这使得对站话特征的全面了解受到了限制。本书在全面考察站话分布区域情况的基础上，选取了 8 个站话代表点作为研究对象，尽量展现站话特征的全貌和共时差异，探寻演变规律。在选取代表点时，主要基于以下原则：

1. 在地域分布上南北兼顾，保证站话调查的覆盖面和全面性。

2. 在特征保留上强弱兼顾，保证对站话流变的认识的客观性。

3. 在使用人口的分布上集中与分散兼顾，便于考察使用范围对站话特征及流变的影响。

4. 重点选取周边移民来源较为清楚的代表点，便于从方言接触的角度考察站话的特征及演变。

二　发音合作人的选取

在选择发音合作人时，主要考虑以下因素：

1. 年龄因素。由于站话在 50 岁以下的人群中已经基本消失，鉴于本书的主要研究目的，选取站话特征保留较多的 65 岁以上老年人为发音合作人。

2. 在性别的选择上，方言调查的一般原则是不选择女性。因为女性大多由外地嫁入，难以反映本地方言情况。但由于站人婚配习俗的特殊性，不存在这样的问题。在我们的调查中，反而发现女性站人因与外界接触相对较少，保留的特征较男性更多。因此在条件许可的情况下，选择一定数量的女性发音合作人。

3. 传统上，对于乡村方言的调查，要求的人数并不多。"一位介绍人的优点是速度快，材料系统统一。"[1]并且可以避免因个人差异造成的语音系统混乱。因此我们在语音调查中每个调查点重点选择一位发音人，在做词汇调查时通常对几个人同时调查，以便互相补充。同时尽量寻找保存家谱的发音合作人，使语言的调查能够与相关的背景资料相互结合。

---

① 陈其光：《语言调查》，中央民族大学出版社 1988 年版，第 232 页。

第二章　黑龙江站话的形成、发展及相关问题的讨论

"方言是语言逐渐分化的结果，而语言的分化往往是从移民开始的。"[①]历史上黑龙江地区一直是以少数民族聚居为主的区域，从清代开始，各种形式的汉族移民开始进入此区，但直到清末民初，汉族人口才大量涌入。移民在黑龙江地区人口构成中占有重要地位，是黑龙江人口发展的重要原因，直接影响着黑龙江方言的形成与发展。

黑龙江站话也是伴随着清代移民进入黑龙江地区而发展起来的一种汉语方言。与本地区其他汉语方言相比，站话形成的时间早，并且在发展的过程中有较长的时间（清康熙二十四年至清末民初）保持在相对封闭的状态中，从而能够较少受到其他方言的影响而保持内部独立的特征。直到清末民初，随着驿站的裁撤和大量移民涌入黑龙江地区，站话才逐渐失去在当地的优势地位。

第一节　黑龙江站话的形成

与站话的形成密切相关的两个背景事件，分别是清代抗击沙俄侵略的"雅克萨战役"和清政府对"三藩之乱"的平定。

一　清代抗击沙俄与相关驿站的建立

黑龙江地区最早辟建的驿站始于金代。据《金史·太宗纪》记载："天会二年（公元 1124 年）春正月丁丑，始自京师至南京五十里置驿。"京师即指上京会宁府（今哈尔滨市阿城区白城）。到了清代，黑龙江地区驿站的建设有了较大的发展，"先后共开辟了 10 条驿道，沿途共设 148 个驿站，其中属今黑龙江省境内的有 99 站"。[②]在这些驿道、驿站的建设中，与站话

---

① 周振鹤、游汝杰：《方言与中国文化（第 2 版）》，上海人民出版社 2006 年版，第 12 页。

② 温洪清、李志红：《清代黑龙江地区的驿道和驿站》，《黑龙江史志》2007 年第 7 期。

的形成密切相关的，是清康熙二十二年（1683 年）冬至康熙二十五年（1686年）春，为雅克萨反击战开辟的驿道。

明末清初，俄国人趁中国东北边防空虚之时，多次越过外兴安岭，闯入黑龙江地区，给世代居住在此的达斡尔等少数民族带来深重灾难。顺治七年（1650 年），沙俄以黑龙江上游北岸的雅克萨为据点筑城屯兵，在黑龙江和松花江中下游大肆烧杀掠夺。康熙二十年（1681 年），历时八年的"三藩之乱"彻底平息，使清政府得以把注意力转向边患日益严重的东北边疆，开始运筹反击沙俄的战争准备。翌年十二月，康熙部署抗俄方略，进行了"修造船舰、征贮粮饷、驻兵黑龙江城（今黑龙江黑河市爱辉区）"等一系列准备。其中，为保障运饷进兵需要而修建的相关驿站，是其中采取的重要措施之一。

康熙二十二年（1683 年）九月，理藩院郎中额尔塞奉命前往宁古塔，与黑龙江将军萨布素议定，自黑龙江（即黑龙江城）至乌拉（今吉林省吉林市）之间，共设十驿，遇有警急，乘蒙古马急驰；寻常事宜，则循十路驿以行。康熙二十三年（1684 年）初，康熙皇帝又令户部郎中包奇等人，会同宁古塔将军勘探路线。包奇等自茂兴丈量至瑷珲，共计 1195 里，应设十四驿。还奏后，康熙以路途太远，有些地方丈量不确，令包奇等再驰前往，详加丈量，并强调"此乃创立驿站之地，关系紧要，尔等会同彼处将军、副都统，询明熟识地方之人，详加确议安设"。①包奇奉旨重新丈量，测定吉林（界）至瑷珲（界）一千三百四十里，中置十九驿。由于在齐齐哈尔、墨尔根已修城驻兵，并且在墨尔根至雅克萨之间也设置了驿站，于是对驿路进行调整，包奇等人再次勘察丈量，于康熙二十四年（1685 年）十一月奏称："臣等以五尺为度，由吉林城量至墨尔根，又由墨尔根量至瑷珲城，共一千七百一十一里……拟设驿站二十五处。"②之后，正式开始了吉林至瑷珲的驿路设置。

起初，由黑龙江将军管辖的驿站共有 19 站，由南向北分别是：茂兴苏苏站（今肇源县茂兴镇），73 里至古鲁站（今肇源县古龙镇），70 里至塔拉哈池站（今杜尔伯特蒙古族自治县他拉哈镇），70 里至多克多力站（今杜尔伯特蒙古族自治县巴彦查干乡太和村），70 里至温托珲池站（今泰来县大兴镇时雨村），70 里至特木德黑站（今齐齐哈尔市昂昂溪区头站村），65 里至卜奎站（今齐齐哈尔市建华区），50 里至塔哈尔站（今富裕县塔哈满族达斡尔族乡），71 里至宁年池站（今富裕县友谊乡宁年村），73 里至拉哈岗站（今

---

① 《清圣祖实录》卷 106，中华书局 1985 年版。
② 孟宪振：《清初吉林至瑷珲驿站考》，《历史档案》1982 年第 4 期。

讷河市拉哈镇），53 里至博尔多站（今讷河市讷河镇），65 里至喀穆尼喀俄佛罗站（今讷河市老莱镇），62 里至伊拉喀池站（今嫩江县伊拉哈镇），63 里至墨尔根站（今嫩江县城），70 里至霍洛尔站（今嫩江县科洛乡），76 里至喀尔塔尔济河站（今嫩江县塔溪乡），70 里至库穆尔山岗站（今黑河市二站乡三站村），48 里至额叶楞库河站（今黑河市二站乡二站村），74 里至黑龙江城站（今黑河市爱辉区西岗子镇坤站村）。雍正五年（1727 年），傅尔丹任黑龙江将军时，在古鲁站与茂兴站之间增设了乌兰诺尔站（今肇源县新站镇）。至此，由黑龙江将军所辖驿站共二十处。清政府将此二十站按嫩江河流方向，分为上、下十站。黑龙江城站至拉哈站，谓之上十站；宁年站至茂兴站，谓之下十站。这就是所谓的黑龙江二十站之称，即是站人世代生存的地方。站话即以上述这些清代驿站为中心，分布在绵延一千七百多里的驿路上。

雍正十三年（1735 年），清政府又在茂兴与呼兰之间设博尔济哈台（今肇源县头台镇）、察普奇尔台（今肇源县二站镇）、额尔多图台（今肇源县三站镇）、布拉克台（今肇东市四站镇）、扎拉和硕台（今肇东市五站镇）。这些驿站的站丁多由茂兴站、古鲁站等站转入。

吉林乌拉至瑷珲站的设置，对反击沙俄侵略、保卫东北边防发挥了重要作用。这条驿路修好之后，与原来吉林、盛京的驿站相连，形成了直达北京的畅通交通线路。它加强了边疆与内地的政治经济联系，对黑龙江地区的经济开发和文化传播都有着积极影响。随着时间的推移，这些地方不断发展，人数逐增，在驿站的基础上渐渐形成了无数的村屯、城镇。

二　平定"三藩之乱"与站人的来源

驿站修好之后，派驻站丁成为首要任务。据中国第一历史档案馆藏《黑龙江将军衙门档》记载，派住各站之驿丁，最初"拟由盛京沙河站等驿内摊派"，但因路程遥远，困难重重，所以康熙帝下谕旨："墨尔根到彼端所设之五驿，查索伦、达斡尔之贫穷者，令其驻驿；墨尔根至锦州俄佛罗之二十驿，既然由盛京沙河站等驿人员内摊派困难重重，即应查抄没户人，令其驻驿。"[1]这些所谓的"抄没户人"，就是三藩之一的吴三桂叛军降卒。关于这段历史，史料中有很多记载，如：

清《黑龙江志稿》："站丁皆云南产，以吴三桂叛故谪充山海关外，旋由关外各站调来江"；[2]

---

[1] 参见孟宪振《清初吉林至瑷珲驿站考》，《历史档案》1982 年第 4 期。

[2] 张佰英总纂，崔重庆等整理：《黑龙江志稿·经政·氏族》（卷 11），黑龙江人民出版社 1992 年版，第 7 页。

清《黑龙江述略》："站丁始于康熙，系逆藩吴三桂属下免死发遣，例不准应试服官。唯所授官田虽有定则，而荒漠散漫，无人勾稽"；①

清《黑龙江外记》："传闻站丁始于康熙，系藩逆吴三桂属下，免死发遣，例不准应试服官"；②

《龙城旧闻》："站丁多云贵人，清兵败吴三桂所俘男女，发遣极边，由山海关内外各站，匀拨来江，充邮卒、当苦差、世为站丁……"；③

那么，这些吴三桂的叛军降卒，为何从云贵来到黑龙江地区呢？

吴三桂原是明末崇祯年间的辽东提督，因投降后金军统帅多尔衮，使其未费一兵一卒从山海关进入中原，从而实现了满人称霸中原的梦想。清朝入关之初，由于兵力匮乏，不得不启用明朝降将充当马前卒，达到"以汉治汉"的目的。顺治十一年（1654 年），清王朝出于对南部边疆态势的考虑，重新颁诏命平南王尚可喜镇广东；顺治十六年（1659 年），命平西王吴三桂镇守云南，兼辖贵州；顺治十七年（1660 年）命靖南王耿继茂镇守福建。清王朝本想通过"三藩并镇"达到"以藩屏固"的战略构想，但令统治者意想不到的是，分镇一方的"三藩"王随着"镇边日久，渐次坐大"，割据势力迅速壮大起来，从而形成了各自为政的独立王国，甚至拥兵自重，侧目朝廷，最后成为清王朝的心腹大患。

康熙十二年（1637 年）三月，平南王尚可喜因年老多病，愿归老辽东，疏请以其子尚之信袭爵继续镇守广东。早有撤藩之心的康熙皇帝以坐镇广东已无必要为由，趁机令其父子撤藩回辽。自恃功高位重的吴三桂和耿精忠也假意上书归辽，以探明朝廷撤藩的态度，得到康熙皇帝照准。同年十一月，吴三桂公开发难，起兵叛乱。次年，耿精忠在福建起兵反清。康熙十五年（1676 年）尚之信迎合反叛，从此形成三藩并叛的局面，史称"三藩之乱"。

针对当时的形势，清廷采取"剿抚并用，恩威并施"的策略，极大限度地孤立吴三桂。鉴于康熙的招抚政策和清王朝的军事压力，耿精忠和尚之信先后被清廷招抚，易帜反吴，致使三藩联盟土崩瓦解。情急势绌的吴三桂于康熙十七年（1678 年）三月，在湖南衡州草登帝位，建国大周。同年八月，仅当了六个月皇帝的吴三桂患赤痢病死。十一月，部将们拥立他十三岁的孙子吴世璠继承皇位，但勉强维持三年就败走云南。康熙二十年（1681 年），清军攻下昆明，吴世璠自杀身亡。历时八载的"平藩"之役宣

① 徐宗亮等撰，李兴盛等点校：《黑龙江外记》（卷 2 建置），黑龙江人民出版社 1985 年版，第 19 页。

② 西清：《黑龙江外记》（卷 2），黑龙江人民出版社 1984 年版，第 29 页。

③ 魏毓兰等撰，李思乐等点校：《龙城旧闻》，黑龙江人民出版社 1986 年版，第 14 页。

告结束。

　　平定"三藩之乱"后，康熙本着"惩治首恶、宽宥胁从"的政策与原则，"重惩吴三桂党羽""从叛官员俱从宽免死，革职回籍""遣散吴三桂藩属"①。其中，将吴三桂部队部分降卒迁往东北开原县的尚阳堡台站服役。在吉林乌拉到黑龙江城的驿站设置完成后，又将其中的 884 户分派到这条驿路上的各驿站充当站丁。

　　吴三桂降卒构成了站人祖先的主体，但是在站人来源中，还包括少部分其他几类人。一类是清廷所判定的钦犯。如肇源县茂兴镇有一站人王氏家族，他们被称为"黄带子王"，据说是雍正皇帝的两个兄弟八王允禩、九王允禟的后裔。由于八王、九王反对雍正做皇帝，被雍正囚禁致死，其后裔被发配到黑龙江茂兴站和卜奎站（今齐齐哈尔市）充当站丁。史料中只记载雍正以包藏祸心、图谋不轨罪将八王、九王革去"黄带子"后幽禁，家眷子孙下落不明。至于是否发配至黑龙江驿站并无文字证据。为证明身份，家族曾传承一条上面写有满文、印有龙印的黄带子，传说是祖上存留之物。土改之前，族人每到春节都要举行"祭带"仪式。可惜的是，土改时期黄带子被农会拿走破旧立新，后来下落不明。据族人介绍，黄带子王本姓爱新觉罗，满族，由于后人怕被株连，所以改为王姓，取意龙兴王室。此外，据肇源尚氏族谱载："肇源尚氏族人，就是清平南亲王尚可喜四子尚之节后裔，之节有九子，其中有六个儿子及其家属被朝廷流戍到黑龙江宁古塔驿站做站丁。后来，又从宁古塔经吉林乌拉迁到郭尔罗斯后旗古鲁站（今肇源县古龙镇）充当站丁。"第二个来源是北部少数民族索伦、达斡尔人。前文已述，"墨尔根到彼端所设之五驿，查索伦、达斡尔之贫穷者，令其驻驿"。可见，上五站即黑龙江城（今黑河市爱辉镇）、额叶楞库河站（今黑河市二站乡二站村）、库穆尔山岗站（今黑河市二站乡三站村）、喀尔塔尔济河站（今嫩江县塔溪乡）、霍洛尔站（今嫩江县科洛乡）驻驿站丁由当地索伦、达斡尔人充任。但后来由于这些壮丁"不仅不谙驿站事宜，亦不识字，故其所记驿站使用之马牛钱粮、工费银两之数目，多有漏开及差错，或有胡支滥用"，②所以后来又有一些源于"三藩"的降卒被补填于此。因此，在站人的队伍中，主体是吴三桂的兵丁，也有当时朝廷认定的犯人和少数民族加入。

　　综上所述，从清代康熙年间起，黑龙江地区从茂兴至黑龙江城的驿站的站丁主要由"三藩"中吴三桂的降卒充任。这些人从云贵发配至北疆，

---

① 刘凤云：《清代三藩研究》，中国人民大学出版社 1994 年版，第 322-325 页。

② 参见自郭风岚《黑龙江站话的分布区域与归属》，《方言》2008 年第 1 期。

在进入人烟稀少、极边苦寒的黑龙江地区时，也带来了他们的方言。由于站丁生活在相对封闭的环境中，他们与外界接触较少，交流通常只在驿站内部和各驿站之间进行，因此极大地促进了其方言——站话的形成和发展。

第二节　黑龙江站话的发展

站话从形成至今，已有三百四十年的历史。在长期的发展过程中，从兴盛逐渐走向衰颓。站人在清初进入到黑龙江地区时，此区的汉人主要为驻兵和流人，数量极其有限，通用语言是以满语为主的少数民族语言，汉语只在一定范围内使用。尽管当时地方衙署公文例用满、蒙、汉三种文字（后改用满汉两种文字），但真正能够读懂弄通汉文的满族人不多。史料记载："北方风气刚劲，与文事顾不相习欤"，以至"通文者少，通汉文者尤少"。衙署如此，民间更是以满文通行，"凡八旗子弟愿入学者，由各旗协领送入满官学，习清文、骑射"。①直到嘉庆元年（1796年），才开始在齐齐哈尔设立汉官学，选八旗子弟学习汉文书。在这样的背景下，站话作为早期进入黑龙江地区的汉语方言，在形成之初，受到其他方言的影响并不大。因此，它主要以三藩旧部所持方言为基础，可能还会受到满、蒙等少数民族语言的影响，是在驿站内部的交际中逐渐形成发展起来的。

以下将重点讨论站话在发展过程中由盛转衰的主要原因及表现。两个阶段大体以光绪三十四年（1908年）清政府裁撤驿站、站人还籍为民分界。

一　站话的兴盛

从形成之时到清末民初，站话作为黑龙江西部驿路上一种特有的方言，保持并发展传承了二百余年。"在其兴盛时期，站话一度在当地取得了权威地位，一些新移民甚至当地的蒙古族人都要学会这种方言。"②总的来说，可以将站话在清朝阶段兴盛发展的原因概括为以下几点：

（一）内部严格的封闭管理

站人系康熙皇帝对叛党吴三桂部卒采取"宽宥胁从"政策发配至边疆的一个群体，因其"戴罪之人"的身份而受到严格管控。清政府对站人实行军籍管理，父死子继，不得还籍为民。同时对站人实行"三不准"政策：不准当官，不准参加科举考试，不准擅自离开驿站百里，违者杀罪。站丁的活动范围只在上下站之间，其家庭生活用地、放牧也不得超过驿站周围8

---

① 裴真：《山东棒子、老奤与臭糜子——哈尔滨方言的渊源》，《学理论》2009年第5期。

② 陈立中：《黑龙江站话研究》，中国社会科学出版社2005年版，第13页。

里。驿站只限站丁居住和工作，不仅流民不得居住，就连当时上等民族的满、蒙旗人也不得居住（驿站官除外）。这些措施，将站人牢牢地限制在狭小的固定区域之内。生活环境的封闭，使得站话主要在站人间流通，少受外部影响，利于其保持特征并持续发展。

清政府规定，站人不得与满蒙贵族通婚。初设站时，有的站人携家眷同来，有的却是单身独户。站内男多女少，使得婚配成为困难。为使站丁世代相传，长期为驿站服役，康熙三十二年（1693年），皇帝钦准户部为无妻男丁发配孤身女子，并对拨女后仍无法解决配偶的男丁以一女子折银30两，作为买妻之用。驿路之初的站人婚配，基本就是这样完成的。但是在村落形成之后，"不得与外族通婚"的禁令仍然给站人婚配造成很大的困难，因此二百年来形成了站人内部结亲的婚配方式。这也使得站话在"方言使用最纯粹、最频繁"的家庭环境中基本保持不变。

此外，自给自足的生存方式也将站人局限于固定区域之内。当时黑龙江地区人烟稀少，经济落后。由于地处偏远，给粮饷的补给造成困难。因此清政府鼓励站人发展生产，以站养站。初设站时，每一驿站均发马20匹，耕牛30头。站丁可以在周围指定范围八里内垦荒种地，称"站丁地"。站人不挣薪饷，也不对其征收税赋。据《龙江旧闻录》载："每站皆垦有闲荒，足以自给。惟旗员来往，供给车马，皆不取资……"内部通婚与自给自足的生活方式，使站人世代在属于他们的"领土"内繁衍生息，形成自己的封闭社团，也使站话的内部特征趋于一致，不断传承。

光绪四年（1878年），奉天府府丞王家璧依照旗奴改为民籍的先例，奏请将站丁也改籍为民，但光绪帝以站丁"系吴逆伪党，本在十世不宥之列"而未准允。正是由于这样一种特殊身份，站人被严格限制在一个狭小的范围内，使得站话保持内部特征并在二百余年的时间里不断发展。

（二）周围人口及自然条件的限制

清代之前，黑龙江地区世世代代生活着以游牧、渔猎为生的满、蒙古、达斡尔、鄂温克（索伦）、鄂伦春、赫哲、锡伯等各少数民族，他们的语言主要是阿尔泰语系的蒙古语、满—通古斯语等。汉族移民进入本区，大致可以上溯到辽代。辽金建立少数民族政权以后，为充实"契丹内地"或"金源内地"，经常从北方中原地区掳掠汉族人口。据史料记载，"太祖每收城邑，往往徙其民以实京师"。[①]但是，以这种形式进入黑龙江地区的汉族移民相对于当地土著来讲数量很少，而且这些北迁的汉人作为被征服者，进入少数民族区域之后，主要从事各种劳务，更有些成为宫内奴隶。因此，

---

① 金建都于上京路会宁府（今黑龙江哈尔滨市阿城区），初称"内地"或京师。

汉语作为处于社会下层人口所使用的语言，是不可能在当地民族语言中占有优势的。至元明时期，本地区汉族人口有所增加。元朝蒙古统治者在黑龙江的松嫩平原实行军事屯田，先后有女真民户和蛮军（汉人军队）在此屯垦种植。从史料记载看，还有一些汉族移民由辽东[①]北上，其中有一些是辽东军丁，因不堪服役之苦，便向北逃到女真人的地区谋生。此外，明朝的苛捐杂税也使百姓难以生存，导致一些人北上寻求生计。据《明神宗实录》卷五二四记载，明万历三十六年（1608 年），统治者对辽东居民"万般克剥，敲骨吸髓，以致小民各处逃去。无法生活，穷极计生，遂率合营男女数千北走"。在这"数千北走"的人群中，可以推断有一定数量的汉族人口进入到黑龙江地区，但与当地少数民族人口相比数量仍然有限。

清初，清政府为了恢复东北地区农业生产，也为了使留在东北的满洲同族在生计上有所保证，采取了一系列奖励向东北移民的招垦政策。汉族移民大多进入辽东，再向北进入黑龙江地区的移民很少。招垦政策只实行二十四年，出于保护"龙兴之地"的目的，1668 年，康熙帝下令："辽东招民授官永著停止"，对东北地区实行封禁，严禁汉人出关。封禁政策持续 200余年，直到咸丰十一年（1881 年）才逐步弛禁招民，使得黑龙江地区汉族人口的增长非常缓慢。因此，东北封禁七年后由云贵到达黑龙江地区驻守驿站的 884 户站丁，在很多文章中都被称作"成批进入黑龙江地区的最早的汉人"[②]。这一说法虽不精确，但也说明，站人于康熙二十四年（1685 年）来到黑龙江地区驻守驿站时，在有限的对外交流中，站人与其他汉人交流的机会不多，因此受到其他汉语方言的影响也较小。清人杨宾从自然环境的角度，描述了漫长驿路上荒无人烟的景象："边外驿站，相去远近不一，或百里，或百余里，或七八十里。然所谓七八十里者，三九月间，亦必走马竟日乃得到。行稍迟，或冬月日短不早发，鲜有不露宿者。"[③]从这段描述中，足见驿站及驿路上的荒凉。周边人口以及自然环境等因素的制约，

---

① 明末"辽东"指今天辽宁省境内大部分地区以及内蒙古东南和河北部一部分地区。"辽东"是东北地区最早的区域性名称。战国时期，燕国由于经常遭受胡人侵犯，始筑长城以抵外侵，并设上谷、渔阳、右北平、辽西、辽东行政机构以辖其地。这是有史以来，在辽宁也是在东北地区的首次建置设郡。秦、汉至南北朝也在此设辽东郡。明初设置，洪武八年（1375 年）改为辽东都司，治所在定辽中卫（今辽阳市），所辖东至鸭绿江，西至山海关，南至旅顺海口，北至开原，辖境相当于今辽宁省大部分和吉林省一部分。邹德文在其博士论文《清代东北方言语音研究》中，以翔实的资料统计了当时辽东人口情况，提出"明朝辽东地区人口数目考证出的'600 万'人里，明朝到来的汉族人（以今京、津、山东为主）就达近 350 万"，汉族人口所占比例超出一半。

② 姜希俊：《站人春秋》，载王鸿鹏编《古驿风情》，肇源县文化活动中心内部资料，2011 年，第 61 页。

③ 杨宾：《龙江三纪·柳边纪略》卷之三，黑龙江人民出版社 1985 年版，第 85 页。

使站话有条件在清朝二百多年的时间里得以延续和发展。

（三）独立民系意识的增强以及站人数量的不断增加

站人是较早成批进入黑龙江地区的汉人，由于其独特的身份和特殊的工作、生活环境，无论是自身还是外界，都会将其与周围人区别看待。他们辗转漂泊，由苗岭到北疆。他们隶属军旗，却是有罪之身。他们身为官差、跑马送信，也开荒垦田，从事生产。随着周边其他汉人的陆续进入，站人独立的民系意识也日渐增强。站人称自己为"站上人"或"此地人"，而称后进入的移民（入民籍）为"民人"或"下荒人""荒上人"。站人与民人之间有时相互贬低，互称"站棒子"和"民斗子"。因此，"站人作为当地的一个'民系'是有自我意识的，即站人相互间有认同感。民户也视站人为独立的民系。站人在该地区作为独立的民系有三大标志：即祖籍不同、风俗不同、方言不同"（游汝杰 1993）。这种民系意识也是站话发展传承的一个条件。即站话和非站话的使用者都有自我意识，站人说站话，民人说民人话，各自的方言代表着各自不同的民系。

此外，站话使用人口的数量不断增加，也促使这一方言得到进一步发展。清初驿站设立时，每站共派男丁三十名，马二十匹，牛三十头，车三十乘。为了使站丁力耕自给，清政府采取了鼓励驿丁农垦，从事农业生产的一系列政策。此外，为了使驿丁长期为驿站服务，还采取为独身驿丁配偶的措施。这些政策，使得驿站长期稳定地发展起来，并且促进了周边农业生产的发展和商业的繁荣。在驿站的基础上，很多集镇、村屯建立起来，这些村屯由站官进行统一管理。因此，站人内部人口增长以及受到站话影响人口的增多，都使站话得到了进一步的发展。正如游汝杰（1993）所说，站话开始只用于站人及其眷属之间，是一种特殊的行业语。这种行业语一旦形成，后来的站丁也必须熟习这种方言，才能适应工作。甚至当这种行业语在当地取得权威地位以后，即使不是站丁，也会学这种方言。他以泰来县时雨村为例，指出当地来自山东的移民也会说站话，甚至当地的蒙古人也有会说站话的。站话伴随着站人独立民系意识的增强和人口的发展，到清代中期已经进入到它的兴盛时期。

二 站话的衰颓

从 20 世纪五、六十年代以后，站话开始急遽消变。郭凤岚（2007）考察了站话使用人口的年龄与区域，得出："现在会说站话的人群只分布在部分 60 岁以上的老年群体中，从使用区域看，站话基本上退缩到了原驿站两侧比较偏僻的乡下，呈斑点式线状分布。"站话由盛转衰，主要有以下几个方面的原因：

（一）驿站裁撤，站人改归民籍

站话由盛而衰，是从清政府裁撤驿站开始的。随着清朝末年国力衰微，黑龙江各驿站经费无着，致使站丁生活窘困，驿路不畅。光绪二十四年（1898年），黑龙江镇边军左路步队统领寿山呈将军衙门："站丁等既已自备车马当差，又复派令交纳粮草，更令以底马递送公文，岂非一人而供数徭，安得不困乎？即使富家当丁，数年贫可立至。"①因此，驿递运转迟滞，加上清末移民日众，出现许多新的城镇，公文传递数量随之大增，使早已疲敝的驿站交通更加沉重。改革这种旧的制度已是社会发展的必然了。

1898 年，俄国在修筑中东铁路的同时，把资本主义邮政制度带到了黑龙江地区。光绪三十二年（1906 年），黑龙江将军程德全在齐齐哈尔开文报局，后在各地实行，将部分驿站酌量裁撤，铁路沿线的公文由火车传递。光绪三十四年（1908 年），"各台站一并裁撤，所有不通驿递各属并茂兴站一律改添文报局，派员试办"。②至此，黑龙江驿站这一古老的邮驿形式终于被取代了。

随着驿站的裁撤，站话得以保持与传承的环境被改变。各驿站站丁改籍为民，他们不再以驿站为生，不得不走出驿站，向周边地区扩散，拓荒买地，从事农业生产，站话也随之扩散。由于站人在老驿站人口比例缩小，分散出去的站人势单力孤，处于民人的包围之中，使得站话的优势地位逐渐丧失，方言特征也日渐模糊。

（二）移民人口激增

从咸丰十一年（1861 年）开始，内外交困、财政支绌的清政府，不得不放弃实行了二百年的东北封禁政策，逐步弛禁招民，促使黑龙江地区移民进入了非常的发展时期。北大荒物产丰富，素有"棒打獐鹿瓢舀鱼，野鸡飞入饭锅里"的佳话。林传甲在《龙江旧闻录》中也说，逃荒到东北者，几年之后便可改变生活状况，"有乞丐腰缠数百吊，数年作苦数千金者""使人能力作，无不致富者"。因此，清末民初，黑龙江成为数以百万的"闯关东"大军的目的地。乾隆三十六年（1771 年）黑龙江地区人口约 10 万，嘉庆十七年（1812 年）增长到 45 万，而从咸丰十一年（1861 年）弛禁政策实施到光绪三十年（1904 年）全面开禁招垦期间，人口增长突飞猛进，达到 250 多万。从 1911 年辛亥革命起到 1931 年"九一八"事变止，黑龙江地区人口总数在二十年间增长一倍，达到 600 多万，增长人口中绝大多数

---

① 黑龙江省档案馆等编：《清代黑龙江历史档案选编》（光绪二十一年至二十六年），黑龙江人民出版社 1987 年版，第 240-241 页。

② 张佰英总纂，崔重庆等整理：《黑龙江志稿·交通志·邮政卷》卷 42，黑龙江人民出版社1992 年版。

为外省移民。

移民在大量进入的同时，也带来了他们的方言，在与黑龙江地区原有方言的相互接触、相互融合中，发展为今天的黑龙江方言。同时，站话作为黑龙江地区的一个方言岛，被人数上越来越强大的黑龙江方言紧紧包围。在原来站话区域内，站人比例在不断缩小，民人比例在不断增大，站话走向衰颓便是必然的结果了。

（三）站人婚配习俗的变化

"家庭生活是方言使用最纯粹最频繁的地方。家庭生活状况对方言演变的影响主要是婚娶往来的状况。特别是在多方言地区或方言交界地区，如果在方言区内通婚，方言演变慢，如果在多种方言区之间通婚，则方言的相互作用力大，变异快。"①站人还籍为民后，与周围民人的交往日益增多、日益密切，原来只在站人内通婚的婚配习俗也在逐渐发生着变化。尤其到了 20 世纪二三十年代以后，站人的婚配开始扩大范围，甚至突破民族间的界限。家庭内部的方言融合加速了站话特征的弱化。

此外，郭风岚（2007）认为，文化缺失也是站话走向消变的主要原因。"站人群体文化的缺失主要表现在客观现实使得站人无法形成属于自己的可以传承的社群文化，而站人二百多年间一直被刻在心底的"红字"所压制着，这直接导致了其社群人格被扭曲，社会构成松散，社群凝聚力低弱，文化认知力卑下，语言态度卑微。"这一结论虽然还需要做更多的调查研究加以验证，但也提醒研究者，对于已经走向衰颓的方言，应该更多地关注对其文化内涵的挖掘与保护，使方言所承载的地域文化得到延续，并在现代生活中发挥积极意义。

第三节　站话相关问题的讨论

一　对站话来源方言的认定

在第一章第二节中已提到，关于站话的来源方言，已有的说法大多笼而统之。如"站话应该是多种方言混合而成的，不过目前还很难指明它是由哪几种方言混合而成的"（游汝杰 1993）；站话"以云贵籍和北方籍士卒的方言为主"，同时还融合着其他方言和少数民族语言（郭风岚 2003）。李如龙（2007：7）说："研究因源流相关而形成的特征可以帮助我们理解各

---

① 李如龙：《汉语方言学》（第二版），高等教育出版社 2007 年版，第 39 页。

方言的渊源关系和亲疏关系，也可为汉语史的研究提供重要的参考。"①如果站话来源不明确，就不容易去寻找站话与其他方言之间的关系，也使得对站话特征的把握和解释缺少依据。因此，以下将在史料分析的基础上，对站话的来源方言加以考证。

站人虽由云贵迁入，但目前站话中看不到西南官话的任何痕迹，这是大多数研究者一致的看法，但多数研究者的表述又都普遍认为站话受到西南官话的影响。这可能是仅从站人由云南迁入这一事实来进行的推测。实际上，我们从站人的来源可以认定，站话几乎没有受到西南官话的影响。如果要对这一结论加以解释的话，主要有以下理由：

1. 明崇祯十四年（1641 年），吴三桂由宁远总兵升任辽东提督，"三桂既加提督，则主客援兵皆听提调"，②其兵力也由最初的三千人，招募训练，增至三四万人。据刘凤云研究，吴三桂镇守云南时，"其降清时所率辽东精锐，亦当为其后来藩属兵丁的主要成分"。③《清史列传》与《清史稿》中均称这一部分兵丁为"二万"。也就是说，吴三桂任辽东提督时手下的三四万部卒，在随他经历山海关大战以及降清后的定陕、定川、定滇过程，损耗一二万人，余"二万"，这一统计应该是可信的。因此，吴三桂藩据云南时的主要兵丁皆为跟随他的"辽东精锐"。

2. 顺治十六年（1658 年）吴三桂进入滇中建藩，至康熙二十年（1681年），吴三桂的孙子吴世璠自杀身亡，"平藩"之役宣告结束。吴三桂部卒在云南的时间不过二十三年。其间又与清军相持于湖南岳州达五年之久。因此，在较短的时间以及较为封闭的军队环境中，这些辽东兵卒的语言不太可能会受到西南官话的过多影响，自然没有留下什么痕迹。

3. 吴三桂在定陕、定川以及坐镇云南时，一定会在当地招兵买马，增加兵源。据刘凤云考察，吴三桂仅在云南就俘获和招降了永历朝廷的官兵、家口 83438 人。但由于清代对旗兵有数额限定，因此所扩充的兵源皆需编入绿营。史料记载，至顺治十七年（1660 年），"平西王下……绿旗兵及投诚兵共六万名"。之后清廷为减轻沉重的军饷压力，限定绿营兵"共以三万为额"，令投诚官兵归里务农。因此，"吴三桂兵额总数 34600 人，其中旗兵 10600 人，绿营 24000 人"。④清代对绿营的管理与旗兵不同，为了防止藩镇割据以及兵力过于集中于地方，将各地绿营的管带与调遣权力分开，使"将不得私兵，兵不为将有，权利悉归中央"。因此可以推测，在这样具

---

① 李如龙：《汉语方言学》（第二版），高等教育出版社 2007 年版，第 7 页。

② 参见刘凤云《清代三藩研究》，中国人民大学出版社 1994 年版，第 61 页。

③ 同上书，第 62 页。

④ 同上书，第 137 页。

有相对制衡作用的措施下，吴三桂叛兵的主力应为旗兵，即辽东兵卒。

　　平藩之后，康熙帝对于叛军按照罪行轻重区别对待：重惩党羽；从叛官员革职回籍；其他藩属遣散。对于这些发往北方的吴三桂降卒身份的确定，也可以在参与平藩的清代下级官吏曾寿的日记中找到证据：1681 年 12 月 17 日，"由总部咨称：将侍卫部员及料唐阿先遣回京。年久之兵地丁即撤，投降之辽东汉人一并携同"。"辽东汉人五万余口，难以带走。改拟将兵丁编为八队，将汉人编为一队。传令拟康熙二十一年正月初十启程，后因故延迟到二月初六才从云南启程。"并于次年 11 月 2 日到达北京长辛店，后又有部分兵卒发往东北开原。①在相关驿站建成之后，又将其中 884 户转入黑龙江地区的驿站充任站丁。这部分充任站丁的辽东兵卒，即为黑龙江站人的祖先。

　　如果站人的来源明确了，那么站话的来源方言也就清楚了。站话应是在明末清初的辽东话的基础上形成的。"所谓辽东话，其源头为华北幽燕地区的汉语方言"，②而"幽燕方言"是"自西周初年至两汉时期，以蓟城为中心形成的一个燕方言区，（它）与辽宁一带的方言或语言比较接近，而与南部的河北方言较为疏远"。③

　　当然，"辽东话"也是一个处于不断发展变化中的汉语方言。作为站话来源的"辽东话"，一定会有一个时间上的限定，即它指明末清初时期的"辽东话"。因为清军入关时，大批辽东人"从龙入关"，加上明末战争的影响，辽东地区人口大幅减少。曹树基（1997：28-29）认为："在明代后期辽东地区大约 300 万汉人中，有 250 万左右外迁了。另一大批死于兵火或被满人掳为奴隶，所剩就是金兵（按：当是后金）占领区的汉人了。……这是清代移民发生前东北人口的基本状况，以后对辽东的移民垦殖就在这一背景下发生。"④也就是说，清初之后，辽东地区在关内移民大量涌入、人口构成发生根本变化的情况下，语言使用情况自然也会随之发生。因此，之后的辽东话主要受到山东、直隶移民方言的影响，必然会发生很大的变化。而作为站话来源方言的辽东话，只能被限定在明末清初这一历史层次上。

二　对站话分布区域的认定

（一）历史上兴盛时期的站话分布情况

　　对于历史上，尤其是兴盛时期站话的分布区域，主要通过对史料中驿

---

①　曾寿著，季永海译注：《随军纪行译注》，中央民族学院出版社 1987 年版，第 2 页。

②　邹德文：《清代东北方言语音研究》，博士学位论文，吉林大学，2009 年，第 32 页。

③　钱曾怡主编：《汉语官话方言研究》，齐鲁书社 2010 年版，第 67 页。

④　曹树基：《中国移民史》，福建人民出版社 1997 年版，第 28-29 页。

站的分布情况和站丁的来源来确定。如前文所述，站话专指清代驻守从茂兴至瑷辉之间这段驿路上各驿站的站丁的方言，这些站丁主体来源于吴三桂叛军旧部。因此，在这段区域之外的驿站，应不属于站话分布区域之内。

清代这段驿路从南至北包括十九个驿站：茂兴苏苏站（今肇源县茂兴镇），古鲁站（今肇源县古龙镇），塔拉哈池站（今杜尔伯特蒙古族自治县他拉哈镇），多克多力站（今杜尔伯特蒙古族自治县巴彦查干乡太和村），温托珲池站（今泰来县大兴镇时雨村），特木德黑站（今齐齐哈尔市昂昂溪区头站村），卜奎站（今齐齐哈尔市建华区），塔哈尔站（今富裕县塔哈满族达斡尔族乡），宁年池站（今富裕县友谊乡宁年村），拉哈岗站（今讷河市拉哈镇），博尔多站（今讷河市讷河镇），喀穆尼喀俄佛罗站（今讷河市老莱镇），伊拉喀池站（今嫩江县伊拉哈镇），墨尔根站（今嫩江县城），霍洛尔站（今嫩江县科洛乡），喀尔塔尔济河站（今嫩江县塔溪乡），库穆尔山岗站（今黑河市二站乡三站村），额叶楞库河站（今黑河市二站乡二站村），黑龙江城站（今黑河市爱辉区坤站村）。雍正五年（1727年），在古鲁站与茂兴站之间增设了乌兰诺尔站（今肇源县新站），共二十处。除此之外，雍正十三年（1735年），清政府又在茂兴与呼兰之间设博尔济哈台（今肇源县头台镇）、察普奇尔台（今肇源县二站镇）、额尔多图台（今肇源县三站镇）、布拉克台（今肇东市四站镇）、扎拉和硕台（今肇东市五站镇）。由于这些驿站的站丁多由茂兴站、古鲁站等站转入，因此兴盛时期的站话应以这二十五个驿站为中心，分布于由此连接起来的狭长区域。因此，清代站话分布不应该包括陈立中（2005：3）所说的"从嫩江到漠河的二十五个驿站"，以及光绪年间这条驿路上又增加的"延伸至漠河"的五站。

（二）目前站话的分布区域

贺巍（1986）与郭正彦（1986）认为站话主要分布于黑龙江省西部"肇源、肇州、林甸、齐齐哈尔、富裕、讷河、黑河、塔河、呼玛、漠河等"县市站道两侧的带状地带。这和前文所考证的"清代时站话就不存在于墨尔根以北"相矛盾，因此，今天的黑龙江"塔河、呼玛、漠河"没有站话存在。这也和笔者在2013年7月对这些地方的考察结果一致。

与清代站话的分布区域相比，今天的站话分布呈现不断萎缩的趋势，这是研究者的共识。正如游汝杰（1993）所说："历史上的站话在它的隆盛时期，曾经是典型的线状方言岛，但是到了现代……站话不再是完整的方言岛，充其量只能说它是斑点状的行将消亡的方言岛。"研究者对于今天站话分布描述，多以清代驿站所在地点作为依据，但随着站人的迁移、分散，有些地点的站话已不见踪迹了。根据我们的走访调查，历史上站话的分布区域大体上有四种发展结果：（1）完全消失。这种情况的出现主要有两方面

康熙二十四年修建的十九个驿站：
1茂兴苏苏站（今肇源县茂兴镇）
2古鲁站（今肇源县古龙镇）
3塔拉哈池站（今杜尔伯特县他拉哈镇）
4多克多力站（今杜尔伯特县巴彦查干乡）
5温托珲池站（今泰来县大兴镇时雨村）
6特木墨站（今齐齐哈尔市昂昂溪区）
7卜奎站（今齐齐哈尔市建华区）
8塔合尔站（今富裕县塔乡）
9宁年池站（今富裕县友谊乡宁年村）
10拉哈岗站（今讷河市拉哈镇）
11拉哈站（今讷河市讷河镇）
12喀穆尼喀俄佛罗站（今讷河市老莱镇）
13伊拉喀池站（今嫩江县伊拉哈镇）
14墨尔根站（今嫩江县城）
15霍洛尔站（今嫩江县科洛乡）
16喀尔塔尔济河站（今嫩江县塔溪乡）
17库穆尔山岗站（墨河市二站乡三站村）
18额叶楞库河站（墨河市二站乡二站村）
19墨龙江城站（今墨河市南爱辉镇）

雍正五年、十三年增设的驿站：
20乌兰诺尔站（今肇源县新站镇）
21博尔济哈合（今肇源县头合镇t）
22察普奇尔合（今肇源县二站镇）
23额尔比图合（今肇源县三站镇）
24布拉克合（今肇东市四站镇）
25扎拉和硕合（今肇东市五站镇）

图2-1　清代黑龙江地区驿站及站话分布示意图

原因，一是由于经济发展较快和人口流动较大导致的。比如旧址为清代卜奎站的齐齐哈尔建华区、旧址为清代博尔多站的讷河市讷河镇，由于已经发展为较繁华的市县中心地带，人口构成早已发生了很大变化，站人与站话的观念已经完成消失，本地区的人对"站人"和"站话"的名称非常陌生，甚至从未听说过。二是历史上站话特征本来就比较薄弱的地区，随着时代变迁也日益消失。比如处于最北部的黑龙江城站（今黑河市爱辉区西岗子镇坤站村），由于清代时这些驿站的站丁多由少数民族充任，站丁的交流工具还不完全是汉语。同时这个驿站又处于整条驿路的尽头，站丁间的交往相对较少，使得站话在这一区域消失得更早更快。而南部的布拉克台（今肇东市四站镇）、扎拉和硕台（今肇东市五站镇）由于修建时间较晚（1737年），站丁由其他驿站拨入，来源比较复杂，加之又处于驿路东南尽头，之后受到站话的影响也较小，因此此地区今天已经完全没有站话的概念了。
（2）部分萎缩。比如旧址为霍洛尔站的嫩江县科洛乡，在不同的村落内就
具有不同的表现。在科洛村中，虽然站人家庭的身份非常清晰，但站人所
持方言与周边黑龙江方言没有什么差别，几乎没有站人能说站话了。而在
位于科洛村东北部的科后村，由于相对偏远，经济比较落后，还有一些年
龄较大的站人在交流中表现出比较突出的站话特征。再比如这条驿路北部
的额叶楞库河站（今黑河市二站乡二站村）、库穆尔山岗站（今黑河市二站
乡三站村），虽然在今天的行政区划的名称上还遗留着古驿站的痕迹，但是
这些地区站人与站话的观念已经相当淡漠。站人后裔的方言已经完全和周
围方言一致了。再如旧址为伊拉喀池站的嫩江县伊拉哈镇展望村，如今只有
不多的几户站人后裔，对于驿站的人和事，村里的人大多一无所知。（3）继
续保留。目前的站话能够在原来分布区域的基础上继续保留的，主要有两
种情况：一是由于地方政府对站话及站人风俗文化大力保护与宣传，使站
人热衷于对自己方言文化的研究和保持。比如肇源县由政协领导牵头，专
门成立"站人文化研究会"，并出版多本站人文化方面的研究书籍，这些措
施起到了一定的抢救与保护站话的作用。在肇源县所辖的六处清代驿站旧
址上兴建的茂兴镇、古龙镇、新站镇等仍然是今天站话的主要分布区域。
再比如富裕县文化局申报的"古驿道站丁习俗"入选黑龙江非物质文化遗
产名录，也提升了当地站人对于驿站文化的保护热情，扩大了站人、站话
的影响力，使这一地区的站话得到进一步的挖掘和保护。二是在经济发展
较为缓慢、与外界交流相对较少、人口流动不大的区域，站话特征保留得
较多。比如泰来县的时雨村、杜尔伯特蒙古族自治县巴彦查干乡的太和村、
嫩江县的塔溪乡塔溪村等，这些在古驿站旧址上发展起来的村落，今天仍
然是站人相对集中的区域。（4）向周边扩散。站人于光绪三十四年改归民
籍之后，有些从原居地向周边移居，导致站人分布区域有所扩大。再加上
站人与民人开始通婚，也造成了人口扩散。比如泰来县内的古驿道只有时雨
村一地，但今天其周边的阿拉兴、新风、东风、前官地、后官地、前托力河、
后托力河等也都有站人居住。又如肇源茂兴站东十二里的张家窝棚，大多是
茂兴站人改籍为民后迁入，那里站人更为集中，约占当地人口百分之九十。[①]
　　从我们的实地调查来看，目前站话分布的区域主要包括[②]：
　　大庆市肇源县：茂兴镇、古龙镇、新站镇、头台镇、二站镇、三站镇；

---

　　① 游汝杰：《黑龙江省的站人和站话述略》，《方言》1993 年第 2 期。

　　② 在清代驿站基础上，有的地区发展为乡镇中心，成为乡镇政府所在地，比如茂兴、古龙、新站等，
虽有站人相继迁往其他村落，但以旧址基础上建立的行政单位为准，不再下列到村。有的古驿站发展为
乡镇下辖的村屯，因此分布区域以村为单位。

　　大庆市杜尔伯特蒙古族自治县：他拉哈镇、巴彦查干乡太和村；

　　齐齐哈尔市泰来县：大兴镇时雨村及周边村落；

　　齐齐哈尔市：昂昂溪区头站村；

　　齐齐哈尔市富裕县：友谊乡宁年村及周边村落、塔哈满族达斡尔族乡；

　　齐齐哈尔市讷河市：拉哈镇、老莱镇；

　　黑河市嫩江县：塔溪乡、科洛乡、嫩江镇、伊拉哈镇展望村；

　　黑河市：二站乡二站村、三站村。

三　对站话方言归属的意见

　　对于站话方言归属的认定，即站话是东北官话黑松片中的一个方言小片，还是黑龙江地区的一个方言岛，实际上也是对站话的来源、特征及与周边方言的关系等所作出的综合判断。在讨论这个问题之前，有必要先了解一下已有的研究对"方言岛"的界定。陈章太（1981）较早提出"方言岛"的概念，"在一种语言或方言的包围之中，存在着另一种差别比较大的方言，而这种方言尽管往往是在很小的地区或范围内使用，但它能够比较长期地保存着自己的基本特色，而不受周围的语言或方言所同化。语言学上管这种现象叫做'方言岛'"；[①]游汝杰（1990）认为，"在方言地理学上，被另一种方言（或语言）包围的方言称为方言岛"，同时指出方言岛可以有狭义和广义两种理解：狭义的方言岛，岛上的方言与包围它的方言必须是分属两大不同的方言；广义的方言岛，岛内外的方言，在方言系属上同属一大类，但是分属两小类。……或者岛上的方言带有不同于岛外方言的明显而重要的特征。[②]庄初升（1996，2001）认为，历史上操相同或相近方言的一部分人迁入操另种方言的人的地盘，他们所带来的方言在本地方言的包围下，就如大海上的岛屿，即是通常所说的"方言岛"。[③]后来，他对此又作了补充，"一种弱势的土著方言被后来居上的强势方言所包围也可能形成方言岛"。[④]李如龙（2007）认为方言岛应该满足几个条件：第一，移民人口要有一定数量，尤其是与当地人混居的，更要占较大比例；第二，移民方言需要与当地方言有较大差异；第三，移民要有较强的方言意识；第四，移民在经济文化上较先进，其方言是强势方言；第五，移民不与当地居民通婚、商业交往不密切。[⑤]

---

① 陈章太：《方言岛》，载于根元等《语言漫话》，上海教育出版社 1981 年版，第 147 页。

② 游汝杰：《汉语方言岛及其文化背景》，《中国文化》1990 年第 2 期。

③ 庄初升：《试论汉语方言岛》，《学术研究》1996 年第 3 期。

④ 庄初升：《论闽南方言岛》，《韶关学院学报》（社会科学版）2001 年第 1 期。

⑤ 李如龙：《汉语方言学》（第二版），高等教育出版社 2007 年版，第 36-37 页。

　　以上各家对于"方言岛"的界定虽然不尽相同，但综合来看，大体上应满足这样几个条件：一是岛方言跟随一定批量的移民进入；二是被包围在其他语言或方言之中，面积较小；三是与周围方言有明显差异；四是与外界接触较少且方言岛已存在较长时间。对比站话，这几项条件都能满足：康熙二十四年，884 户吴三桂降卒从云贵来到人烟稀少的北疆驻守各驿站。这些站丁有的携家带口，有的孤身一人，但总人数至少应在两三千以上。这些汉人对于当时地广人稀，主要为少数民族的黑龙江地区来说，可以说是具有一定批量了；由于特殊的身份，站丁被严格地限制在驿道及附近的有限地带内活动，不可逾越界限，站话也仅通行于驿站内部，被包围于少数民族语言及后入移民的民人话中；以明末辽东话为基础的站话与周围方言因来源不同自然有明显的差异，同时这种差异因为站人与外界接触较少而保留了二百多年。因此，从方言归属上来看，站话可以被认定为黑龙江地区的一个方言岛。

　　但是，站话作为一个方言岛，也有其独特性。一是它在形成发展时期，被包围于少数民族语言之中。随着汉族移民在清末大量进入到黑龙江地区，它又被包围于周边的民人话之中。二是站话作为一种"岛方言"，它对周边方言甚至整个黑龙江方言及格局的形成具有重要影响。本文将在余论部分进行概述。

　　庄初升（1996）把这种沿着河流或道路走向而散布的方言岛形象地称为"列岛型方言岛"。[①]当然，随着站话的逐渐衰颓，"站话不再是完整的方言岛，充其量只能说它是斑点状的行将消亡的方言岛"。[②]

---

① 庄初升：《试论汉语方言岛》，《学术研究》1996 年第 3 期。

② 游汝杰：《黑龙江省的站人和站话述略》，《方言》1993 年第 2 期。

第三章　黑龙江站话代表点音系及内部比较

对于游汝杰（1993）、陈立中（2006）和郭风岚（2008）分别描写过的泰来县大兴镇时雨村、肇源县茂兴镇、嫩江县科洛乡的站话音系，本书将不再列出。以下选择的站话代表点，按照其所在区县从南向北方向排列，分别是新站村_{肇源县}、古龙村_{肇源县}、太和村_{杜尔伯特县}、头站村_{齐齐哈尔昂昂溪区}、宁年村_{富裕县}、拉哈镇_{讷河市}、塔溪村_{嫩江县}、二站村_{黑河市爱辉区}。所列各点音系均为笔者实地调查所得。

第一节　站话代表点音系

一　肇源县新站镇新站村站话音系

清代乌兰诺尔站旧址所在地即今天的肇源县新站镇。康熙年间修建的茂兴站和古鲁站由于相距太远，故于雍正五年（1727 年）在乌兰诺尔湖东侧增设一站，初名乌兰诺尔站，蒙古语"红色的泡子"之意，后按汉人的习惯简称为新站。乌兰诺尔站建成后，站丁主要由茂兴、古龙、塔哈等驿站拨入。新站村为新站镇政府驻地，现有人口 3500 人，916 户，站人占总人口的 30%左右。本地站人把来自于山东、河北、辽宁等省的后入移民称为"内乡人"。据站人王电一说，因为新站与其他站相比开发较晚，因此这里的站话特征保存得更多一些。新站镇流传一句话，"驿站一街三大姓，陈宗二总马头施"，意思是一条街上住有陈氏千总、宗氏副千总和施氏马头^①，这条街后被称为"三家街"。最初来到新站的站人，除了陈、宗、施三个姓氏之外，还有阎、刘、王、李等姓氏。据新站站人刘寿果老人整理的《刘氏家族族谱》中记载，始祖刘应时"由贵州省云南府嘎嘎县迁到卜魁塔哈站落户"，后于"雍正四年从塔哈迁至新站落户"。新站施姓站人后裔，至今保留着一方官印，证明在吴三桂"西选"时其先祖曾被任命为知府一职。

发音合作人：张希春，男，71 岁（1942 年生），一直生活于本村，初

---

① "千总""马头"皆是驿站内官名。

中文化，务农。许敏（张希春老伴），女，68 岁（1945 年生），一直生活于本村，小学文化，家务。

（一）声母（共 23 个，包括零声母）

p 布白别倍	pʰ迫泡旁	m 买马忙	f 夫冯方	v 娃弯翁围
t 到斗党灯	tʰ太堂疼	n 暖难怒年	l 路吕连扔	
ts 纸紫桌宅	tsʰ踹床糟炒	s 税帅苏生		
tʂ 招蒸这	tʂʰ处初车唱	ʂ 舌森书上	ʐ 认绕若	
tɕ 精节儿	tɕʰ秋趣前切	ɕ 喜修玄叙		
k 割₁刚给	kʰ开葵抗割₂	x 红喝哼还		
Ø 岸而午闰				

（二）韵母（共 37 个）

ʅ 支吃日

ɿ 纸次思

ɚ 耳而儿	i 以第比礼	u 故木赌绿₁	y 雨虚欲
a 爬辣割	ia 架夹掐	ua 花刮夸	
ɤ 河蛇破肋	iɛ 姐野铁介	uɤ 过国活落	yɛ 靴缺月
ai 百盖台		uai 怪怀踹帅	
ei 李北倍妹		uei 桂吕驴绿₂	
au 饱保桃烧	iau 药条		
ou 斗丑收	iou 流牛袖旧		
an 暖三竿含	iɛn 间衔连	uan 短酸官船	yɛn 权圆
ən 根森很	in 紧林心新	un 魂温棍	yn 云群勋
aŋ 党桑胖	iaŋ 讲良抢	uaŋ 光床筐	
əŋ 庚横登	iŋ 灵星青	uəŋ 翁	
		uŋ 红东同	yŋ 琼穷胸

（三）声调（共 4 个）

阴平 312　　包生专尊低边粗婚
阳平 24　　穷陈床出神娘人文
上声 213　　纸走比口草体五女
去声 53　　近柱是坐入害让用

说明：

1. [v]在韵母[a ai an aŋ]之前摩擦轻微，只有上齿与下唇的扣唇动作；在韵母[ei en eŋ]前摩擦较重。

2. [n]与齐、撮两类韵母相拼时（如"年女"等），受韵头[i][y]影响，实际发音接近于[ɲ]。

3. [tɕ tɕʰ ɕ]与齐齿呼韵母相拼时（如"精秋"等），受韵头[i]影响，有舌尖化倾向。

4. 平舌音多。知系东钟韵、蟹假开二韵都读成平舌，如"中忠虫崇终充众重钟盅种茶搽查渣叉权差茬诈榨厦豺斋筛债晒寨"等。

5. [y]韵、[i]韵与[l]声母相拼时，韵母分别读作[uei]韵（如"绿旅吕驴"）、[ei]韵（如"李立里离"）。

6. [ɤ]拼[p pʰ m]时，唇形略圆，带有过渡音[u]，实际音值为[ᵘɤ]。

7. [uɤ]的主要元音[ɤ]略带圆唇色彩，舌位略高偏后。

8. [iou]中的韵腹[o]略带扁唇色彩，舌位偏低，实际音值接近[ʌ]。

9. 阴平调值不稳定，有的曲折度较小，读似降调。

10. 阳平的终点比4度略低。

二　肇源县古龙镇古龙村站话音系

清代古鲁站旧址所在地即今天的肇源县古龙镇。古龙镇位于肇源县西北93公里，全镇下辖14个行政村，35个自然屯，总人口3.2万人，站人人口占全镇人口的40%左右。①清代古鲁站为此段驿路上南起第二站，连接茂兴站和他拉哈站。"古鲁"，一说是满语"高埠"的意思；另一说是蒙古语"古尔班禅连"的简称，意为"三个泡子"。最早进入古鲁站的站人主要有陈、尚、张、刘四个姓氏，据古龙张氏第十三世孙张浚杰先生保存的《张氏宗谱》（修于清咸丰五年（1855年））序言记载："清张氏先祖栋公于清初时在吴三桂部下充差，嗣吴势去，于清康熙十年归降后，于十三年（笔者按：此处年代显然有误，应为二十三年）由奉天萨古鲁驿发黑龙江分驻南路古鲁站充驿，送往来文件等差徭。"而古龙镇尚氏站人的来源则较为特殊，据尚氏族谱记载：肇源尚氏族人是清平南亲王尚可喜四子尚之节后裔，之节有九子，其中有六个儿子及其家属被朝廷流戍到黑龙江宁古塔驿站做站丁。后又从宁古塔经吉林乌拉迁到郭尔罗斯后旗古鲁站充当驿丁。这也说明清代黑龙江地区驿站站丁的主体是吴三桂降卒，同时也包含少数其他来源的站人。古龙村为古龙镇政府驻地。

发音合作人：张为杰，男，73岁（1940年生），初中文化，务农。一直生活在古龙，六年前由共荣村迁到镇上。

（一）声母（共24个，包括零声母）

| p 布摆别 | pʰ 怕盘破 | m 门麦妹 | f 飞夫发 | v 午我歪围 |
| t 到带夺 | tʰ 太通天 | n 内怒女年 | l 兰路来扔 | |

---

① 此处数据由肇源县民政局局长尚斌提供。

tʂ 桌宅糟种　　　tʂʰ 粗曹虫拆　　　s 税书帅苏

tʂ 招蒸直丈　　　tʂʰ 初长除吃　　　ʂ 舌声诗啥　　　　ʐ 认绕闰软

tɕ 间精节焦　　　tɕʰ 秋齐全趣　　　ɕ 修旋玄虚

k 贵干该　　　　kʰ 开葵康　　　　x 灰红胡活

Ø 岸运而　　　　ŋ 袄

（二）韵母（共37个）

ʅ 支吃知

ɿ 资次思

ɚ 耳二儿　　　　i 以第泪雷　　　　u 故胡赌出　　　　y 雨女局虚

a 爬辣割打　　　ia 架夹下加　　　ua 花刮夸瓜

ɤ 河波破蛇　　　iɛ 姐野铁介　　　uɤ 过国活落　　　　yɛ 靴缺月

ai 百盖开还　　　　　　　　　　　uai 怪槐快帅

ei 北黑妹篱　　　　　　　　　　　uei 桂会吹驴

au 饱保桃烧　　　iau 药条桥掉

ou 斗丑收　　　　iou 流牛旧

an 胆乱安含　　　iɛn 间衔连　　　　uan 短酸官船　　　　yɛn 权圆选捐

ən 根森很　　　　in 紧林心新　　　un 魂温棍　　　　　yn 云群勋

aŋ 党桑胖　　　　iaŋ 讲良抢　　　　uaŋ 光床筐

əŋ 庚横登　　　　iŋ 灵星青　　　　uəŋ 翁

　　　　　　　　　　　　　　　　　uŋ 红东同　　　　　yŋ 琼穷胸

（三）声调（共4个）

阴平 312　　尊低边婚衣飞灰休

阳平 24　　　穷陈床出神娘人文

上声 213　　纸走比口草体五女

去声 53　　　近柱是坐入害让用

说明：

1. [v]声母拼不同韵母时摩擦程度不同。拼[u uɤ]时，摩擦程度最小，只有扣唇动作；拼[a ai an]时有轻微摩擦；拼[ei en]时摩擦较重。

2. 舌尖后音[tʂ tʂʰ ʂ]的舌位有些靠前，卷舌程度不够。

3. 声母[ŋ]只与[au]拼，辖字只有"袄"。

4. 卷舌音读作平舌音的较多，普通话中平舌音读作卷舌音的只有"伞暂"等少数字。

5. [y]韵、[i]韵、[ei]韵与[l]声母相拼时，韵母分别读作[uei]韵（如"绿旅吕驴"）、[ei]韵（如"李立里离"）、[i]韵（如"泪雷"）。

6. 阴平调值不稳定，单字阴平调值除312之外，有时还读作31或33。

7. 上声的终点调值偏低，实际读音为212。

三　杜尔伯特蒙古族自治县巴彦查干乡太和村站话音系

太和村是在清代多克多力站的旧址上建成的村子，位于杜尔伯特蒙古族自治县政府西南95公里，面积116000亩，总人口3207人，站人2400人，占本村总人口的80%，[①]站人主要姓氏为李、王、彭、丁、刘、罗、秦、朱。清代多克多力站也称多鼐站，蒙语“山嘴子”之意，连接他拉哈池站（今杜尔伯特蒙古族自治县他拉哈镇）和温托珲池站（今泰来县大兴镇时雨村）。因特木德黑站（今齐齐哈尔头站村）是清朝时卜魁城通往中原的第一个驿站，按照汉人习惯也将之称为头站，向南相继的温托珲池站、多克多力站、塔拉哈池站被依次称做二站、三站、四站，因此太和村还有“三站”的称呼。此地的站人代代相传他们是“民家”人，即白族支系，并通过与云南大理白族的民俗对照和“蹠趾认亲”来加以验证。[②]在“百度百科”的“民家”词条下，也可看见这样的记载：“黑龙江杜尔伯特蒙古族自治县的‘站人’也是民家后裔，系清朝时从云南征兵（1682年）过去戍边的滇籍白族兵后裔。”[③]据站人王淑范老人讲，太和村这个地方挺“旧”，没有什么外地人。“以前民人嫌站人规矩大，不愿意和站人通婚。因此站人的婚配都是亲上做亲，古鲁站的姑娘往他拉哈去，他拉哈站的姑娘都嫁到太和来，太和的姑娘都往二站（时雨村）去。”

发音合作人：王淑范，女，73岁（1940年生），原来生活在他拉哈站，20岁时嫁到太和村，中学文化，农民。其老伴为民人，祖辈在19世纪末从河北逃难来江。家庭中只有王淑范老人一个人说站话。

（一）声母（共23个，包括零声母）

p 布步别	pʰ怕盘旁	m 门马妹	f 飞冯费	v 文围温
t 到道夺	tʰ太同堂	n 暖怒娘年	l 扔蕊在来	
ʦ 纸糟增僧	ʦʰ粗曹昌锄	s 税叔苏丝		
tʂ 招争直资	tʂʰ潮处从虫	ʂ 说舌诗生	ʐ 认褥闰日	
ʨ 精节焦	ʨʰ秋齐全趣	ɕ 修旋玄虚		
k 贵给该	kʰ开葵康	x 灰红胡		
Ø 岸运午俺				

① 此数据由太和村村委会主任王玲伟提供。

② 姜希俊：《站人春秋——一个鲜为人知的故事》，载《古驿风情（四）》，肇源县文化活动中心内部刊物，2011年，第57页。

③ “民家·人口分布”，百度百科（http：//baike. baidu. com/view/8697716. htm）。

（二）韵母（共 37 个）

ɿ 资支师吃

ʅ 丝自次

ɚ 耳而儿　　　　i 衣齐集踢　　　　u 故木赌绿 ₁　　　　y 雨虚欲居

a 马打爬辣　　　　ia 架夹下揢　　　　ua 花刮夸袜

ɤ 蛇乐 ₁ 婆割　　　iɛ 姐野写别　　　　uɤ 若国活锁　　　　yɛ 靴缺乐 ₂

ai 派百盖害　　　　　　　　　　　　uai 怪块淮歪

ei 李北没给　　　　　　　　　　　　uei 桂吕蕊绿 ₂

au 饱保桃烧　　　　iau 药条吊标

ou 斗偷收口　　　　iou 流牛秋油

an 暖胆竿俺　　　　iɛn 念间衔连　　　uan 短酸官船　　　yɛn 权圆娟

ən 根森很闰　　　　in 紧林心新　　　un 魂温棍　　　　　yn 云群勋

aŋ 党桑胖　　　　　iaŋ 讲良抢　　　　uaŋ 光荒筐双

əŋ 生横灯　　　　　iŋ 灵饼青硬　　　　uəŋ 翁瓮

　　　　　　　　　　　　　　　　　uŋ 红虫同荣　　　　yŋ 用穷胸兄

（三）声调（共 4 个）

阴平 423　　尊低边粗飞灰丘休

阳平 24　　穷陈床出神娘人文

上声 213　　纸走比口草体五女

去声 53　　近柱是坐入害让用

说明：

1. 发[tɕ][tɕʰ][ɕ]时摩擦较重。

2. 零声母拼合口呼时，在[u uɤ]等韵母前读零声母，在其他韵母前，读[v]声母，但浊擦色彩略轻，实际读音为[ʋ]。

3. 发[ts tsʰ s]时，舌尖位置稍低，接近或抵住上齿龈，实际音值为[tsʲ tsʰʲ sʲ]。发[tʂ tʂʰ ʂ]时，舌位向前，卷舌度不够。舌尖前音与舌尖后音部分相混，且没有规律，即使同为一个发音人，前后也有不一致的情况。比如发音人读"醋"时，有时读成[tsu⁵³]，有时读成[tʂu⁵³]。

4. 韵母[ei]发音时动程短，读音近于单元音[ɪ]。如"飞"读音近于 fɪ⁴²³，"雷"读音近于 lɪ²⁴。

5. "绿"的韵母有[uei]和[u]两种读音，用法相同，不区别意义。

6. 阴平发音起点更高，在读单字时也表现出较强的曲折度，比其他点表现出更突出的特征，多读作 423（如"衣低尊灰"），有的也读作 24（如"出滴桌"）或 311（如"灯初展"），说明站话中的阴平调处于变化中的不稳定阶段。

7. 上声发音短促，很多字的实际调值为24。

8. 发音人在读"秋"时调值为44，而读"丘"时调值为423，这有可能和字的使用频率有关。经常在生活中使用的字更易受到民人话的影响而改变读音，而不经常用的字往往还保留原来的发音。

四 齐齐哈尔市昂昂溪区榆树屯镇头站村站话音系

头站村是在清代特木德黑站（此站为清朝时卜魁城通往中原的第一个驿站，按照汉人习惯也将之称为头站）的基础上发展起来的村落，位于齐齐哈尔市昂昂溪区东南15公里，面积45897亩。全村600余户，总人口1947人。[①]村中站人有曲、柏、王、石四姓，占全村人口四分之一多。据村卫生所所长曲克举说，他从小就听老人讲，他们祖籍是云南贵州大榆树，但具体是哪里并不知道。站人后裔王成志保存着修订于清光绪二十六年的家谱，前序中记载了他们的祖先从贵州来到本地的经历：康熙年间，王姓始祖王起自备全家老幼同往，如有小儿不会行路者，有竹筐挑行，有小车推行。沿路无有盘缠者自己讨要而食。自康熙十三年太平日起，行至十四年到黑龙江卜魁城南立特木德黑站居住。……吾王姓始祖自拨至头站此处，来到共二百有余年。本村规模较小，站人数量不多，民人主要为山东移民。

发音合作人：王成志，男，67岁（1946年生），高小文化，农民。其老伴也为站人，在家庭中使用站话。

（一）声母（共22个，包括零声母）

p 布步别	pʰ 怕盘旁	m 门马妹	f 飞冯费	v 文围
t 到道夺	tʰ 太同堂	n 难怒女袄	l 兰路吕连	
ʦ 僧		s 税帅		
ʈʂ 糟招增争	ʈʂʰ 曹粗初从	ʂ 丝诗苏	ʐ 认绕若闰	
ʨ 精节焦	ʨʰ 秋齐全趣	ɕ 修旋玄虚		
k 贵给该	kʰ 开葵康	x 灰红胡		
Ø 运而午我				

（二）韵母（共37个）

ɿ 资支日			
ɚ 耳而儿	i 以第急里	u 故木赌鹿	y 雨虚欲绿
a 爬辣割	ia 架夹掐	ua 花刮夸	
ɣ 河蛇色各	iɛ 姐野铁介	uɤ 波破摸	yɛ 靴缺月
		uo 郭罗括落	

---

① 此数据由头站村党支部书记贾米海提供。

ai 百盖买　　　　　　　　　　uai 怪坏快

ei 北倍妹泪　　　　　　　　　uei 桂会退最

au 饱保桃烧　　　iau 药条敲

ou 斗丑收　　　　iou 流油求修

an 胆三竿含　　　iɛn 间衔连　　　uan 短酸官船　　　yɛn 权圆选

ən 根森很　　　　in 紧林心新　　un 魂温棍　　　　yn 云群勋

aŋ 党桑胖　　　　iaŋ 讲良抢　　　uaŋ 光床筐

əŋ 庚横登　　　　iŋ 灵星青　　　uəŋ 翁

　　　　　　　　　　　　　　　uŋ 红东同　　　　yŋ 琼穷胸

（三）声调（共4个）

阴平 33/24　哥高猪出粗婚开天

阳平 24　　　来陈麻雷神名人劳

上声 213　　　纸古比口草体五女

去声 53　　　木柱为坐麦害月让

说明：

1. 没有[tsʰ]声母。声母读[ts]和[s]的字很少，只有"僧 tsəŋ³³""税 suei⁵³"

"帅 suai⁵³"等。

2. [tʂ tʂʰ ʂ]发音时卷舌程度不够，舌尖抵住上齿龈，实际音值为[tʂʲ tʂʰʲ

ʂʲ]。

3. 发[tɕʰ]时摩擦较重。

4. 古影疑母字读为零声母，例外的是"袄 naɔ²¹³"。

6. [ai][au]发音动程偏短，趋近于单元音[ɛ][ɔ]，这可能是受本村山东移民复元音读音单元音化的影响。

7. 有[uo]韵母，但元音[o]圆唇度低，音值近于[uʌ]。

8. 没有[ɭ]韵母。

9. 单字阴平调值与周围民人读音相同，读作 33，有时也读 24，如"出 tʂʰu²⁴""刮 kua²⁴"，只有在语流当中阴平调才读作降调 31；

10. 阳平调值终点比 4 低。

11. 上声曲折度不够，调值近似升调 23。

五　富裕县友谊乡宁年村站话音系

宁年村是在清代宁年池站的基础上发展起来的村落，位于富裕县西北 15 公里，地处嫩江右岸。"宁年"的全称是"宁年鄂漠"，"宁年"是满语大雁的意思，"鄂漠"是泡子，"宁年鄂漠"就是大雁栖息的泡子。宁年村包括三个自然屯：富宁屯、东明屯、榆树屯，其中富宁屯的站人最为集中，全屯 289 户，1097 人，其中站人占 80%。①宁年站人主要有姜、任、杨、袁、宋、李等姓氏。据光绪三十年续修的本村杨氏谱书序言记载："康熙二十三年甲子岁迁移江省，承应驿服之役政，二祖三十岁一起原籍复职才略系云南巧山县马蹄坡寓住，康熙二十五年奉差黑龙江省齐齐哈尔城北宁年站予应服徭之额，祇嗣立业已久而致根固荣达。"据宁年村党支部书记李国秋收藏的李氏家谱简续记载："李氏先人李楷、李枚、李栻、李林是在康熙二十一年由云南发往北京，尔后辗转到黑龙江宁年站充当站丁。"本村的站人称后来的辽宁、吉林移民为荒上人，称 50 年代进入的山东移民为山东人。

发音合作人：杨桂芹，女，80 岁（1933 年出生），家庭妇女，一直生活在宁年村，据她讲家庭中代代相传祖籍是云南贵州府嘎嘎县。②其老伴也是站人，两人均只说站话。

（一）声母（共 24 个，包括零声母）

p 布步别	pʰ 怕盘旁	m 门马妹	f 飞冯费	v 外王文围
t 到道夺	tʰ 太同堂	n 难怒女年	l 扔路吕在
ts 糟增蒸栽	tsʰ 拆村仓床	s 锁生丝税
tʂ 招住照阵	tʂʰ 春差扯醋	ʂ 师诗声苏	ʐ 认日然软
tɕ 精节叫嫁	tɕʰ 秋齐全趣	ɕ 修旋香虚
k 贵给该	kʰ 开葵康	x 灰红胡
Ø 岸袄午而	ɣ 俺		

（二）韵母（共 38 个）

ɿ 次思

ʅ 资支吃诗

ɚ 耳而儿	i 及第急踢	u 故木赌鹿	y 女雨虚
a 爬辣割	ia 架夹恰	ua 花刮夸
ɤ 河各色	iɛ 野接铁介	uɤ 婆波破	yɛ 靴缺月
		uo 说国活落
ai 百盖还拆		uai 怪怀快摔
ei 李理雷妹		uei 桂吕驴脆
au 饱保桃暖	iau 药条调笑
ou 斗丑收	iou 流牛油求
an 胆三竿含	iɛn 间衔连	uan 短酸官船	yɛn 权圆娟

---

① 此数据由宁年村村委会会计姜永辉提供。

② 新站、茂兴站的家谱中，也有称自己祖籍为"云南省贵州府嘎嘎县"或"贵州省云南府嘎嘎县"。肇源县地方志研究者张希民认为，这种省、府混乱的说法以及所谓的"嘎嘎县"，是站人祖先对自己身份的有意掩饰和隐瞒，原因是本身已受迫害，不想再株连家族及后人，因此随意编造出来的。

ən 根森很	in 紧林心新	un 魂温棍	yn 云群勋
aŋ 党桑胖俺	iaŋ 讲良抢	uaŋ 光床筐	
əŋ 庚横登	iŋ 灵星青	uɐŋ 翁	
		uŋ 红东同	yŋ 琼穷胸

（三）声调（共四个）

阴平（413）　生天吃八京灯开喝桌

阳平（24）　床舌徐服文局人前白

上声（213）　古笔手苦取很走挡打

去声（52）　是问后地更被受笨趟

说明：

1. 声母[ɤ]只出现在韵母[aŋ]前，辖字只有"俺 ɤaŋ213"；

2. [n]与齐齿呼、撮口呼韵母相拼时念成[ȵ]。

3. [x]的发音部位略靠后，有喉音色彩。

4. [ei][uei]中韵腹[e]的开口度略小。

5. [uo]中的[o]唇形略展，舌位略低，实际音值接近[ʌ]。

6. 阴平调的曲折程度非常明显，终点的调值比 3 稍高。

7. 阴平调持续时间偏长，前半部分降调与后半部分升调各占一半。

8. 去声终点调值比 2 稍低，与其他地区相比，整体感觉音高变化大。

六　讷河市拉哈镇站话音系

清代拉哈岗站旧址即今天的讷河市拉哈镇。拉哈镇位于讷河市西南 38 公里，是两省（黑龙江、内蒙古）、四县（甘南、富裕、讷河、莫旗）、三江（嫩江、龙门江、博荣江）交汇的富庶地区，交通运输四通八达。全镇总面积 83.36 平方公里，总人口 5.6 万人。"拉哈"在满语和达斡尔语中是"淮头鱼"的意思，因附近嫩江盛产此鱼而得名。此地站人主要以刘、张、王、马、徐、谭、何七姓为主。据本镇张氏宗族谱序言记载，其祖先从云南经北京迁到盛京尚阳堡，于康熙二十四年携家小从盛京尚阳堡差遣到拉哈岗站。

发音合作人：刘向民，男，65 岁（1948 年出生），中专文化，退休前为镇政府干部，其老伴是民人，家庭中使用民人话。

（一）声母（共 23 个，包括零声母）

p 布把别	pʰ 怕盘胖	m 米马卖	f 夫冯方	v 午王文围
t 到大蝶	tʰ 太他堂	n 难挨祢恩	l 扔路吕乳	
ts 糟招子纸	tsʰ 拆村床	s 丝扇生僧		
tʂ 站暂长	tʂʰ 仓昌处	ʂ 师诗声	ʐ 惹热日	

tɕ 精节叫嫁　　　tɕʰ 秋齐全趣　　　ɕ 修旋香虚

k 贵给该　　　　kʰ 开刮坑　　　　x 灰红胡

Ø 而认软绕

（二）韵母（共 37 个）

ɿ 次思资

ʅ 师吃诗

ɚ 耳而儿　　　　i 及皮急密　　　　u 故木赌　　　　　　y 女雨虚

a 他发割　　　　ia 架掐下　　　　ua 瓜花刮

ɣ 河波色婆　　　iɛ 野爷列　　　　uɣ 说国活落　　　　yɛ 靴缺月

ai 改孩开　　　　　　　　　　　　uai 怪怀摔

ei 累妹北　　　　　　　　　　　　uei 桂脆水

au 饱桃暖　　　　iau 药条笑鸟

ou 斗偶后　　　　iou 流牛油求

an 胆三竿含　　　iɛn 间衔连　　　　uan 短酸官船　　　　yɛn 权远娟

ən 根森很　　　　in 紧林心新　　　　un 魂温棍　　　　　yn 云群勋

aŋ 党胖上朗　　　iaŋ 讲抢良　　　　uaŋ 光床匡

əŋ 庚横登　　　　iŋ 灵星青　　　　uəŋ 翁

　　　　　　　　　　　　　　　　　uŋ 红工同　　　　　yŋ 琼穷胸

（三）声调（共四个）

阴平（33）　　　生吃灯开喝桌杯书桌

阳平（24）　　　床抬文红白时舌鱼及

上声（213）　　 古手虎取冷走马打笔

去声（53）　　　是问后地更欠受去看

说明：

1. 古日母字除"热惹"等少数几个读[ʐ]声母，大多读作零声母；古影疑母字在此点多读作[n]声母。这些特征都是受到民人话影响产生的。

2. [n]与齐齿呼、撮口呼韵母相拼时念成[ɲ]。

3. [ts tsʰ s]发音时摩擦较明显。

4. [tʂ]组声母数量少，且发音不稳定，[ts][tʂ]常自由变读，无规律可循。

5. [iɛ][yɛ]的韵腹[ɛ]舌位较高、较后，接近央元音[ə]。

6. [ou][iou]中的韵腹[o]唇形略展，舌位略低，实际音值接近[ʌ]。

7. 不论单字调还是在语流当中，阴平调与周边民人话基本没有区别，调值比 3 稍高。

8. 阳平调起点比 3 稍低。

七 嫩江县塔溪乡塔溪村站话音系

清代喀尔塔尔溪站旧址所在地，即今天的嫩江县塔溪乡。塔溪村为乡政府驻地。喀尔塔尔溪是鄂伦春语，意为"土岗子"，后简化为"塔溪"。塔溪村是清代北路驿道上由边疆进入内地的第四站，因此现在人们还经常以"四站"代之。（前三站分别是黑龙江城站，即今天黑河市西岗子镇坤站村；额叶楞库河站，即今天黑河市二站乡二站村；库穆尔山岗站，即今天黑河市二站乡三站村）。塔溪乡位于嫩江县东北，"因为地处墨尔根与爱辉交界地带，过了四站，山更高、林更密、路更险、人更稀，因此往来人员到这里，必须休息打尖，吃饭过夜。因此，这里的站人数量比其他驿站都要多些，规模也更大些"。[①]站人主要有刘、孙、陈、王、何、范、田等姓氏。

发音合作人：王文明，男，74 岁（1939 年生），嫩江县塔溪乡人，中专文化，退休教师，现已迁入嫩江县城内生活。其老伴也为站人，在家庭中使用站话。此外，我们还对嫩江县科洛乡（清代霍洛尔站）的站话也进行了调查，发音合作人李凡荣（男，74 岁，1939 年生，祖籍山东，高小文化，曾担任村会计，其老伴也为站人）恰好是郭风岚在 2002 年调查科洛站话时的发音人之一。[②]两地的对比调查显示，北路驿站上站话特征保留相对较多的是塔溪乡站话。

（一）声母（共 23 个，包括零声母）

p 布步别	pʰ 怕盘旁	m 门马妹	f 飞冯费	v 午我文围
t 到道夺	tʰ 太同堂	n 难怒女年	l 兰路吕连	
ts 糟增蒸僧	tsʰ 昌醋虫锄	s 税丝苏	z 绕若闰软	
tʂ 招	tʂʰ 粗初	ʂ 师诗书		
tɕ 精节焦	tɕʰ 秋齐全趣	ɕ 修旋玄虚		
k 贵给该	kʰ 开葵康	x 灰红胡		
Ø 岸袄运而				

（二）韵母（共 36 个）

ɿ 资支日

ɚ 耳而儿	i 以第急踢	u 故木赌鹿	y 雨虚欲绿
a 爬辣割	ia 架掐下	ua 花刮抓	
ɣ 河蛇色各	iɛ 姐例铁介	uɤ 婆过国落	yɛ 靴缺月

① 张庆山：《神驰嫩江驿站》，黑龙江人民出版社 2013 年版，第 150 页。
② 郭风岚：《消变中的科洛站话》，《文化学刊》2008 年第 3 期。

ai 百盖还　　　　　　　　　　　　uai 怪块摔揣

ei 北倍妹　　　　　　　　　　　　uei 桂灰队

au 饱保桃烧　　　iau 药条肖

ou 斗丑收楼　　　iou 流牛秀求

an 胆三竿含　　　iɛn 间衔连　　　uan 短酸官船　　　yɛn 权圆

ən 根森很　　　　in 紧林心新　　　un 魂温棍　　　　yn 云群勋

aŋ 党桑胖　　　　iaŋ 讲良抢　　　uaŋ 光床筐

əŋ 庚横登　　　　iŋ 灵星青　　　　uəŋ 翁

　　　　　　　　　　　　　　　　　uŋ 红东同　　　　yŋ 琼穷胸

（三）声调（共 4 个）

阴平 33/32　高吃猪边粗婚开天

阳平 24　　　穷陈床出神娘人文

上声 213　　　纸走比口草体五女

去声 53　　　近柱是坐入害让用

说明：

1. 没有[ʐ]声母；日母字读作[z]，但在非开口呼韵母前，舌面隆起，与上腭接触较大。

2. 零声母拼合口呼有一定的摩擦，摩擦程度因人而异。塔溪乡发音人王文明的读音接近唇齿音[v]，科洛乡发音人李凡荣则摩擦较轻，在[u uo uei uen uəŋ]等韵母前读零声母。

3. [ts tsʰ s]和[tʂ tʂʰ ʂ]相混，多数舌尖后音读作舌尖前音，且舌尖后音发音时舌尖翘起程度不够。

4. 古影疑母字读零声母，例外是"碍"读 xai⁵³。

5. 普通话中的[o][uo]都读作[uɤ]，因声母不同[u]的圆唇度略有差别。

6. [ou][iou]中的[o]唇形略扁，舌位稍靠后。

7. 阴平调只在语流中个别处表现出一定的曲折度，在读单字时发音人多读作 33。值得注意的是，在对发音人王文明进行调查时，同时也询问他的老伴（也是站人）一些阴平字读音，发现她大多读作短暂的降调 32，这说明站话中的阴平调特点在此处正处于逐渐消失的过程中，而在女性站人中还可以窥见一些痕迹。

8. 阳平调终点调值比 4 略低。

八　黑河市爱辉区二站乡二站村站话音系

　　二站乡辖内有两个清代驿站，分别是北起第二站额叶楞库河站和第三站库穆尔山岗站，即今天的二站村和三站村。二站乡位于黑河市西部，乡址设于二站村，距市区 90 公里，黑嫩公路穿乡而过，是市级革命老区乡。辖区总面积 2507 平方公里，总人口 3052 人。本乡没有具体统计的站人人数，据估计不足五分之一。[①]据《爱辉县志》（1983 年）记载："初设站时，站丁皆为索伦、达斡尔贫穷者。后因索伦，达斡尔不谙驿站事宜，有所更替。"[②]清代《黑龙江将军衙门档案》中，记载了道光年间北路十个驿站的汉丁户数，其中二站乡二站村、三站村户数当时仅五十户，占北路十个驿站 574 户中的十分之一不足，可见当时这里的站人就比较少。加上后来移民的冲击和站人分散外地，站人与站话的观念在此地比较淡漠。

　　发音合作人：于宏得，男，66 岁（1947 年生），小学文化，一直生活于本村，务农。

（一）声母（共 23 个，包括零声母）

p 倍比别	pʰ 怕平旁	m 忙马米	f 飞放冯	v 外文围往
t 到段夺	tʰ 土同堂	n 难能年	l 兰路吕连	
ts 增祖走	tsʰ 曹醋仓	s 税扫苏		
tʂ 招蒸专暂	tʂʰ 初冲昌虫	ʂ 师少书	ʐ 认绕然软	
tɕ 精节焦	tɕʰ 秋齐全趣	ɕ 修旋玄虚		
k 贵给该	kʰ 开葵康	x 灰红胡		
Ø 岸屋我而				

（二）韵母（共 38 个）

ɿ 资四次			
ʅ 直日诗			
ɚ 耳二儿	i 以比急批	u 哭木赌住	y 雨举绿
a 爬辣八	ia 架夹下	ua 夸花刮	
ɤ 河蛇棵各	iɛ 姐接铁介	uɤ 波婆摸佛~像	yɛ 靴缺觉
		uo 过国活落	
ai 百盖爱		uai 怪外快	
ei 北倍妹		uei 桂推回	
au 饱保桃烧	iau 药条小		
ou 斗丑收	iou 流牛旧		
an 胆三竿含	iɛn 间衔连	uan 短酸官	yɛn 权圆远
ən 根森很	in 紧林心新	un 魂温棍	yn 云群训
aŋ 党扛张	iaŋ 讲良抢	uaŋ 光床筐	

---

① 此数据由乡政府办主任许勇胜提供。

② 爱辉县修志办公室：《爱辉县志》，北方文物出版社 1986 年版，第 710 页。

əŋ 庚等冷　　　　　　iŋ 病静硬　　　　　　uəŋ 翁瓮

　　　　　　　　　　　　　　　　　　　　　uŋ 红东空　　　　　　yŋ 琼用胸

（三）声调（共 4 个）

阴平（44）　　　高刚科边粗婚听天

阳平（24）　　　穷来床雷神娘达文

上声（213）　　　纸打比可草法五渴

去声（53）　　　浪柱是若记入让累

说明：

1. 平舌音与卷舌音基本不混。只有少数音自由变读，如"税"读 sui⁵³，"暂"读 tʂan⁵³ 等。

2. 零声母拼合口呼[u uo]时读零声母，拼其他合口呼韵母时读[v]，上齿与下唇的摩擦程度因主要元音不同而有差异。通常情况下主要元音为[a]时摩擦程度稍轻，主要元音为[ə]时摩擦稍重。

3. [uɤ]只与唇音相拼，[ɤ]的实际音值在[ɤ][o]之间；

4. 阴平调在语流中和读单字时都读作 44 或 55，说明站话中的阴平调特点在此处已完全消失，受到普通话影响更大，调值比黑龙江其他地区偏高。

5. 阳平的调值比其他各点稍高，终点接近 5。

第二节　站话内部各点语音的异同

一　共同特点

　　从站话各点音系的描写中可以看出，站话各点的语音特征与周边黑龙江方言十分接近，差别不大。这主要是由于二者同属北方官话且经过了较长时间的接触融合。例如：普通话中舌尖前音[ts tsʰ s]和舌尖后音[tʂ tʂʰ ʂ]的读音大都相混；普通话合口呼零声母大都读[v]声母，如武=五ᵕva｜未=胃vei˒｜晚=碗ᶜvan｜亡=王ᵥvaŋ 等；普通话中[p pʰ m f]逢[o]韵，大都读作[ɤ]韵，如婆ᵤpʰɤ｜波ᵤpɤ｜摸ᵤmɤ 等；部分山摄合口一等字念开口呼韵母[an]，丢失[u]介音，如暖ᶜnan｜乱 lan˒｜闰 zən˒｜卵ᶜlan 等；部分通摄合口一等字韵母念[əŋ]，如熥ᵤtʰəŋ｜农ᵥnəŋ 等；都没有入声字，声调都为阴平、阳平、上去、去声四个；古入声清音声母字读上声的多，如"泼ᵤ辣撇ᵤ开劈撮戳插屈膝割客刮福幅得ᵤ到职执结觉节媳国僻腹复宿ᵤ舍色质触雀霍曲ᵕ~藿室鲫骨劣"等大都读作上声。这些特征普遍存在于各点站话及周边黑龙江方言之中。因此，我们对于站话语音特点的认识，主要是从各点站话与周边黑龙江方言的差异角度来看的。即各点站话大体一致，同时又区别于周边黑龙江方言的语音特征。站话各点共同的语音特征主要为：

1. 古日母字（不包括古止开三日母字"儿而耳二"等）中除个别字（如"乳扔"等在站话各点中基本读[l]声母）外，都读作[ʐ]声母，而不是零声母。

2. 古影疑母开口一二等字（二等字只包括"挨捱矮隘额"等少数字）读[Ø]声母，而不读作[n]声母。

3. 蟹止摄来母字开口韵读[ei]，在南路站话中较为普遍。如"厉励犁犂礼丽李里理"等都读作 lei。

4. 遇臻通摄合三来母字韵母在南路站话中大部读[uei]，如"驴吕旅绿"等，读作 luei。

5. 站话中部分代表点（新站村、古龙村、太和村、宁年村）阴平调为曲折调，同时，通过对两字组连字调的分析（见本书第四章第三节第一部分）可以看出，其他点（头站村、拉哈镇、塔溪村）的阴平调在早些时候也是曲折调，只不过在周边方言影响下已经发生了变化。

6. 站话中有个别特字，如 kʰɤ˚（去）、˚lai（在）等，与周边黑龙江方言的读音不同。

二　内部差异

由于站话各点被周边民人话分割包围，不同的发展环境使各点所受到的周边方言的影响有所不同，因此站话内部存在着差异性及发展的不平衡性。这种差异性和不平衡性，可以反映出站话在发展演变过程中各个阶段的不同表现。

（一）声母

站话各点声母的差异主要体现在两个方面：

1. 古知庄章组字、古精组字今读音在各点中的表现有所不同，可以概括为四种类型：一是[ts][tʂ]两组部分相混，有一定的变读规律。分布点为新站村、古龙村和二站村；二是大部分[ts]组并入[tʂ]组，分布点为头站村；三是大部分[tʂ]组并入[ts]组，代表点是拉哈镇和塔溪村；四是[ts][tʂ]基本不混，代表点是太和村、宁年村和二站村。

2. 合口呼零声母的读音有不同的表现，可以概括为三种类型：一是[u][uɤ]或[uo]前读零声母；其他读[v]声母，但摩擦程度不同。代表点是新站村、太和村、头站村、二站村；二是都读作[v]声母。代表点是古龙村、拉哈镇、塔溪村。

此外，在一些个别声母的读音上，各点站话也表现出一些差异。例如新站村"闰"读零声母 yn²（其他各点均读[z]声母，这是站话与周边民人话的一个主要区别特征）；新站村、宁年村"乳"读[z]声母（周边民人话及其它点站话都读[l]声母）；古龙村有声母[ŋ]，如"袄"ʼŋau（其他各点均读作ʼau）；宁年村有声母[ɤ]，辖字只有"俺"ʼɤaŋ；塔溪村有[z]声母等。

（二）韵母

站话各点韵母的差异也主要体现在两个方面：

1. 蟹止摄来母字韵母的读音表现出三种不同的类型：一是开口韵、合口韵都读[ei]。例如，犁=雷=离读 lei，代表点是新站村、太和村、宁年村；二是开口韵读[ei]，合口韵读[i]。例如，犁=离 lei≠雷 li，代表点是古龙村；三是开口韵读[i]，合口韵读[ei]，例如犁=离 li≠雷 lei，与周边民人话是一致的。代表点是头站村、拉哈镇、塔溪村、二站村。

2. 遇臻通摄合三来母字韵母的读音在站话各点中表现为两种不同的类型：一是大部分读作[uei]。如"驴吕屡旅绿律"读 luei，代表点是新站村、古龙村、太和村、宁年村；二是大部分读[y]，代表点是头站村、拉哈镇、塔溪村、二站村。塔溪村的个别字（驴吕绿）也读[uei]。

此外，站话各点中也有个别韵母存在差异。如新站村"肋"的韵母读作[ɤ]；头站村没有[ʅ]韵母；头站村、宁年村和二站村有[uo]韵母（周边黑龙江方言及其他站话代表点则没有）；宁年村"俺"的韵母读作[aŋ]等。

（三）声调

站话各点声调的差异主要体现在阴平的调型和调值上。

调型大体表现为两种类型：一是阴平为曲折调。这是站话区别于周边黑龙江方言的显著特点。在今天站话中仍然在单字调中表现出这一特征的代表点是新站村、古龙村、太和村和宁年村；二是阴平为平调，这与周边方言没有差别。代表点是头站村（部分单字调也读作升调）、拉哈镇、塔溪村（部分单字调也读作降调）和二站村。

在阴平具体的调值上，每一类调型内又有差异。一是同为曲折调，但曲折度有所不同。例如新站村、古龙村阴平调值为 312，太和村为 423，而宁年村的曲折度更大，调值为 412；二是同为平调，头站村、拉哈镇、塔溪村为中平调 33，而二站村与普通话更为接近，调值为高平调 44。

第四章　站话的语音特点及流变分析

本章中对于站话语音特点的描写与分析，主要是以站话内部差异及站话与周边黑龙江方言差异的角度来选取语音项目进行考察的，目的在于突出站话的特征，并说明各语音特征在站话中的类型及分布，同时对站话的流变过程及方言接触对站话流变产生的影响加以考察。

第一节　声母

一　古知庄章组声母的读音

（一）类型及分布

根据知庄章组声母与精组洪音字（以下简称精组字）声母的关系，站话中古知庄章组字的今声母读音可以概括为三种类型：

1. 古知庄章组字声母读[tʂ]组，精组字声母读[ts]组，两组声母基本不混，但个别韵摄的声母读音不稳定，[ts][tʂ]自由变读，从中古音韵地位及共时音系结构上来看都无规律可循，不同的人似乎只是根据个人习惯来判断这些字读平舌或是翘舌。比如遇合三昌母（处）、知组（主柱住注），蟹开二、山合二、梗开二庄组（债晒筛拴涮生甥）等。在方言调查中，经常会出现同一个发音人被要求反复读一个字时，前后不断变换，很多时候以卷舌度不够的翘舌音或是舌尖稍有翘起的平舌音来完成。代表点是太和村、宁年村、二站村。

2. 大部分知庄章组字和精组字合流，包括两种情况：一是古知章组字声母几乎全部流入精组读[ts]组，一是精组字声母全部流入知庄章组读[tʂ]组。前者代表点是塔溪村、拉哈镇，后者代表点是头站村。

3. 部分韵摄的知庄章组字流入精组，有稳定的变读规律。代表点是古龙村、新站村。大体变读规律是：假开二知组庄组（茶查渣叉差~别茬诈榨岔厦）、蟹开二庄组字（豺斋钗差比~柴筛债晒寨）声母读[tsʰ]；通合三舒声知组章组（中虫仲崇终充众重钟种）、江开二知组庄组字（桌卓啄戳浊捉镯）声母读[ts]；还有一些个别字，如"生、甥、纸"等声母读[ts]。

表 4-1　　　　　　　　　　知庄章组与精组同摄字读音比较

	糟$_{精}$ 招$_{章}$	暂$_{从}$ 站$_{知}$	子$_{精}$ 纸$_{章}$	增$_{精}$ 争$_{庄}$	散$_{心}$ 扇$_{书}$	总$_{精}$ 种$_{澄}$	醋$_{清}$ 处$_{昌}$	仓$_{清}$ 昌$_{昌}$	丝$_{心}$ 师$_{生}$	僧$_{心}$ 生$_{生}$
新站村_{肇源县}	tsau^{312} tʂau^{312}	tsan^{53} tʂ an^{53}	tʂʅ^{213}	tʂəŋ^{312}	san^{53} ʂan^{53}	tsuŋ^{213}	tsʰu^{53}	tsʰaŋ^{312}	sʅ^{312}	səŋ^{312}
古龙村_{肇源县}	tsau^{312} tʂau^{312}	tsan^{53}	tʂʅ^{213} tʂʅ^{213}	tʂəŋ^{312}	san^{53} ʂan^{53}	tsuŋ^{213}	tsʰu^{53}	tsʰaŋ^{312}	sʅ^{312}	səŋ^{312}
太和村_{杜蒙县}	tsau^{423} tʂau^{423}	tʂan^{53}	tʂʅ^{213}	tʂəŋ^{423} tʂəŋ^{423}	san^{53}	tsuŋ^{213}	tsʰu^{53}	tsʰaŋ^{423} tʂaŋ^{423}	sʅ^{423} ʂʅ^{423}	səŋ^{423} səŋ^{423}
头站村_{昂昂溪区}	tsau^{311}	tʂan^{311}	tʂʅ^{213}	tʂəŋ^{311}	san^{311}	tsuŋ^{213}	tsʰu^{53}	tsʰaŋ^{311}	ʅ^{311}	səŋ^{311} ʂəŋ^{311}
宁年村_{富裕县}	tsau^{412} tʂau^{412}	tʂan^{52}	tʂʅ^{213}	tʂəŋ^{412}	san^{52} ʂan^{52}	tsuŋ^{213}	tsʰu^{52}	tsʰaŋ^{413} tʂaŋ^{413}	sʅ^{413} ʂʅ^{413}	səŋ^{413}
拉哈镇_{讷河市}	tsau^{33}	tsan^{53}	tʂʅ^{213}	tʂəŋ^{33}	san^{53}	tsuŋ^{213}	tsʰu^{53}	tsʰaŋ^{33}	sʅ^{33} ʅ^{33}	səŋ^{33}
塔溪村_{嫩江县}	tsau^{312} tʂau^{312}	tsan^{53}	tʂʅ^{213}	tʂəŋ^{312}	san^{53}	tsuŋ^{213}	tsʰu^{53}	tsʰaŋ^{312}	sʅ^{312}	səŋ^{33}
二站村_{爱辉区}	tsau^{44} tʂau^{44}	tʂan^{53}	tʂʅ^{213} tʂʅ^{213}	tʂəŋ^{44} tʂəŋ^{44}	san^{44} ʂan^{44}	tsuŋ^{213} tsuŋ^{213}	tsʰu^{53} tsʰu^{53}	tsʰaŋ^{44}	sʅ^{44} ʅ^{44}	səŋ^{44} ʂəŋ^{44}

（二）流变考察

1. 早期站话知庄章组声母的读音

古知庄章组声母的今读音，在站话各代表点中表现出较明显的差异。站话各点的来源方言均是明末清初层次的辽东话，站人祖先又是在同一时期进入黑龙江地区各驿站的，因此可以肯定地说，站话在形成之初，甚至在形成之后一直相对封闭的二百多年时间内，内部具有很强的一致性。站话各点语音发生变化，应该是在清末关内移民大量涌入黑龙江地区之后。

明末清初辽东方言的基本面貌，大体可以通过清代北方官话的对音材料和韵书来加以确认。因为辽东话的源头是华北幽燕地区的汉语方言。"幽燕方言"是"以蓟城为中心形成的一个燕方言区，（它）与辽宁一带的方言或语言比较接近，而与南部的河北方言较为疏远"①。林焘（1987）曾讨论过清代的北京话与辽东话的关系，他说："（北京）外城汉人说的是土生土长的北京话，这种方言在元代以后一直和汉语各地方言有密切接触。内城八旗人说的是从东北带来的汉语方言，源头是辽金时期以燕京话为中心的幽燕方言，一直和东北少数民族语言有密切接触。两种方言来源相同，但所处的地区和所接触的语言不同，自然会产生一些差异。不过，从辽代直

---

① 钱曾怡：《汉语官话方言研究》，齐鲁书社 2010 年版，第 67 页。

到明代，由于战争、俘虏和移民等原因，所处地区的人口不断大量流动，两种方言始终保持密切的联系，因此就没有产生重大的分歧。"①从这段论述中可以得出：明末清初时期，同以幽燕方言为源头的辽东话与北京话，由于历史上始终接触密切，因此差别不大。那么，从清代北方官话的语音表现中，大体可以推知清初辽东话的基本面貌。

《四声通解》反映的是 16 世纪的汉语北方音。李德春（1988）通过对谚文对音的考察，将知庄章组声母拟音为[tʂ][ʧ][dʒ]类，精组声母拟音为[ts][ʣ]类。②这说明当时知系声母虽还未完全卷舌化，但是与精组分立。《合并字学集韵》反映的是明末北京话的语音情况，从书中可以看出当时北京话知庄章组入声字的文白异读只表现在韵母的变化上，声母不变，都是[tʂ]组。比如"色"，白读 ʂai，文读 ʂɛ。而到了 18 世纪的《李氏音鉴》中，知庄章组入声字则出现了文读为[ts]组的现象，比如"色"的文读为 sə（高晓红 2001）。这说明知庄章读[ts]组至少是在清初之后才出现的现象，之前北京话中知庄章组声母不与精组字相混。耿振生（1992）通过对 19 世纪的《黄钟通韵》的考察，明确指出该韵书带有东北方音特点，一是日母所统字为古日母和喻母字，二是知组、精组有相混的趋势。③这也进一步支持了早期东北方言知庄章组与精组分立的观点。张世方（2010：69）从今天黑龙江的哈尔滨、巴彦等地与远隔千里的北京话相对一致的现象也推测："早些时候东北大部分地区的知庄章组字读[tʂ]组声母。"④因此，我们可以作出这样的判断：与明末清初时期的北京话"差别不大"的辽东话，知庄章组字声母与精组字声母不相混。在这一时期进入黑龙江地区的站话，同样也具有这样的语音表现。

2. 站话知庄章组声母读音的演变路径

"语音的变化大多采用渐变的方式。"⑤这种渐变，一方面体现在语音成分在发音部位、发音方法上由细微差异到明显区别，另一方面也体现在对于某种语音特征从无序到有序，从局部到整体，从表象到规则的演变上。站话各代表点知庄章组字声母今读音的共时差异，恰好体现了知庄章组字声母读音在历时层次上的演变过程。

太和村和宁年村知庄章组字声母今读音可以被看作是站话受周边民人话影响而发生变化的早期阶段表现。也就是说，这两个代表点的知庄章组

①　林焘：《北京官话溯源》，《中国语文》1987 年第 3 期。

②　李德春：《〈四声通解〉今俗音初探》，《民族语文》1988 年第 5 期。

③　耿振生：《明清等韵学通论》，语文出版社 1992 年版。

④　张世方：《北京官话语音研究》，北京语言大学出版社 2010 年版，第 69 页。

⑤　王福堂：《汉语方言语音的演变和层次》，语文出版社 1999 年版，第 3 页。

字、精组字声母，正处于从原来稳定的分立状态开始向混合状态发展的阶段，相比其他站话代表点的发展慢了一步。通常来讲，一种弱势方言在强势方言的影响下，开始向强势方言的特征靠拢时，最初只能是部分地吸收强势方言的某种特征，新的特征不是系统地、规则地进入，有时甚至是以零星的词语方式来影响弱势方言的个别读音。因此，周边民人话中知庄章组声母与精组声母相混的特征，在站话发生变化之初只是以零打碎敲、无序的方式来影响站话。其早期表现就是大部分知庄章组字声母读音保持不变，一部分读音发生变化。因为缺少规则，这种变化往往因人而异，极不稳定。比如宁年村的发音人杨桂芹在读不同的词语时，"生"的声母发音不同。读"生地"时，发作"səŋ⁴¹²"，读"学生"时发作"ʂəŋ⁴¹²"。太和村的发音人王淑范在反复读"醋"时，平翘舌不断变换。

二站村知庄章组今读音与宁年村和太和村相似，[ts][tʂ]两组大多数不混，部分相混的读音有一定的规则，如流开三生母字"瘦漱"与"搜飕馊"一起并入精组读[ts]声母，止合三知组"追槌锤"、江开二知庄组入声字"桌啄戳捉"读[ts]声母。相混读音表现为自由变读。

塔溪村与拉哈镇的知庄章组字读音，则代表着从无规律变读状态向有规律方向发展的阶段。这两个地区的[ts][tʂ]两组全部读[ts]组，与宁年村和太和村部分[ts][tʂ]组的自由变读相比，形成了一个新的规则。比利时的汉学家贺登崧在 20 世纪 40 年代对大同东南地区进行方言调查时，曾以"矫枉过正"（hypercorrection）来解释发音人将部分词语中的[n]发成[ŋ]的原因，他说："这种变化既不基于语音的原因，也不基于机械的原因，而是心理上的原因所致，也就是因为心理上企图把一个系列的词全部按照规则重新进行排列而产生的结果。"[①]张世方（2010：63）对这一概念进行了进一步的解释，"所谓矫枉过正，是指说一种语言或方言的人知道自己的语言或方言不是标准形式，由此产生了语言的不安全感，这更促使说话人试图向标准形式靠拢，但在靠拢的过程中，可能会出现过分的情况，即从一个极端（自己原来的非标准形式）越过标准形式，到另一个极端（新的非标准形式）"。[②]"矫枉过正"的解释同样适用于塔溪村与拉哈镇的知庄章组字读音表现，只不过他们所追求的"标准形式"并非通常意义上所说的普通话标准，而是由于站人中普遍存在的"自卑自贬心理"（郭风岚 2003）导致他们回避说站话，而以周边民人话作为"标准"。民人话[ts][tʂ]组声母的混用，使他们无法判断哪些字应该读[ts]组声母，哪些字应该读[tʂ]组声母，因此将民人话

---

① 贺登崧著，石汝杰等译：《汉语方言地理学》，上海世纪出版集团 2012 年版，第 82 页。

② 张世方：《北京官话语音研究》，北京语言大学出版社 2010 年版，第 63 页。

中[tʂ]组声母较多的特点作为"标准"，将原来[tʂ]组声母字一并读作[tʂ]组声母，形成了新的规则。

而头站村[ts][tʂ]两组的演变情况正好和拉哈镇、塔溪村背道而驰，它的规则是大部分[tʂ]组流入[tʂ]组。这一规则的形成，应该是由多种因素共同作用的结果，但其中最关键的一点应该从本村的民人来源中寻找原因。头站村的人口不足两千人，站人占总人口的25%左右，民人基本上都是20世纪四五十年代由山东省汶上县迁入。①由于村子的规模较小，与周边村落间的流动性也不大，因此，站话所受到的影响主要来自于本村的民人话。汶上方言属中原官话兖荷片，知庄章组少数字读[ts]组，大多数都读[tʂ]组，演变情况和北京话大致相同。②（贺巍 2005）头站村的知庄章组、精组字声母在经历了第一个阶段（太和村、宁年村的发展阶段）的演变后，也和塔溪村、拉哈镇一样，开始由无规则的[ts][tʂ]组混读向新的规则演变。不过与塔溪村、拉哈镇不同的是，头站村以本村来自山东汶上的民人话作为"标准"，而汶上方言中大多数知庄章读[tʂ]组，在不能清楚辨别哪些字该读[ts]组时，只好将大多数字都读作[tʂ]组，形成了新的规则。塔溪村、拉哈镇、头站村目前的情况，可以看作是站话知庄章组声母发展的第二个阶段。

站话知庄章组声母第二个发展阶段所表现出的规律性，只是一种暂时状态，方言间的进一步相互影响以及语言自组织功能的作用，使站话知庄章组声母向新的规则演变。新站村与古龙村知庄章组字今读音，代表的正是这一阶段语音发展的表现：它由前一阶段的"矫枉过正"进一步向更靠近民人话的方向发展，比如假开二、蟹开二声母读[tsʰ]，通合三舒声、江开二声母读[ts]等，形成新的规则。

方言现象中往往残留着某些古老的语言成分，同时也蕴含着语言发展的萌芽，汉语的发展常常可以从现时的横向的方言比较中，找到一些纵向的历史演变的轨迹。③（钱曾怡 2009：46）站话各代表点知庄章组声母读音的共时差异，同样也体现了站话在发展过程中不同阶段的历时变化和演变路径。因此，我们可以通过现时各点不同的表现，把站话知庄章组声母的发展脉络作如下概括：

A 阶段：[ts][tʂ]两组基本不混，个别字自由变读（太和村、宁年村）

B 阶段：有规则混读，[ts]组全部读[tʂ]组或[tʂ]组全部读[ts]（塔溪村、拉哈镇、头站村）

---

① 此材料由头站村村委会书记贾米海提供。

② 贺巍：《中原官话分区（稿）》，《方言》2005 年第 2 期。

③ 钱曾怡：《汉语方言研究的方法与实践》，商务印书馆 2009 年版，第 46 页。

C 阶段：发展出新的规则，部分[tʂ]组流入[tʂ]组或部分[tʂ]组流入[tʂ]组（新站村、古龙村）

D 阶段：[tʂ][tʂ]两组基本不混，个别字自由变读（二站村）

站话知庄章组字声母的演变，起点是从明末清初辽东话知庄章与精组对立且不相混的状态开始的，A 阶段是在此基础上发展的第一步。目前太和村和宁年村就处于这一阶段，可以说明这两个点的站话特征保留相对多一些，在演变的道路上走得慢了一些。BC 两个阶段是进一步发展变化的结果，代表点的站话特征在逐步减少，向周围方言靠拢并趋于统一，这是站话走向衰颓的具体表现。发展到 D 阶段，虽然表面上看它和 A 阶段相似，好像又回到了起点，但两个阶段的语音表现完全是不同因素的影响而发生变化的结果，D 阶段进一步的演变不会是向 B 阶段发展，而只能是朝着更稳定、更有序的方向变迁。A 阶段（太和村和宁年村）的表现是站话的起变阶段，而 D 阶段（二站村）则是站话走向衰颓，直至消亡的最后阶段表现。

站话各点知庄章的共时差异，反映着站话历时发展过程，但是并不是说每一个代表点都一定按照这个轨迹相继发生变化。由于外在因素的不同影响，这种发展轨迹也可能是跨越式的。比如由于普通话的推广、交通的日趋便利、人口流动性增大等因素，导致演变条件发生变化，处于前一阶段的表现有可能跨越相邻阶段，甚至直接到最后一个阶段。我们在调查中发现，宁年村 40—60 岁的站人中，知庄章组的读音与新站村、古龙村大体一致，而更年轻的站人后裔则表现为二站村的特征。这也说明，站话特征的消失将越来越快，在不长的时间内会与周边民人话的差别完全消失。

总的来看，站话古知庄章组声母的演变呈现出"有序——无序——有序"的发展趋势，各代表点的现时表现都可以在这条链条中找到对应的位置，各点间的共时差异，恰好体现了知庄章组声母的演变轨迹。

（三）各代表点知庄章组声母演变存在差异的原因

1. 驿站的裁撤导致各驿站之间的语言交流被切断

站话是一种比较特殊的方言岛，庄初升将这种方言岛描述为"列岛型方言岛"。当"各岛"之间保持正常的沟通交流时，整个岛方言会保持统一的特征而区别于周边方言。即使在语言接触的影响下发生变化，也会保持整体的演变。但是，当"各岛"的联系被切断后，由于受到的周边方言的影响存在差异，"各岛"就会沿着自己的方向去发展。站话分布区域在历史上曾经是沿古驿道两侧呈带状分布，由于对站人的严格管理，站人间的语言交际仅局限于驿站之内和这条驿路之间，使"各岛"（各驿站）的语言特征保持一致。当清末驿站被裁撤之后，站人们走出驿站，就近居住，融入到大批关内移民的洪流之中。各驿站之间基本失去了相互联系的客观条件和需要，站话分布区域由相连带状被分割成点，形成以古驿站旧址上发展起来的乡镇、村屯为单位的分布点。在这种情况下，站话各点独立存在于民人话之中，各自在不同因素的影响下发生着变化。这是站话知庄章组声母演变，同时也是很多其他特征演变存在差异的最根本原因。

2. 周围民人来源地点、来源时间的差异导致各点所受影响不同

前文已述，黑龙江地区汉人大量进入是从清末民初以后。20 世纪 10 年代到 30 年代，人口总数在二十年间增长一倍，达到 600 多万。而解放后更是进入大发展时期，三十年间人口净增 2000 万，形成最高峰。因此，周边不同时期、不同来源的方言影响会使被分割包围的站话各点发生不同的变化。

比如头站村站话主要受到同村民人所带来的属中原官话的山东汶上方言的影响，知庄章组由自由变读发展为大多读[tʂ]，塔溪村在解放后接收的安置移民中以来自山东莒县、青州等地区移民为主，[①]即主要来自于胶辽方言区，因此知庄章组发展为大部分并入精组读[ts]。当然，更多民人话本身在经历了多层次融合后，与迁出地的方言也产生了差异，而站话又在这种变异后的民人话的影响下，表现出更为复杂的演变特征。此外，民人话的影响还体现在进入的时间和移民数量的差异上。比如二站村是黑龙江北部边疆黑河市爱辉区下辖的一个小村子，这里的移民进入时间短并且人数少。据史料记载，爱辉区在解放前人口发展缓慢，1910 年全区 14508 人，[②]到 1942 年不过 53091 人，1982 年人口普查时，全区（含黑河市）总人口 136781 人，[③]半个世纪才增加一倍多，这和黑龙江其他地区人口激增形成了鲜明的对比。正因如此，二站村站话的知庄章组声母读音受到移民方言影响不会太多，之所以也发生变异，主要原因是来自于标准语的影响。而标准语对于方言的影响具有"速效性"，短期内就可以实现。（张世方 224）

3. 地理交通、经济发展的不平衡也是各点产生差异的原因之一

在调查中我们发现，在古驿站基础上发展起来的村屯建制的区域，站话特征保留更多，比如太和村、宁年村。太和村远离乡政府所在地 95 公里，地理位置较偏远。再加上外来人口较少，站人占本村总人口 80%，从而使很多站话特征得以保留。从古知章组声母的发展来看，还处于演变中的第一个阶段。而在古驿站基础上发展起来的乡镇建制的区域，站话特征衰颓更为明显，比如新站村（新站镇政府驻地）、古龙村（古龙镇政府驻地）等。

---

① 嫩江县地方志编纂办公室：《嫩江县志》，三环出版社 1992 年版。

② 县档案馆藏：《瑷珲山川风俗记略》。

③ 爱辉县修志办公室：《爱辉县志》，北方文物出版社 1986 年版。

尤其是经济交通发展更快的地区，比如拉哈镇，更是表现出快速的衰颓趋势。拉哈镇位于讷河市西南，是两省（黑龙江、内蒙古）、四县（甘南、富裕、讷河、莫旗）、三江（嫩江、龙门江、博荣江）的交汇地区，交通运输四通八达。这种自然状况促使拉哈镇站话与周边民人话融合程度加深，许多站话特征几近消失，知庄章组完全失去本来特征，与周边民人一样一律读[ts]。

二　古影疑母开口一二等字的读音

（一）类型及分布

古影疑母开口一二等字（二等字只包括"挨捱矮隘额"等少数字）在站话各点中的今读音相当一致，在八个调查点中有七个点都读作零声母，与周边民人话形成了明显的区别特征。这种区别特征也是大多数代表点的站人可以清楚确认的，即古影疑母开口一二等字不读零声母的情况，"不是站人的说法"。类型及分布情况如下：

1. 几乎全部读作零声母，这种情形分布于大多数站话代表点。如新站村、古龙村、太和村、头站村、宁年村、塔溪村、二站村等；其中新站村、古龙村稍有不同，大多数都读作零声母，但个别字如"祆安挨"等经常变读。由于字数少，只看作例外，不单列一类。

2. 一部分读[n]声母，一部分读零声母，[n]声母和零声母自由变读。代表点是拉哈镇。

表 4-2　　　　　　　　　古影疑母开口一二等字读音比较

	爱 蟹开一影	熬 效开一疑	祆 效开一影	安 山开一疑	怄 流开一影	懊 蟹开一疑	恩 臻开一影	傲 效开一疑	艾萧 蟹开二疑	挨 蟹开二影
新站村肇源县	ai^{53}	au^{24}	au^{213}	an^{312}	ou^{53}	au^{53}	$ən^{312}$	au^{53}	ai^{53}	nai^{213}
古龙村肇源县	ai^{53}	nau^{24}	nau^{213}	an^{312}	ou^{53}	au^{53}	$ən^{312}$	au^{53}	ai^{53}	nai^{213}
太和村杜蒙县	ai^{53}	au^{24}	au^{213}	an^{312}	ou^{53}	au^{53}	$ən^{423}$	au^{53}	ai^{53}	ai^{213}
头站村昂昂溪区	ai^{53}	au^{24}	nau^{213}	an^{311}	ou^{53}	au^{53}	$ən^{311}$	au^{53}	ai^{53}	nai^{213}
宁年村富裕县	ai^{53}	au^{24}	au^{213}	an^{412}	ou^{53}	au^{52}	$ən^{412}$	au^{52}	ai^{53}	ai^{213}
拉哈镇讷河市	nai^{53}	nau^{24}	nau^{213}	nan^{33}	nou^{53}	au^{53}	$nən^{33}$	au^{53}	ai^{53}	nai^{213}
塔溪村嫩江县	ai^{53}	$ŋau^{24}$	au^{213}	nan^{312}	ou^{53}	au^{53}	$ən^{312}$	au^{53}	ai^{53}	ai^{312}
二站村爱辉区	ai^{53}	au^{24}	au^{213}	an^{44}	ou^{53}	au^{53}	$ən^{44}$	au^{53}	ai^{53}	nai^{213}

（二）流变考察

1. 早期站话影疑母一二等字的读音

三百多年前，当站话进入到黑龙江地区时，影疑母一二等字的读音情况是怎样的呢？

前文已述，明末清初辽东话与同时期北京话因历史上的密切联系而差别不大，同时辽东话又参与了现代北京话的形成（林焘 1987）。基于这样的认识视角，在缺乏可以对照的明清辽东话语音材料的基础上，我们选择反映明清北京话的语音材料来了解明末清初辽东话中影疑母字读音的情况。其中有一些朝鲜时代为朝鲜人学习汉语而编写的韵书或对音材料，因为客观原因有很多东北语音的反映，恰好可以作为进一步的证明。

古影母字在宋代就已经并入喻母，到 14 世纪（中原音韵时代）以后，疑母又和影母在官话中逐渐合流，除一部分齐齿细音字转化为[n]之外，其余都变成了零声母。（王力 1987：153—154）[①]张世方（2005）列举了学界对反映明清影疑母演变情况的一系列论述，这里将与北京话有关的部分摘录如下：

王为民、杨亦鸣（2004）指出，在 16 世纪，现代北京音系中零声母字的格局已基本奠定。

李得春（1988）孙建元（1990）根据朝鲜人崔世珍所撰，全面记录当时北京音系的《四声通解》（1517）中北京话疑母的情况，认为当时疑母已经完成了与影喻母的合并。

叶宝奎（2001：143）指出，明末徐孝《重订司马温公等韵图经》（1606）（以下简称《等韵图经》）已将《中原音韵》尚保留[ŋ]声母的疑母字置于影母之下，变成了零声母。张世方（2005）认为，在《等韵图经》中，北京话的疑母字在声母上已经没有任何旧迹可寻了。

据李子君（2003），明末北京人莫铨所撰《音韵集成》（1615—1642）中，绝大多数疑母字与影、喻合流，只在江阳、皆来、山寒三韵中还有独立的疑母字。张世方（2005）认为，这可能表明疑母字并未完全并入喻母，一部分疑母字尚有独立的声母；也可能表明疑母字并入喻母并不太久，偶尔还有异读之类的情况存在。

以上相关论述表明，明末清初时期的北京话中，疑母字与其他官话方言一样，与影母字已经合流，失去原来的读音[ŋ]，变为零声母。因此，在此时期由辽东迁出的站人祖先的影疑母表现情况，应该和北京话一致，即全部读作零声母。

2. 站话影疑母一二等字声母的演变及原因

站话中影疑母一二等字声母演变的路线非常单纯，除拉哈镇之外全部都没有发生变化，保持了三百年前影疑母一二等字读零声母的原貌。这在

---

① 王力：《王力文集》（第十卷），山东教育出版社 1987 年版。

影疑母一二等字声母读音表现多样（n/Ø/ŋ）的黑龙江方言背景下，是一个非常特殊的现象。因此，我们主要对这一现象产生的原因来作出解释。

郭正彦（1986）指出，北京的[Ø]声母逢开口呼，如"蛾鹅饿俄碍艾挨~打熬藕偶岸昂鄂额哀埃爱蔼和~矮隘挨~边儿祆懊奥欧瓯呕怄~气庵揞~住暗安鞍按恩肮恶扼轭"等，（在黑龙江境内）除庆安、安达、肇州、肇源、双城、五常、宾县、巴彦、木兰、方正、延寿等今读[n]声母，漠河、呼玛、黑河、逊克、孙吴、嘉荫、同江、抚远、饶同等今读[Ø]声母外，其他各地今读[Ø]声母或[n]声母不定，有的还可以自由互换。这些区域所辖包含站话代表点的有：读[n]声母的肇源所辖的古龙村、新站村；读[Ø]声母的黑河所辖的二站村，其他代表点周边方言都属于[Ø]声母或[n]声母自由变读的区域，包括太和村、头站村、宁年村、拉哈镇、塔溪村。以下以图表的形式，将站话各点的影疑母一二等字声母读音情况与周边民人话读音情况进行比较，结果见表4-3：

表4-3　古影疑两母开口一二等字在站话各点及周边民人话中的读音比较

肇源		杜尔伯特		昂昂溪		富裕		讷河		嫩江		黑河	
民人话	站话 新站村 古龙村	民人话	站话 太和村	民人话	站话 头站村	民人话	站话 宁年村	民人话	站话 拉哈镇	民人话	站话 塔溪村	民人话	站话 二站村
n	Ø	Ø/n	Ø	Ø/n	Ø	Ø/n	Ø	Ø/n	Ø/n	Ø/n	Ø	Ø	Ø

表4-3非常直观地显现了民人话与站话在影疑母读音上的相对统一的关系，即二者的对立并不显著。民人话影疑母大多为自由变读，从语言接触角度来看，这可能是移民来源不同，以及方言接触后多层次融合造成的。而我们关注的是，为什么站话能够保持这一语音特征，基本没有受到民人话的影响？

两种方言在相互影响的过程中，最容易发生变异的是那些对立明显的语言项目，换句话说，相似度越低的成分，即是这种方言中的弱势成分，越容易受到语言接触带来的影响。而相似度越高的成分，即是这种方言中的强势成分，反倒越不容易被放弃。曹晓燕（2012）以词汇语法为例，说明了方言区的人在学习普通话时，语言项目的相似度与接受度之间的关系。她认为，那些在形式上接近或完全符合普通话规范的词语或句型，北方人不用，或者说用的相对来说少一点，而方言区的人因其与普通话相似，有时会大量的，甚至是过度的使用，而不觉得有什么问题。比如同形异义词"宝贝""有的""不大"，语气词"的"，补语"掉"，拷贝式话题结构，等等。这种在方言间"相似度高的强势成分最易被保留、被接受"的规律，可以用来解释站话中影疑字保持读[Ø]声母的现象。站话中影疑字读[Ø]声母，与民人话中影疑母字声母[Ø/n]自由变读保持了一定的相似度，作为语言项目中的不易演变的强势成分，能够一直保留下来。当然，在普通话影响日益扩大的今天，作为强势方言的民人话也会朝着这个方向发展。

我们也可以从另外一个角度，对站话的影疑母字读音保持不变来做出解释。正如本章第一节中提到的，站人在面对民人话知庄章与精组字声母相混的情况下，最初的演变方向就是选择其一，结果是"矫枉过正"，全读[ts]组或全读[tʂ]组，由非标准形式跨越标准形式，导致了新的非标准形式的产生（张世方2005）。同样，在影疑母字存在差异的情况下，作为弱势方言的站话面对没有规律的变读而无所适从时，也可能会在选择中以一种形式作为标准，当然，肯定是优先选择本身固有的[Ø]声母，即保持不变。实际上，从本质上来看，这种选择也可以归因于较高的相似度导致原来的语言特征被保留。

在这些站话代表点中，只有肇源县内的新站村、古龙村比较特殊，民人话都读[n]声母（贺巍、郭正彦、张世方），站话基本都是[Ø]声母（少数字如"挨袄熬"等除外），影疑母读音完全对立。对于这一表现，可以在交界地带方言表现的复杂性中找到答案。

肇源县北接杜尔伯特蒙古族自治县，东与肇东市接壤，西南以松、嫩两江主航道为界与吉林省镇赉县、大安县等县城隔江相望。从影疑两母今读音的分布上来看，肇源县北面杜尔伯特县属[n][Ø]混读，东面和西南面属[n]型，也就是说，肇源县处于[n]型与[n][Ø]混读的交界地带。由于肇源县与西南各县市因松花江、嫩江相隔，所受[n]型影响不会大过北面没有任何阻碍、政区上同属黑龙江省的杜尔伯特县的[n][Ø]混读型。因此，无论是民人话还是站话，因为语言接触而受到北面[n][Ø]混读的影响会更大。尤其肇源境内驿站又是这条驿路的南起点，站话受到的其他驿站影响都是来自北面，因此肇源县内的新站村、古龙村站话影疑母字与其他各点站话所处的语言环境大体一致，演变结果自然也相似。

交界地带交错复杂的语音特征给肇源县内的站话带来了另外的影响，那就是新站村和古龙村在保持影疑母基本读[Ø]声母时，也与其他站话代表点表现出差异，即个别字（"挨袄熬"等）读[n]声母。张世方（2005）在论及黑龙江讷河、鹤岗、佳木斯等地[n][Ø]自由变读情况时提到，这些地区地处两种类型之间，同时受到两种类型的交互影响，造成声母读音的不稳定，"一个字读[n]声母还是零声母因人而异，但每个人口中都或多或少有读[n]的现象"。新站村和古龙村个别影疑母字读[n]声母的原因也大致如此。那么哪些字发生变化是否有规律可循呢？王士元（2000）认为，最易发生音变并且最先发生音变的，往往是使用频率较高的常用词。[①]我们发现，新站村和古龙村站话中读[n]声母的影疑母字，经常出现在"挨着、棉袄、熬夜、熬（燋）粥"等在日常生活中较多使用的词语中。正是这些词语通过词汇扩散的形式，以渐变的方式把"挨袄熬"等字的[n]声母读音传播到站人的口语中。但是，这种变化方式在普通话的影响下，不会再被采用到其他词语当中，新站村和古龙村的少数影疑母字读[n]声母的情况也会逐渐向[Ø]声母转变。

关于拉哈镇影疑母读音[n][Ø]自由变读的原因，与前文提到的知庄章组与精组演变原因一致，这里不再赘述。

三　古日母的读音

（一）类型及分布

古日母字（不包括古止开三日母字"儿而耳二"等，以下均同指）中除个别字，如"乳""扔"等在站话各点中基本都读[l]声母外，其他古日母字的今读音分为两种情况：

1. 读[ʐ]声母，这种情况普遍分布于新站村、古龙村、太和村、头站村、宁年村、塔溪村、二站村等七点。在调查中，宁年村发音人杨桂芹在被问到"褥子"读 zuʔ tsʅ 还是 yʔ tsʅ 时，非常明确地说，"俺们不那说，那是民人的话"。其中塔溪村[ʐ]声母卷舌度偏低，在发"人"等音时声母几乎接近[z]，但因其音系中并没有单列[z]声母，从不读零声母角度考虑，也归入此类；

2. 古日母字一部分读[ʐ]声母，一部分读[Ø]声母，只出现在拉哈镇一点。

表 4-4　　　　　　　　　　　　古日母字读音比较

	惹 假开三日	乳 遇合三日	绕 效开三日	柔 流开三日	染 咸开三日	任 深开三日	热 山开三日	软 山合三日	日 臻开三日	扔 曾开三日
新站村 肇源县	ʐə²¹³	ʐu²¹³	ʐau⁵³	ʐou²⁴	ʐan²¹³	ʐən⁵³	ʐə⁵³	yan²¹³	ʐʅ⁵³	ləŋ³¹²
古龙村 肇源县	ʐə²¹³	lu²¹³	ʐau⁵³	iou²⁴	ian²¹³	ʐən⁵³	ʐə⁵³	ʐuan²¹³	ʐʅ⁵³	ləŋ³¹²
太和村 杜蒙县	ʐə²¹³	lu²¹³	ʐau⁵³	ʐou²⁴	ʐan²¹³	ʐən⁵³	ʐə⁵³	ʐuan²¹³	ʐʅ⁵³	ləŋ⁴²³
头站村 昂昂溪区	ʐə²¹³	lu²¹³	ʐau⁵³	ʐou²⁴	ʐan²¹³	ʐən⁵³	ʐə⁵³	ʐuan²¹³	ʐʅ⁵³	ləŋ³¹¹
宁年村 富裕县	ʐə²¹³	ʐu²¹³	ʐau⁵²	ʐou²⁴	ʐan²¹³	ʐən⁵²	ʐə⁵²	ʐuan²¹³	ʐʅ⁵²	ləŋ⁴¹²
拉哈镇 讷河市	ʐə²¹³	lu²¹³	iau⁵³	iou²⁴	ian²¹³	in⁵³	ʐə⁵³	yan²¹³	ʐʅ⁵³	ləŋ³³
塔溪村 嫩江县	ʐə²¹³	lu²¹³	ʐau⁵³	ʐou²⁴	ʐan²¹³	in⁵³	ʐə⁵³	ʐuan²¹³	ʐʅ⁵³	ləŋ³³
二站村 爱辉区	ʐə²¹³	lu²¹³	iau⁵³	ʐou²⁴	ʐan²¹³	ʐən⁵³	ʐə⁵³	ʐuan²¹³	ʐʅ⁵³	ləŋ⁴⁴

① 王士元著，石锋等译：《语言的探索——王士元语言学论文选译》，北京语言文化大学出版社 2000 年版。

（二）流变考察

1. 早期站话日母字的读音

王力在《汉语语音史》中提到，高本汉把上古的日母字拟音为[ŋ]，是舌面鼻音，这个读音一直延续到中古。[①]黄典诚（1993）进一步说明，中古的日母到后来有了变值变类两方面的发展。[②]变值方面，日母遵循着 ŋ>ŋʑ>z>ʒ>ʐ 的发展方向，例如"惹汝绕蕊柔染如入然日"等日母字今读[ʐ]；在变类方面，日母在止摄三等诸韵之下，因韵母的卷舌化而变为零声母，如"儿而尔"等。因为站话与民人话在变类方面的发展一致，此处不作讨论。

从历史联系来看，东北方言日母字的早期状况应该与北京话一致。（张世方 2010）也就是说，明末清初层次的辽东话，日母字不读零声母。李得春（2000）对朝鲜人李应宪所撰的《华音启蒙》（1883）一书卷末的正、俗音对比字表——《华音正俗变异》进行考察，认为当时北京话声母系统中明显的语音变化是日母字的零声母化，日母字（染弱入辱茹闰冉让戎热壬任）已全部变为零声母。而 18 世纪朝鲜人所编的对音材料中，《朴通事新释谚解》收 28 个日母字，非止摄三等变为零声母的只有 3 个（然人认）；《重刊老乞大谚解》收 20 个日母字，非止摄三等变为零声母的为 4 个（人认惹然）。这说明，日母字（非止摄三等）读零声母应当是在 19 世纪才出现的语音变化。值得一提的是，虽然《华音启蒙》在序文中明确指出书中以朝文注音的《千字文》、《百家姓》以"燕京话译之"，但其中日母字读零声母和现代北京话发展并不一致，可能的解释就是，朝鲜与辽东接壤，而当时朝鲜人往来于北京、汉城之间必经辽东，导致两地交往频繁。因此对音材料在实际记音中可能杂有辽东方音。这也从另一个角度说明了辽东地区日母字发生了变异，即变为今天大部分东北方言中的复杂表现，而站话则保留了早期的状况，即没有受到周围方言的影响读成零声母。这也是站话与周边民人话相区别的主要语音特征之一。

2. 站话中日母字发展路径及原因

据张志敏（2005），"东北官话大部分地区没有[ʐ]声母，北京话读[ʐ]声母的字东北官话大部分都读零声母"。[③]《黑龙江省志·方言民俗志》中对黑龙江西部方言区的日母字读音情况有如下描述：北京话的 r 声母字（古日母字）如"日人染让热软绕揉"等，多数地方读零声母。如"日=乂 yi，染=

---

① 王力：《汉语语音史》，中国社会科学出版社 1985 年版。

② 黄典诚：《汉语语音史》，安徽教育出版社 1993 年版。

③ 张志敏：《东北官话的分区（稿）》，《方言》2002 年第 2 期。

眼 yan，让=样 yang，热=夜 yɛ，软=远 yuan，绕=要 yao，揉=由 you"等。少数地区仍读 r 声母。一般说来，满人或站人比较集中的地区，读 r 声母的多，前者如宁安、依兰，后者如肇源的茂兴、新站等，而辽宁、吉林等地移民较集中的地区，读零声母的居多。①这与我们今天对站话日母字的观察完全一致。在周围民人话日母字读零声母的包围之中，站话的这一语音表现不仅保留而且成为显著的区别特征，其中的原因值得去探讨。

语言变异同时受到异质的非语言要素即外因和同质的语言要素即内因的制约，但"语言变异归根到底是语言的变异，变异会发生在语音、词汇、语法等语言系统各个单位中，所以语言变异的发生最终将归结于语言本身"。②站话中日母字几乎没有受到周边方言影响的原因，可以从语言自身规律的影响和制约作用中来寻找答案。

语言系统是一个各子系统相互作用的整体，各子系统以及结构之间彼此调整，相互适应，才能使系统稳定发展。一个结构单位的变化会引发其他相关结构单位的变化，甚至导致整个系统的变化。前面提到的上古日母字发展演变路径（ȵ＞ȵʑ＞ʑ＞ʒ＞ʐ），就是一个语言内部机制不断调整、语言结构单位相互协调的过程。而[ʐ]声母的存在，恰好可以构成与舌尖后清擦音[ʂ]相匹配的浊擦音，[ʐ]声母与[ʂ]声母清浊对应，有了存在的语音要求及条件。由此可推，在没有[tʂ]组声母或知庄章分化比较复杂的方言中，[ʐ]声母存在的可能性就比较小，至少从语音成分相互调节以趋稳定的角度看是这样的。比如山东方言的东片（东莱片、东潍片）和西片（西齐片、西鲁片）之间[ʂ][ʐ]就呈现出非常整齐的对应关系。东片知庄章三组声母今读作两类（一类读[tʂ]组或[tʃ]组，另一类读[tɕ]组或[tʃ]组或[ts]组），西片一般读作一类（[tʂ]组或[ts]组），相应的，东片日母字一般读零声母，西片不读零声母（张树铮 2007）。③再如四川盐亭方言音系中没有[tʂ]组声母，日母字读作[z]。而与盐亭相邻的西充方言中有[tʂ]组声母，日母字读作[ʐ]（日如等）或者[z]（仁染乳等）。④又如江苏响水县南北两片的语音差异恰好反映了[ʂ][ʐ]的密切关系。响水县北片音系中，普通话读作[ts]组声母的字全部读作[tʂ]组，日母字读作[ʐ]（任绕若日软等）；南片正好相反，没有[tʂ]组声母，普通话[tʂ]组声母字全部读作[ts]组，相应的，音系中没有[ʐ]声母，日母字读作[l]声母

---

① 刘小南、姜文振：《黑龙江省志·方言民俗志·方言编》，黑龙江人民出版社 2001 年版。

② 郭风岚：《语言变异：本质、因素与结果》，《语言教学与研究》2006 年第 5 期。

③ 张树铮：《山东方言语音特征的扩散方向和历史层次》，《山东大学学报》（哲学社会科学版）2007 年第 5 期。

④ 张强：《四川盐亭等六县市方言音系调查研究》，硕士学位论文，四川师范大学，2012 年。

（热日软等）。①张世方（2010：72）也曾提到，日母字声母与知庄章组字声母是密切相关的。"知庄章字声母稳定的方言，日母字的声母也相对稳定，且多读[ʐ]"，这在东北方言中的表现更为突出。比如沈阳、通化地区古知庄章组与精组洪音字声母合流全部读[ts]组，日母字都为零声母。而哈尔滨、黑河等地区知庄章组声母读[tʂ]组，精组洪音字声母读[ts]组，日母字都读[ʐ]声母。《黑龙江省志·方言民俗志》中提到的"（本省）辽宁、吉林等地移民较集中的地区，（日母字）读零声母的居多"，这同时也表明，这些地区知庄章组声母大多读[ts]组。

塔溪村的日母字读音变化是一个值得关注的现象，它同样也体现着语言要素对语音发展变化的内在影响。塔溪村站话中的日母字声母读音大多卷舌程度不够，有的发音近似[z]，如人₍zən、日 zɿ˚、然₍zan 等。结合塔溪乡[ts][tʂ]组声母大多读作[ts]组来看，[ʐ]失去了存在的语音条件，由于语音结构内部协调的要求，逐渐向舌尖前音[ts]组靠拢，这样，舌尖后音[ʐ]也向舌尖前音[z]过渡，最终完成"音位的渐进转移和条件式变异"②（徐通锵 王洪君1986）。

因此，站话中日母字保持[ʐ]声母的读音未变，主要是语言自身的调整机制在发挥作用。当然，方言间的接触、语言政策干预等外部因素也会在语言变异过程中同时产生影响。比如由于方言接触而产生的影响体现在地理交通优越的拉哈镇日母字读音上（同周边民人话一样读作零声母），而语言政策干预产生的影响则体现在开发较晚、受普通话影响较大的二站村日母字读音上（不读零声母）。

四　个别字的声母读音

（一）kʰɤ˚（去）

站话中存在很多文白异读字，比如"街"文读₍tɕiɛ，白读₍kai；"客"文读 kʰɤ˚，白读₍tɕʰiɛ；"解"文读˚tɕiɛ，白读˚kai；"隔"文读₍kɤ，白读₍tɕiɛ；"缰"文读₍tɕiaŋ，白读 kaŋ˚；"虹"文读₍xuŋ，白读 kaŋ˚等等。这些文白异读字同时也存在于周围的民人话中，甚至在整个东北方言中也较为普遍。但是，站话中的"去"（与普通话中"去"tɕʰy 的意义和用法完全一样）白读 kʰɤ˚，则是它区别于周围方言的一个突出特征和显著标志。

1. kʰɤ˚（去）的分布及来源

在我们的调查中，发音人口中仍然存在 kʰɤ˚（去）的站话代表点只有新

---

① 张军：《响水县方言音系比较研究》，硕士学位论文，南京师范大学，2004年。

② 徐通锵、王洪君：《说"变异"》，《语言研究》1986年第1期。

站村、宁年村，而太和村、古龙村、头站村、塔溪村的发音人以前听老人们说过，但是现在已没有人说。也就是说，站话中"去"的白读音层次正濒于消亡。关于站话中 $k^h\gamma$（去）的来源，目前有两种说法：一是从站人由云贵地区迁入来判断，认为它可能是苗语或白语中"去"的借音。但是苗语中"去"读 $mo\eta^{22}$，白语中"去"读 $j\epsilon^{42}$，比较起来相去甚远，不大可能借自苗语或白语。二是认为它来自西南地区的汉语方言。[①]在今天的西南官话中，确实有很多地方将"去"读作近似 $k^h\gamma$ 的音。比如《贵阳方言词典》中对词条"去"的注音就是 k^he^{24}。[②]但是 $k^h\gamma$（去）的读音并不仅仅存在于西南官话中，在长沙话、株洲话甚至潮州话里，"去"都有 $k^h\gamma$ 的读音，很多地区在书写中直接用汉字"克"或"客"来表示。因此，认为站话中的 $k^h\gamma^{\ni}$（去）来自西南官话，未免有些牵强。

在本书第二章第三节第一部分中，我们通过对历史资料的详细考察认定，站话主要来源于明末清初时期的"辽东"话。因此，站话中的 $k^h\gamma^{\ni}$（去）应该就是从它"远古的祖先直至父母亲"——来源方言中继承下来的，反映出明末清初辽东音曾经存在的一个语音层次。在今天的辽宁省辽阳高峰寺村，大部分居民仍将"去"的声母读为[k^h]（孟祥宇 2012），[③]虽然这一区域在整个辽宁地区的分布面积很小，但作为站话来源地域内的语音特征，我们可以作出这样的推断：站话中的 $k^h\gamma^{\ni}$（去）在清朝初年，跟随站人祖先——辽东兵卒，辗转来到黑龙江地区。随着语音的发展变迁，今天的辽宁地区已经基本失去了这一读音，但可能由于经济发展、地理交通等因素的影响，还保留于小范围区域。而站话中的 $k^h\gamma^{\ni}$（去）也由于长期特殊的生长环境而得以保留下来，作为"活化石"展现了语音发展的不同历史层次。

2. 站话中 $k^h\gamma^{\ni}$（去）的演变

中古精组、见组声母的有条件腭化，是近代官话语音发展的一个特征。今天北京话中的"去"读 $t\varepsilon^hy^{51}$ 就是见组声母随着韵母分化而发生腭化的结果。《广韵》中，"去"为遇合三溪母字，在韵母分化出介音[i]的影响下，声母逐渐腭化，发展为舌面音[$t\varepsilon^h$]，演变路径即 $k^hiu>t\varepsilon^hiu>t\varepsilon^hy$。站话和今天辽阳一些地区读[$k^h$]声母的"去"，是腭化发生之前的"去"的读音。它并没有同其他精、见组同等语音地位的声母一样完成腭化，而是将中古音保留了下来，从而形成文白异读。而韵母[γ]也是声、韵在变化过程中追求

---

① 姜希俊：《站人春秋——一个鲜为人知的故事》，载《古驿风情》，肇源县文化活动中心内部资料，2011 年，第 56 页。

② 李荣主编，汪平编纂：《贵阳方言词典》，江苏教育出版社 1998 年版，第 118 页。

③ 孟祥宇：《辽宁通溪片语音研究》，硕士学位论文，辽宁师范大学，2012 年。

彼此适应的一种内部调节，即在舌根音[kʰ]的影响下，逐渐向央元音转化。

关于腭化音产生的时代目前没有统一的看法，但从元代周德清的《中原音韵》和明代云南嵩明人兰茂的《早梅诗》里尚无腭化音的事实中，可以说明腭化音的产生是元明以后的事。因此，站话在清初进入黑龙江地区的时候，可能只有一种读音，即 kʰɤʔ，也可能同时存在文白两种读音。但不管怎样，kʰɤʔ 作为站话区别于民人话的一个显著特征被保留了三百余年。白读音逐渐被文读音所取代，是语音发展的普遍趋势。由于方言间的接触、标准语的推行等因素的影响，站话中的 kʰɤʔ（去）在地理分布、使用人口、年龄层次上不断萎缩直至最终消亡，是不可避免的。

那么，站话中的 kʰɤʔ（去）与西南方言中"客/克"（去）是什么关系呢？19 世纪德国语言学家提出的新语法学派假设（Neogrammarian hypothesis）认为，在同一历史阶段具有相同语音条件的一组音必定有相同的变化结果。①因此，西南官话中"客/克"（去）的来源可能有两个途径，一是在西南官话内部语音系统进行调整后，古精见组声母发生腭化，一部分未腭化的读音作为古音的遗存仍然保留下来，比如 kʰɤ（去）；二是它由清代后进入的移民带入，在已经完成腭化的本地语音系统中表现出一种"叠置"。我们更倾向于前种认识，因为语言的演变既有外力的影响，也有内力的驱动。语音结构自身的调整可能会使相隔很远且没有任何接触的不同区域发生相同的语音变化。同样，也可能会保持某个特征都不发生变化。因此，站话和辽阳话中的 kʰɤ（去）与西南以及南方方言中的"客/克"（去），应该没有什么直接的渊源关系。

3. 兼议清末北京话中的"克"

在清末北京话中，也曾出现过与站话用法相同的 kʰɤ（去）——"克"。清末著名报人松友梅创作的小说《小额》，"以纯正京话写就"，被看作"开京味儿小说风气之先"（刘云 2011）。②书中的"去"分别有两种书写形式："去"和"克"。应该说，这本书为方言中不同历史层次的"去"的读音和变化，提供了实实在在的书面证据。例如：

（1）外面这一叫门不要紧，伊老太太心里先有三分的害怕，赶紧说："老王啊，瞧门克。"（17 页）

（2）伊太太说："早回来啦，你们老太太也家克啦吧？"祥子说："还没家克哪。"（17 页）

① 许宝华、潘悟云：《不规则音变的潜语音条件——兼论见系和精组声母从非腭音到腭音的演变》，《语言研究》1985 年第 1 期。

② 刘云：《〈小额〉及其作者松友梅》，载松友梅《小额》（注释本），世界图书出版公司 2011 年版，第 112 页。

（3）楞祥子说："可不是吗。刚才他们那一党找我克啦，打算明儿个给您赔不是来，让我先央求央求您来。"

（4）票子联把钱包好，说："我们走啦，大姐请回克吧。"（27页）

（5）赶巧王爷叫上克问话，文管家就把善大爷今天放学，并且因为甚么事情，都回明了王爷啦。（31页）

与"去"相比，《小额》中"克"的出现虽说是零零星星，但二者用法基本没有差别。这说明在清末民初的北京话中，"去"与"克"共存，在二者的竞争中，"克"处于劣势，面临着被逐渐淘汰的命运。那么，清末北京话中的"克"又有着怎样的发展路径呢？

前文已述，历史上辽东话与北京话来源相同，都以幽燕方言为源头，并且始终联系密切，因此没有产生重大的分歧。到了清代，两种方言又在北京汇合，相互之间本来差别就不大，逐渐融为一体，成为现代北京话。（林焘 1987）因此，从历史上北京话的发展来看，清末北京话中的"克"，可能是受辽东话或是其他北方方言的影响，在北京话已经完成腭化后直接借入的；也可能是对已经存在的自身中古音的保留。但是，有一个问题我们不得不关注：为什么在清前期的北京话代表作品《红楼梦》以及清中后期的《儿女英雄传》中没有看到"克"的影子呢？

针对上面所说的清末北京话中"克"的两种来源，可以从两个角度做出解释。如果清末北京话中的"克"是受辽东话或是其他北方方言的影响，在北京话已经完成腭化后直接借入的，那么进入的时间是在清末，因此只出现于清末的北京方言作品中；如果它是对已经存在的自身中古音的保留，王力先生的一段话做出了明确的解释："《五方元音》以'京坚根干'同隶见母，显然见系在清代前期还没有分化为[k，kʰ，x]、[tɕ，tɕʰ，ɕ]两套。可以设想，见系的分化在方言里先走一步，在北京话里则是清代后期的事情。"[1]因此，清前中期没有发生腭化的"去"只有一种读音，书写形式自然只有一个。而清后期北京话出现腭化现象后，过渡时期的见组、精组字会在一段时期内同时出现文白两种读音，表现在书面上也会出现两种书写形式："去"和"克"。在作家老舍的作品中，北京话中"去"读音的文白叠置也同样有所表现。例如：

（6）假若她大胆地去请假，她知道，婆婆必定点头，连声地说：克吧！克吧！（"克"者"去"也）她是子爵的女儿，不能毫无道理地拒绝儿媳回娘家。可是，大姐知道，假若她依实地"克"了，哼，婆婆的毒气口袋就会垂到胸口上来。（《老舍文集》第七卷，人民文学出版社1984年版，

① 王力：《汉语语音史》，中国社会科学出版社1985年版。

第 219 页）

还有一个值得一提的现象，可以为清代北京话中"去"曾存在[kʰɤ̆]的读音层次提供证据。在今天黑龙江省哈尔滨市南岗区附近，20 世纪七八十年代还有一些上了岁数的老人把"去"读作[kʰɤ̆]。[①]究其根源，可以通过移民历史来作出解释。清乾隆及道光年间，清政府为解决北京闲散旗人的生计问题，先后几次将一部分旗人及家属从北京移驻至今天的黑龙江省哈尔滨市、五常市一些区域，从而在这些地区形成了具有北京话特征的方言岛。[②]因此，哈尔滨个别地区出现的[kʰɤ̆]（去），极有可能是这一方言岛特征的延续或是扩散，反映的是清代北京话中"去"的读音。

（二）ᵒlai（在）

普通话中的动词、介词"在"在站话中读作ᵒlai，从分布上看，也呈现出逐渐萎缩、濒于消亡的发展趋势。在我们的调查中，"在"只读作ᵒlai的，只有太和村和宁年村；而在新站村、古龙村、塔溪村、头站村，ᵒlai、ᵒtsai、ᵒkai、ᵒkə 几种读音自由变读；拉哈镇、二站村则没有ᵒlai 的读音。

存在ᵒlai（在）读音的站话代表点，周边民人都认为这是站话的特征，民人话没有这种说法。因此它可能是站人祖先从明末辽东方言中带入，也可能是站话后期发展中的一种演变。在今天的辽宁方言盖桓片营口话中，存在一个相当于介词"在"的"来"，[③]但是无法确定它与站话中的ᵒlai（在）是否存在关联。从语音演变的规律来看，站话中的ᵒlai（在）可能是由声母间舌音通转所致。

第二节　韵母

一　蟹止摄来母字韵母的读音

（一）类型与分布

蟹止摄来母字韵母的读音在站话中有三种情况：

1. 开口韵读[ei]，合口韵读[i]，代表点是古龙村；

2. 开口韵读[ei]，合口韵也读[ei]，代表点是新站村、太和村、宁年村；

3. 开口韵读[i]，合口韵读[ei]，与北京话和周边民人话的发展一致，代表点是头站村、拉哈镇、塔溪村、二站村。

---

① 此信息由东北师范大学文学院李勉东教授提供。

② 刘宇等：《拉林-阿勒楚喀满族京旗汉语方言岛述略》，《黑龙江民族丛刊》2011 年第 5 期。

③ 杨春宇：《辽宁方言知、庄、章组的语音类型及特征》，《辽宁师范大学学报》（社会科学版）2013 年第 1 期。

表 4-5　　　　　　　　　　蟹止摄来母字韵母的读音比较

	厉 蟹开三来	例 蟹开三来	礼 蟹开四来	犁 蟹开四来	李 止开三来	里 止开三来	立 深开三来	雷 蟹合一来	累 蟹合一来	泪 止合三来
新站村_{肇源县}	lei^{53}	lei^{53}	lei^{213}	lei^{24}	lei^{213}	lei^{213}	lei^{53}	lei^{24}	lei^{53}	lei^{53}
古龙村_{肇源县}	lei^{53}	lei^{53}	lei^{213}	lei^{24}	lei^{213}	lei^{213}	lei^{53}	li^{24}	li^{53}	li^{53}
太和村_{杜蒙县}	lei^{53}	lei^{53}	lei^{213}	lei^{24}	lei^{213}	lei^{213}	lei^{53}	lei^{24}	lei^{35}	lei^{53}
头站村_{昂昂溪区}	li^{53}	li^{53}	li^{213}	li^{24}	li^{213}	li^{213}	li^{53}	lei^{24}	lei^{35}	lei^{53}
宁年村_{富裕县}	lei^{52}	lei^{52}	lei^{213}	lei^{24}	lei^{213}	lei^{213}	lei^{53}	lei^{24}	lei^{35}	lei^{53}
拉哈镇_{讷河市}	li^{53}	li^{53}	li^{213}	li^{24}	li^{213}	li^{213}	li^{53}	lei^{24}	lei^{35}	lei^{53}
塔溪村_{嫩江县}	li^{53}	lie^{53}	li^{213}	li^{24}	li^{213}	li^{213}	lie^{53}	lei^{24}	lei^{35}	lei^{53}
二站村_{爱辉区}	li^{53}	li^{53}	li^{213}	li^{24}	li^{213}	li^{213}	li^{53}	lei^{24}	lei^{35}	lei^{53}

中古蟹止摄来母字韵母的今读在站话中呈现出非常明显的南北差异，在清代北路驿站上发展起来的站话区域，如拉哈镇、塔溪村、二站村，演变过程和北京话、民人话完全一致，开口韵读[i]，如"例厉励犁犁黎礼丽隶璃离篱梨利痢厘狸李里理鲤吏"，合口韵读[ei]，如"雷儡累类泪垒"。而在南路驿站上发展起来的站话区域，除头站村之外，都表现出与周边民人话较大的差异。如新站村、宁年村、太和村"理=累"，都读作 lei，古龙村则是"理"读 lei，而"累"读 li，从而形成与周围方言明显的区别特征。

（二）演变路径

蟹止摄来母字韵母的多层次异读现象，在许多方言中都存在。据郭风岚（2007：18），河北宣化地区四地方言中，深井话和宣化话的"犁=雷=离"读 lei，而姚家房话和赵川话中，"犁=雷=离"读 li。[①]同时她还列举了高本汉（1994）在 20 世纪 20 年代调查晋语 4 个点蟹止摄来母字韵母的分布情况，结果显示宣化、大同、太原、太谷等地蟹止摄来母字韵母有单元音和复元音两种类型，如"礼 li≠雷 ləi/lɛi/luɛ"。这种格局在今天的大同仍然维持。（马文忠、梁述中 1986）[②]邢向东（2002）的调查也显示，神木方言老派蟹止摄来母字韵母读音分布也属于这种情况，如"礼 li≠雷 luei"。在这些方言中，蟹止摄来母字韵母读音分为两种类型，一种是宣化方言的单一型读音，即都读 lei 或都读 li；另一种是大同、神木等方言的两分型，即北京话读[i]韵的字也读[i]（例、礼、梨、离、狸），北京话读[ei]韵的字读 ləi 或 lɛi、luɛi、luei。站话与这些方言相比，新站村、太和村和宁年村应该属

① 郭风岚：《宣化方言及其时空变异研究》，语文出版社 2007 年版，第 18 页。

② 马文忠等：《大同方言志》，语文出版社 1986 年版。

于单一型，即"犁=雷=离"读 lei，古龙村应该属于二分型，但又与大同和神木不同，即北京话读[i]韵的读[ei]（例礼梨离狸），北京话读[ei]韵的字读[i]。表 4-6 的对比会表现得更直观。

表 4-6　　　　站话中的蟹止摄来母字与其他地区的比较

| | 大同 | 神木 | 宣化 | | 站话区 | |
			宣化	赵川	古龙村	太和村
礼	li	li/ lei	leɪ	li	lei	lei
离	li	li/ lei	leɪ	li	lei	lei
雷	lɛi	luei	leɪ	li	li	lei
累	lɛi	luei	leɪ	li	li	lei

　　邢向东（2002：43）解释神木话中的止开三来母字（"李里离"等）新派中出现的[ei]或[ei][i]两读，"似乎是一种省力而又略微时髦的发音习惯"；[1]郭风岚推测，宣化和深井的蟹止摄来母字在省力原理的作用下，由原来的单元音转向复元音。但是赵川和姚家房的单元音现象就无法解释，因此她认为：蟹止摄来母字韵母在宣化地区方言的发展中，可能曾发生了两种不同的合并，一种是全部变成单元音，另一种是全部变成复元音（2007：37）。那么，站话中的蟹止摄来母字韵母又是怎样的发展路径呢？

　　1. 蟹止摄开口字韵母的演变

　　中古蟹摄的韵基均为复合元音，收[i]尾。到明清时，来母字已经完成向单元音的转变。李得春（1992）将 16 世纪的《初刊老乞大谚解》和《初刊朴通事谚解》中的对音表加以注音，其中"裏例梨荔"等古蟹止摄字均注为 li。[2]因此站话一些代表点中将蟹开三（例厉励）、蟹开四（犁犂黎礼丽隶）韵母读作复元音[ei]，应该是中古音的遗存，它在站人祖先进入黑龙江地区之前就已经存在。而止摄开三（梨利痢厘狸李里理鲤吏）韵母在中古音系中多为单元音[i]（除"璃离篱荔"为复元音），在明清语音中一直延续不变。因此，站话中止摄开三韵读[ei]应该是后起的语音变化，与神木话新派和宣化话一样，主要是由追求省力的发音生理机制造成的。因为我们在今天辽宁方言和北京话中没有发现同样的语音表现，所以无法确定它是站人由辽东带入还是清初之后才在站话中出现的。

---

① 邢向东：《神木方言研究》，中华书局 1986 年版，第 43 页。
② 李得春：《老乞大朴通事谚解朝鲜文注音》，《延边大学学报》（社会科学版）1992 年第 1 期。

2. 蟹止摄合口字韵母的演变

蟹止摄合口字（雷偪累类泪垒）韵母在中古音系中都有介音[u]，在明清北方音中已由合口[ui]变为开口[əi]了。①因此，新站村、宁年村和太和村站话中蟹止摄合口字韵母读音是在明清时就已经完成的变化，它与蟹止摄开口合流，都读[ei]，并一直延续。但是古龙村的读音变化却很特殊，它的蟹止摄开口韵发展为[ei]，合口韵却演变为[i]，即"雷"li≠"梨"lei。宣化方言中的姚家房话和赵川话，蟹止摄合口韵也读作[i]，但它与古龙村的不同在于，这两个地方的蟹止摄开口韵与合口韵读音相同，那么就可以从语言自身发展的经济性原则来解释二者的合流。但古龙村显然不是，这其中的原因还有待于进一步探讨。但其演变的路径应该是在蟹止摄合口韵失去介音后，在[ei]的基础进一步脱落韵尾，变成单元音[e]，在声母的影响下逐渐高化为[i]。这个过渡状态的[e]在一些方言中仍然存在，比如山东郯城方言的蟹止摄合口韵就存在一个[e]的读音层次，"泪、累"读 le。②而本文在第三章第一节第三部分中介绍太和村站话语音特征时提到，太和村韵母[ei]发音时有"动程短"的表现，读音近于单元音[ɪ]。如"雷"读音近于 lɪ²⁴。这为站话中蟹止摄合口字可能经历了由双元音向单元音变化的过程提供了证据。表 4-7 列出的是站话中四点（太和村、宁年村、新站村、古龙村）两类（犁=雷=离 lei、犁=离 lei≠雷 li）蟹止摄开合口字韵母的读音演变情况。③

表 4-7　太和村、宁年村、新站村、古龙村蟹止摄开合口字韵母的读音演变情况

	太和村、宁年村、新站村	古龙村
蟹摄开口字韵母（例犁礼）	liei ＞ li ＞ lei	liei ＞ li ＞ lei
止摄开口字韵母（李里离）	li/lie ＞ lei	li/lie ＞ lei
蟹摄合口字韵母（雷偪累）	luɐi ＞ lei	luɐi ＞ lei ＞ ʔli
止摄合口字韵母（类泪垒）	lwi ＞ lei	lwi ＞ lei ＞ ʔli

（三）蟹止摄来母字韵母读音在站话各点产生差异的原因

蟹止摄来母字韵母读音在站话的地理分布上呈现出明显的南北差异，这种差异以宁年村为界，北部与民人话一致，南部则有多种不同的表现。语音差异的界线和清代时驿站管理机构的区域划分正好是重合的，说明二者有密切的关联。第二章已述，清政府将黑龙江地区这二十个驿站按嫩江

---

① 王力：《汉语语音史》，商务印书馆 2008 年版，第 374、446、564 页。

② 王利：《晋东南晋语语音研究》，硕士学位论文，山东大学，2008 年。

③ 中古音、明清音的注音依据王力《汉语语音史》中的拟音。

河流方向，分为上、下十站。黑龙江城站至拉哈站，谓之上十站；宁年站至茂兴站，谓之下十站。分别管理在一定程度上促成语言差异的产生。同时，从站丁来源看，"墨尔根（今嫩江县城）到彼端所设之五驿，查索伦、达斡尔之贫穷者，令其驻驿；墨尔根至锦州俄佛罗之二十驿，既然由盛京沙河站等驿人员内摊派困难重重，即应查抄没户人（吴三桂旧部），令其驻驿"。可见，上五站即黑龙江城（今黑河市爱辉镇坤站村）、额叶楞库河站（今黑河市二站乡二站村）、库穆尔山岗站（今黑河市二站乡三站村）、喀尔塔尔济河站（今嫩江县塔溪乡）、霍洛尔站（今嫩江县科洛乡）驻驿站丁由当地索伦、达斡尔人充任。但后来由于这些壮丁"不仅不谙驿站事宜，亦不识字，故其所记驿站使用之马牛钱粮、工费银两之数目，多有漏开及差错，或有胡支滥用"，所以后来又有一些源于"三藩"的降卒被补填于此。郭风岚（2008）认为，当时北部这几个驿站的交际语言甚至还不完全是汉语，南北两路的语言发展自然是不平衡的。

因此，上下十站的划分以及站丁来源的差异，在一定程度上使南北站话表现出不同的特征。南路站话相对来讲特征更加突出，与周围民人话的差异比北路站话更加显著。尤其从 20 世纪初站人走出驿站之后，站话及站人的观念在北路更加淡漠，这也是今天我们看到北路驿站中只有塔溪与南路站话特征相似，而其他地点的站话已经基本与民人话融合的主要原因。

二 遇臻通摄合三来母字韵母的读音

（一）类型与分布

遇臻通摄合三来母字韵母在站话中的读音有两种类型：

1. 大部分读[uei]，代表点是新站村、古龙村、太和村、宁年村；
2. 大部分读[y]，代表点是头站村、拉哈镇、塔溪村、二站村。塔溪乡的个别字（"驴、吕、绿"）读[uei]。

表 4-8　　　　　　　　遇臻通摄合三来母字韵母的读音比较

	驴 遇合三来	吕 遇合三来	缕 遇合三来	屡 遇合三来	旅 遇合三来	虑 遇合三来	滤 遇合三来	律 臻合三来	绿 通合三来
新站村_{肇源县}	luei²⁴	luei²¹³	liou²¹³	luei²¹³	luei²¹³	ly⁵³	luei⁵³	luei⁵³	luei⁵³
古龙村_{肇源县}	luei²⁴	luei²¹³	liou²¹³	luei²¹³	luei²¹³	luei⁵³	luei⁵³	luei⁵³	luei⁵³
太和村_{杜蒙县}	luei²⁴	luei²¹³	liou²¹³	ly²¹³	luei²¹³	luei⁵³	luei⁵³	luei⁵³	luei⁵³ lu⁵³
头站村_{昂昂溪区}	ly²⁴	ly²¹³	ly²¹³	ly²¹³	ly²¹³	ly⁵³	ly⁵³	ly⁵³	ly⁵³
宁年村_{富裕县}	luei²⁴	luei²¹³	luei²¹³	luei²¹³	luei²¹³	luei⁵³	luei⁵²	luei⁵²	luei⁵²

续表

	驴	吕	缕	屡	旅	虑	滤	律	绿
	遇合三来	遇合三来	遇合三来	遇合三来	遇合三来	遇合三来	遇合三来	臻合三来	通合三来
拉哈镇 讷河市	ly^{24}	ly^{213}	ly^{213}	ly^{213}	ly^{213}	ly^{53}	ly^{53}	ly^{53}	ly^{53}
塔溪乡 嫩江县	luei^{24}	luei^{213}	ly^{213}	ly^{213}	ly^{213}	ly^{53}	ly^{53}	ly^{53}	luei^{53}
二站村 爱辉区	ly^{24}	ly^{213}	ly^{213}	ly^{213}	ly^{213}	ly^{53}	ly^{53}	ly^{53}	ly^{53}

遇臻通摄合三来母字韵母的读音，也是站话区别于周边民人话的显著特征之一，它与蟹止摄来母字韵母在站话中的分布情况一样，显示出站话南北两路间的差异。

（二）演变情况

由于语音的发展变化，从宋元时代至明清时代，一些中古合口三等字按照开合四等变四呼的发展规律，由[iu]变为[y]。遇臻通摄合三来母字韵母在北京话中即按照这个方向演变。但是也有例外，比如蟹止臻通等摄的精见组字，介音[iu]没有变为[y]，而是变成[u]，这主要与声母的发音部位有关。因为舌尖音和舌根音与前高介音[i]发生矛盾，省力原理促使介音[i]脱落，变为洪音。这一演变规律也是南路站话中遇臻通摄合三来母字韵母今读音产生的原因。也就是说，站话中的遇臻通摄合三字在半舌音来母的影响下，韵母变成较为省力的[u]介音状态。至于南北两路产生差异的原因，应该和蟹止摄来母字韵母南北读音差异是一样的。

第三节　声调与合音现象

一　阴平的读音

（一）阴平调型与调值的类别

站话与周围黑龙江方言和北京话的调类相同，有阴平、阳平、上声、去声四个声调，古今调类的对应关系为：平分阴阳、全浊上归去声，入派三声。与北京话相比，站话与周边黑龙江方言的共同特点是调值普遍偏低，但不同的是，站话在阴平调型上又表现出独特的个性，即一些站话代表点的阴平调为曲折调。八个代表点的阴平单字调主要有三种类型：

1. 阴平调型为降升，但曲折程度各点有所不同。代表点是新站村、古龙村、太和村、宁年村。

2. 部分字的阴平调型为中平和降调或升调自由变换。代表点是头站村、塔溪村。

3. 阴平调型基本为平调，调值略有不同。代表点是拉哈镇、二站村。具体调值如表 4-9 所示：

表 4-9 　　　　　　　　　　站话各点阴平调值的比较

	新站村 肇源县	古龙村 肇源县	太和村 杜蒙县	头站村 昂昂溪区	宁年村 富裕县	拉哈镇 讷河市	塔溪村 嫩江县	二站村 爱辉区
阴平调值	312	312	423	33/24	412	33	33/32	44

（二）站话中阴平的演变

1. 早期站话阴平的调型

据钱曾怡（2010：36—40），汉语官话方言中，阴平调型为曲折调的方言主要存在于胶辽官话区的登连片、青莱片，冀鲁官话区的石济片、沧惠片、章利片，中原官话区的洛徐片、郑曹片、蔡鲁片，晋语区的吕梁片、上党片、大包片、志延片等内部的一部分地区。贺巍（1986）提出东北官话区中吉沈片的通溪小片除分布在辽宁省的各点阴平今读平调 33 外，其他各处一般也读曲折调 424 或 313。此外，哈阜片中长锦小片的东丰、辉南两处也读作曲折调。而张世方（2010：146）在对北京官话单字调进行描写时，认为通溪小片中处于辽宁省的本溪的阴平调也为曲折调，调值是 313。结合东北地区的历史发展和移民情况来看，阴平读为曲折调应是胶辽官话影响的结果。那么，站话在清初进入黑龙江地区时，来自于辽东的站人祖先是否已经受到了这种影响？我们认为答案应该是肯定的。

首先，明代时进入辽东地区的汉族人口主要为山东移民，且数量上占有优势。路遇、腾泽之（2000：723）在《中国人口通史》中对明代万历六年的山东地区户口数和人数有过详细的考察。邹德文（2009：20）依此数据认为，从嘉靖二十一年（1542 年）到万历六年（1578 年）间，山东地区人口数减少的 200 余万人，很有可能是泛海到了东北。"因为山东的大灾荒出现在 1621 年至 1627 年间，万历六年的前若干年，此地没有大的天灾亦无大的战乱，突然锐减二百万人是没有理由的，所以推断这二百万山东汉族人自发地泛海到了东北。"[1]此外，崇祯年间，清将多次从北京、山西、河北、山东等地掳走的汉族人口并进入辽东，总计达约 100 万人。因此，明朝进入辽东的汉族人近 350 万，占当时辽东总人口（600 万）的 70%。其中，山东移民占大多数。再加上历史上辽东与山东地区在地理位置与建置上的密切关系，山东方言对于辽东的影响必然是很大的。在这样的背景下，清初由辽东进入黑龙江地区的站人，应该是操受到山东方言（今天胶辽官

---

[1] 邹德文：《清代东北方言语音研究》，博士学位论文，吉林大学，2009 年，第 20 页。

话）影响的辽东话进入黑龙江地区的。在有些站人家谱中，也有记载祖籍为山东的，说明跟随吴三桂的这些辽东兵士，有一部分可能就是来自山东，或者至少是山东人后裔。因此，阴平调读作曲折调极有可能是当时就存在的语音特征。

此外，在今天黑龙江地区的方言中，阴平调型大都为平调（二屯话等胶辽官话方言岛除外），从这一点来看，站话多数点阴平读作曲折调，没有受到周边方言影响的条件，应是其自身特征的延续。因此，站话中阴平读作曲折调的特征，应该是站人祖先由辽东辗转云南进入到黑龙江地区时，就已经存在了的。这一结论可以在下文中对于连读调中阴平变调的分析得到进一步证明。

2. 站话中阴平的演变方向

站话的阴平调值在地理分布上呈现出差异性，如果细致来分，大体包括五种情况：

第一种是中降升调，调值为 312，代表点是新站村和古龙村；

第二种是高降升调，调值为 423 或 412，代表点是太和村和宁年村；

第三种是部分字中平调与中降调自由变换，调值为 33/24，代表点是头站村；

第四种是部分中平调与中升调自由变换，调值为 33/32，代表点是塔溪村；

第五种是平调，调值为 33 或 44，代表点为拉哈镇和二站村。

上面提到的前两种情况都是曲折调，但是起点高度与曲折程度有所不同。如果说站话最初各点的调值应该是大体一致的，那么很难说清这两种情况中的哪一种是更早的表现。一种可能是高降升调出现得更早，在周围民人话的影响下曲折度有所降低；另一种可能是中降升出现得更早，在发展的过程中受到某些因素的影响而发生变化。但不管怎样，曲折调是站话早期阴平的表现确定无疑。我们把这两种情况作为一种类型考察，它们是站话阴平演变的起点。第三种和第四种情况都表明了目前站话阴平调值的不稳定性，体现了站话阴平调处于发展中的变化阶段。由于周边方言影响的不同，也很难说清哪一种是早些的变化形式。无论部分阴平读作升调还是降调，它们都是站话阴平演变中的过渡状态。而最后一种阴平读作平调的情况，显然是在周边黑龙江方言影响的作用下，阴平调完全失去了原来的特征与痕迹，变得与周边方言一样了。因此，站话中阴平在地理分布上的三种类型，表现出的正是站话阴平在发展演变中的三个不同阶段，其演变方向和路径是：

曲折调＞中升调/中降调＞平调

以下将从对站话连读调的分析中来说明阴平的演变过程。

3. 从两字组连读调看站话阴平的演变过程

站话两字组连读变调的规律性较强，与黑龙江方言和普通话一样，基本属于后字不变。前字是阴平和上声的，一般变为降调 31 或升调 24、34，前字调是阳平或去声的，一般不变。我们按照站话阴平在地理分布上的几种类型，选择新站村、宁年村、头站村、塔溪村、二站村五点作为代表，考察前字为阴平的两字组变调情况。如表 4-10 所示：

表 4-10　　　　　　　　　站话四点阴平变调比较

		阴平	阳平	上声	去声
新站村	阴平	34+312	31+24	34+213	31+53
宁年村	阴平	45+413 45+42	42+24	45+213	42+53
塔溪村	阴平	33+33	33+24 31+24	33+213 24+213	33+53 31+53
头站村	阴平	33+33 24+33	33+24	24+213	24+53
二站村	阴平	44+44	44+35	44+213	44+53

表 4-10 中，新站村前字为阴平的两字调完全符合变调规则，两个曲折调相连，第一个曲折调变为升调。因此，阴平+阴平和阴平+上声的两字调前字变调情况相同，调值都为 34。宁年村的阴平也是曲折调，情况与新站村大体一致，但在阴平+阴平的两字组连读调中有一些特殊表现。比如"关灯"一词，在同一个调查人口中，有时变调为 45+413，而有时读作 45+42。前一种变调符合一般规律，后字读原调。但第二种情况中的后字没有读阴平原调 413，而是读作降调 42。这种情况显示，宁年村站话中的阴平调在周围方言的影响下，从更容易辨识的连读调尾字开始发生变化。这种变化可能是通过词汇扩散的方式，首先在一些词语中出现，进而类推到同类字当中。也就是在上文阴平演变方向和路径中所提到的，由第一阶段的曲折调进入到第二阶段的降调。由于周边方言以及普通话的强力影响，估计这种读音不会成为宁年村未来阴平调的唯一表现，它应该和今天的塔溪村一样，阴平为平调和降调两种读音同时存在，并且持续时间不会太长，很快会发展为二站村和拉哈镇的阴平为平调的类型。

"连读调形式可能保存着早些时候的单字调状况"，也可能"预示着单字调的发展方向"（张世方 2010：152）。宁年村站话阴平变调的特殊表现预示着它的单字调可能朝着降调或降调与平调共存的方向发展，而头站村和塔溪村的阴平变调表现则反映了早些时候这两个区域的阴平单字调情况。

先看塔溪村的变调情况。两字调为阴平+阳平、阴平+去声时，很多前字调并非按照变调规则读作 33，而是读作 31。如：生人、今年、开门、花钱、安排、天桥、阴历、烧饭、新旧、天气等，前字阴平都变作降调；两字调为阴平+上声时，很多前字调也没有读作单字调中的平调 33，而是读作升调 34。如风雨、经理、抓紧、东海、辛苦、山顶、工厂、浇水等。由此看来，塔溪村的阴平在非上声（阳平、去声）前读作降调，在上声前读作升调，这和普通话中的上声变调规律是一致的，即上声+非上声时前一个上声变半上，上声+上声时前一个上声变阳平。按照"曲调相连变升调"的规则类推，塔溪村的阴平调在早些时候，也应是一个如普通话上声一样的曲折的调子，只是这种曲折调的特征由于受周边方言的影响，在单字调中已经不存在了，但是在两字调连读中却留下了痕迹，反映出塔溪村早些时候阴平单字调的情况与今天的宁年村和太和村是一样的，都是曲折调。那么，今天塔溪村阴平的读音情况也可以得到解释了。塔溪村的阴平单字调与周边民人话一样读作 33 的同时，也有的发音人口中出现 31 的调值（本书第三章第一节第七部分中在介绍塔溪村音系时已经说明），这可能是曲折调在向平调演变的过程中出现的一种中间状态，由曲折调变为降调，再变为平调；也可能是连读调中阴平调型对于单字调产生了影响。王临惠（2012）考察了天津话阴平调的演变过程，认为从连读调中阴平的变调来分析，天津话阴平调值原本应是与东南部胶辽官话一致的 213，今天天津话中阴平调（31）是过渡性产物。[①]而塔溪村站话的阴平情况也大体处于天津话的这一阶段，不同的是，阴平读作降调只存在于部分连读变调或单字调中，它在演变的路上比天津话又往前走了一步。

值得一提的是，在站话特征已经衰弱的拉哈镇，两字组连读调的情况也有与塔溪村相似的情况。比如拉哈镇的阴平调值与周围黑龙江方言一样为 33，在连字调中，音变表现却与周围民人话有差别。两个阴平调相连，民人话是 33+33，而拉哈镇站话有的读作 32+33。这也说明，拉哈镇阴平单字调虽然受民人话影响已经变为中平调，失去了站话在语音上的显著特征，但在语流当中还保留一些曲折调的痕迹。这种"连读往往保留较古老的形式"[②]的变化规律还体现在地名当中。比如无论是站人还是周边民人，都将"拉哈"读作 $la^{24}xa^{213}$，很明显这是两个曲折调连读的语音形式。可以推测，

---

① 王临惠：《天津方言阴平调值的演变过程》，《中国语文》2012 年第 1 期。

② 张树铮：《山东方言语音特征的扩散方向和历史层次》，《山东大学学报》（哲学社会科学版）2007 年第 5 期。

在使用这两个阴平字作为地名的汉字书写形式之初，当时的阴平就是读作曲折调的。

再来看头站村的阴平变调情况。头站村站话的连读调中，阴平作前字调时读升调 24 的情况较多。比如阴平+阴平有时读作 24+33，阴平+上声读作 24+213。这实际上和塔溪村的演变情况基本一样，即早些时候由于阴平为曲折调，反映在今天的连读调中既有 31（非曲折前），又有 24（曲折调前）。不同的是，头站村在连读调阴平+去声中，前字调并没有按照变调规律读降调 31，而是也读升调 24。例如：出去、开会、蔬菜、阴历、清算、车票、吸气、相信、宣布、机器等。在调查中我们发现，头站村阴平单字调读作升调的字也比其他地区多。《黑龙江省志•方言民俗志》中提到，站话的特点之一是读阳平的字多。这一特点在头站村站话中表现尤为突出。由于材料限制，对于这一特点的形成原因还难以作出解释，我们推测大概有两种可能：一是由于受到周围阴平读作升调的移民方言的影响，二是连字调中阴平变读为升调的影响扩散到其他的连字调和单字调中。

二站村连字调中的阴平变调情况与周边黑龙江方言和普通话的调型一致，代表着其他各点站话阴平的发展方向，即与周边黑龙江方言完全一致，读作平调，并且调值逐渐升高，朝着普通话的方向靠拢。

综上所述，目前站话各代表点阴平在共时分布上的差异，体现的正是站话阴平调的历时演变的方向和路径。新站村、古龙村、太和村和宁年村的曲折调，是站话阴平的早期形式，它们至今还保留在这些点的站话中。只是由于受到周边方言的影响不同，曲折度也有所不同。头站村和塔溪村阴平调多为平调，但在发音人之间存在差异，也有部分读作升调或降调的情况。如果从连读调中阴平的变调角度来进行分析的话，可以看出这两个地点阴平的早期形式也是曲折调。目前的阴平读音情况是演变中的过渡阶段。在周边方言及普通话的强势影响下，站话的阴平最终都会朝着拉哈镇和二站村的方向发展，读作中平调或高平调，站话阴平的曲折调特征将会最终消失。

二　站话中的合音现象

站话中还有一些饶有趣味的合音现象，是在周边的黑龙江方言中未见到的。姜文振（1997）在讨论黑龙江方言的合音现象时曾提及茂兴站话中的几个例子，如：外搭咕=不爱搭咕不愿理睬别人、外图=外头屋厨房、一根=一个人。[①]这几种合音现象在我们调查的新站村站话中也同样存在。此外，我们还搜集

---

① 姜文振：《试论黑龙江方言中的合音现象》，《求是学刊》1997 年第 6 期。

到了一些其他合音现象的例子，如新站村和古龙村把"外边来的人、非本地人"称作"外掰秧"，如"他们家的儿媳妇是外掰秧"。其中的"掰"就是"边来"的合音。连读时，前一个音节"边"脱落韵母，后一个音节"来"脱落声母，"边"的声母与"来"的韵母拼读在一起，成为"掰"。而"秧"则是在前一个音节韵尾 i 的影响下，使"人"的读音也发生了变化。又如新站村和太和村有"睁个耳朵"的说法，意思是"半听不听"。例如，"你看他睁个耳朵好像挺认真，实际上啥也没听进去"。"睁"其实就是"支棱"的意思，同样是取前一音节声母和后一音节韵调而形成的合音。

　　此外，宁年村站话中还有两个常用的词语也比较特殊，一个是"怎的 ti⁵³"，一个是"□ tsən⁵³"。"怎的 ti⁵³"的意思就是"怎么的"，它是中间的音节"么"完全脱落形成的合音。"□ tsən⁵³"的意思是"这么"，例如，"我就□ tsən⁵³ 些钱"，它是"这"和"么"各取前后音节的声母与韵母而形成的合音，由于[ts][tʂ]两组声母在宁年村站话中个别相混，前一音节的声母由翘舌音读作平舌音了。今天的北京话中也有相似的"zèn（这）"，但它只能作为词素出现在"这么"一词中，是受疑问代词"怎么"的影响产生的。[①]而站话中的"□ tsən⁵³"却可以单独成词，通常用在形容词、动词前表示程度。可见二者虽然读音相同，但来源、用法和意义却不相同。

---

① 周一民：《北京口语语法》，语文出版社 1998 年版，第 155 页。

第五章　黑龙江站话的词汇特点及各点词汇比较

第一节　黑龙江站话的词汇特点

一　源自少数民族语言以及俄语中的借词较为丰富

站人祖先在进入黑龙江地区时，这里的土著居民是蒙古族、满族、达斡尔族等少数民族。其中，满族人口最多，分布区域最广，大部分集中在宁古塔、阿勒楚喀、齐齐哈尔、墨尔根、瑷珲、呼兰等几个城镇及其周围地区。蒙古族是清代时黑龙江地区仅次于满族的第二大民族。在黑龙江地区的蒙古族被划分为依克明安、扎赉特、杜尔伯特和郭尔罗斯后旗共四个旗。站人所驻守的驿站就处于黑龙江地区西部的这些少数民族区域之中。站人与少数民族之间在交往的过程中，一方面使汉语的优势地位在本地区不断扩大，另一方面也会吸收少数民族语言成分，既促进民族间的交流，也丰富了汉语词汇的表达内容。这种吸收首先表现在地名上，"因为在汉人到达之前原住民就用他们的语言为地命名，汉人来了之后沿用下来了"（李如龙：149）。①比如前文所提到的各驿站名称。其次，从少数民族语言中借入较多的是那些与生产生活密切相关的词语。比如：

胡拉布子　借自于蒙语 hurag-a，"小羊"的意思。新站村、古龙村称为"胡拉布子"，太和村、头站村、宁年村称为"苦鲁布子"。

布裸子　借自于蒙语 biragu，"小牛"的意思，在南路各驿站中均有此称呼。

耷撒儿　借自于蒙语，指皮张或布的边角料。分布于新站村、古龙村、太和村、宁年村、塔溪村。

哈什　借自于满语 hasa，"仓房"的意思。站话各点中均有分布，新站村、古龙村、太和村、二站村称作"哈什屋"，头站村称作"哈什屋子"，塔溪村称作"小哈子"。

威呼　借自于满语 weihu，"小船"的意思，在各驿站中均有分布。

---

① 李如龙：《汉语方言学》，高等教育出版社 2007 年版，第 149 页。

喇忽　借自于满语 lahū，指做事不用心，大意，在各驿站中均有分布。

此外，站话词汇中也有很多俄语借词，这些俄语借词有的广泛使用于黑龙江地区，有的只在站话中使用。如：

孬幕　借自于俄语 номер，"单间、小房间"的意思。在太和村被称作"孬屋"，在塔溪村等被称作"孬门"。

二　许多明清白话词语仍在站话中使用

黑龙江汉语方言的形成时间较短，主要是在清末大量来自山东、河北、辽宁等地的移民进入后，土著汉语与移民方言在相互融合的过程中发展起来的。因此，形成于清初的站话，由于特殊原因在封闭的二百多年间与周边方言接触较少，而更多地继承和保留了明清时期北方官话语汇，形成了站话词语的一大特色。例如：

不防头　不注意、不提防的意思，今天仍然在站话区域的新站村、古龙村、太和村、头站村、宁年村等地使用。这个词语在明清小说中经常出现，比如《金瓶梅》三十回："王楼道：'五姐是甚么话！'以后见他说话儿出来有些不防头脑，只低着头弄裙子，并不作声应答他"；《红楼梦》第七回："秦氏一面张罗与凤姐摆酒果，一面忙进来嘱宝玉道：'宝叔，你侄儿年小，倘或言语不防头，你千万看着我，不要理他'"；《儿女英雄传》第二十一回："安老爷生恐这里话没定规，亲家太太来了再闹上一阵不防头的怯话儿，给弄糟了。"

打尖儿　外出的人在途中休息吃饭。在站话区域的古龙村、太和村、宁年村、塔溪村等地仍然使用。这个词语也出现于明清小说中，比如《红楼梦》第十五回："那时秦钟正骑马随着他父亲的轿，忽见宝玉的小厮跑来，请他去打尖。"

将养　调养、补养。在站话大部分区域中仍在使用。这一词语也可见于明清白话作品中，例如《红楼梦》第四十五回："黛玉每岁至春分、秋分之际，必犯嗽疾；今秋又遇贾母高兴，多游玩了两次，未免过劳了神，近日又复嗽起来，觉得比往常又重些，所以总不出门，只在自己房中将养。"

此外，还有诸如"忽拉巴、兴头、排揎、撞客、丧谤、折变、梯己、展样、打卦、顶缸、扔崩、动秤儿、撒村、找补"等明清语汇，仍然在站话的大多数分布区域内使用。本书将在第六章第一节第一部分对这类站话词语详细考察。

三　四字格词语数量丰富

站话中的四字格词语独特、新鲜，具有形象生动、精练工整的表达效果。这些词语来源于站人们的日常生活，是他们对生产劳作、习俗观念、情感态度、价值取向的概括提炼。既反映着他们生活的方方面面，也体现着站人的思想智慧。下面以表现自然现象的四字格词语为例：

小鬼龇牙　冬天天刚亮前最冷的时候；

三星对门　"三星"指猎户座中央三颗明亮的星，人们常根据它们的位置来估计时间。"三星对门"指三星当天，正是半夜时分；

三星晌火　三星当头时，即半夜过后；

大漂月亮　明月；

晴天烙日　天气晴朗；

大天十亮　天完全亮了；

大天白日　白天；

老云接架　日落时出现的乌云；

大风小嚎　风声很大；

五黄六月　盛夏；

十冬腊月　严冬；

无冬历夏　一年四季；

五冬六夏　严冬盛夏，泛指一年四季

这些四字格词语，通过描摹、比喻、对仗等手段，使客观存在的普普通通的自然现象，带上了鲜明的色彩意义，不仅说起来简洁明了、朗朗上口，而且增添了语言表达的趣味性和生动性。站话中最为丰富的是那些反映人的行为、动作、思想、外貌、观念等内容的四字格词语，本书将在第六章第一节第三部分对站话四字格词语专门讨论。

四　"子"缀词语数量丰富

站话中带词缀"子"的词语数量非常丰富。

比如表示服饰类的"子"缀词语：小袄子棉上衣、汗褡子中式对襟小褂、皮褂子半截皮大衣、汗溜子背心、棉盾子坎肩、袖头子、脖领子、衬领子、衬里子、领页子衣领向外翻的部分、下栅子下摆、裤衩子短裤、鞋底子、鞋帮子、鞋面子、鞋带子等；

表示身体部位类的"子"缀词语：肺子、脑门子、脑子脑髓、鬓角子、脖颈子、脸蛋子、下巴颏子、眼眶子、鼻梁子、嘴巴子、嘴丫子、吐沫星子、哈喇子、牙花子、耳垂子、耳根子、嗓葫芦子喉结、肩膀子、哈喇板子肩胛骨、胳膊拐子、手腕子、脚脖子、屁股蛋子、尾巴根子、脚面子、肚脐子、胎毛子等；

表示器物类的"子"缀词语：喇嘛台子炕与锅台之间的小土墙、炕洞子炕下方的孔道、茅屎楼子_{厕所}、障子_{篱笆、栅栏}、条案子_{大食堂中用的长方桌}、尿罐子、锅烟子_{锅底上的黑灰}、酒盅子、茶缸子、水舀子、泥抹子、灯罩子、蝇甩子_{拂尘}、电匣子_{收音机}、烟叶子、摇车子_{悠车儿}等。

与普通话或其他方言相比，站话中的"子"缀词语在构成、词义等方面表现出一些独特性。本书将在第六章第一节第四部分详细讨论。

五　许多词语反映站人的特殊生活习俗、思维观念

词汇是社会生活最直接的反映。站话词汇中那些反映站人在特殊环境下的生产生活、习俗观念的词语，作为特殊的"文化符号"，是我们了解站人文化、历史的一面镜子。

比如，站话中有一些词语反映了特殊时期站人的驿传生活，如：

急顶马发　也作"立等马发""急蹬马发"，急促、匆忙之意；

混马交枪　鲁莽；

鸡毛火炭　重大机密或十万火急不可贻误的急信；

八百里滚蛋　形容以极快的速度前往。这一词语反映的就是驿站的站丁工作情况：每遇公文到站，由拔什库（领催）轮流派站丁传递，一般公文送到下一站后，换马换人；遇有紧急文书，到下站换马不换人，疾驰几站再换人；偶有火急军情或皇帝命令，必须星夜疾驰，人马都不换，站上俗称"八百里滚蛋"，意思是说一骑扬尘，站站传递，日行八百里，最后马累死了，骑者只好连滚带爬地将信件送到京城皇上那里。以后站人就把驿站传递情报最快的速度八百里加急叫做"八百里滚蛋"。后产生出火速之意；

拨刀　南北各站的站人大都把菜刀叫"拨刀"，据说是和站人军旅生活相关，"拨"可能即"搏斗"之"搏"，但缺少相关资料证明这种说法的可靠性。但有关"拨刀"的相关历史却是真实的。清朝统治者对站人实行了一系列严格管制，绝对不准站人拥有武器，就连菜刀都是用铁链锁在菜板上 10 户轮用一把，因此站人们的生活用品大都为木器，有的家庭甚至连铁锅都没有，折起铁片四角当锅用。①

再以站人的食物为例。由于特殊的自然环境和职业要求，驿站中站人的食物要求具有快捷方便、荤素一体的特点，②以满足紧张迅速的驿递生活。因此今天站人许多食品独具特色，构成了站人别具一格的饮食文化。比如：

---

① 张庆山：《神驰嫩江驿站》，黑龙江人民出版社 2013 年版，第 63 页。

② 同上，第 185 页。

渍油饼　就是将猪肥肉切丁，加白糖作馅，用麦面烙成的馅饼；

猪油小馞馞　也叫"猫耳朵"，是用麦面切成方块，用手捻成指甲大小的猫耳状，煮熟后加糖和猪油的面食；

飞火旗　也作"飞锅旗"、"斜鱼子"，是用麦面切成菱形方块，煮熟后加糖和猪油的面食；

饸饹　荞麦面做成，用木头做的带眼的模具"饸饹床子"直接往开水锅里压面煮熟。如果没有饸饹床子，就用两手往锅里直接搓面条，称为"拨勒粗"；

砍刀面　也叫"大砍刀"，是一种与内地不同的刀削面。最初削面的工具，是一种用打麦割草作废的大钐刀片改成的小刀片。据说这是因为站人由于受到特殊身份的限制，十户家庭共用一把菜刀，而且用铁链固定住，不可随意使用，每家只好找一块铁片来削面，因此称为"砍面"；[①]

舞爪龙　用碎面疙瘩煮成的汤。新站村也称之为"面穗"；

圪勒坨儿　用面疙瘩捻成圆片，放到加有猪油和菜的汤里煮。

六　许多词语具有鲜明的色彩意义

站话词汇中有许多词语对于事物或概念的指称都具有鲜明的色彩意义。或是带有强烈的感情色彩来表达爱憎，或是具有浓郁的文化色彩表现地域特征，而其中很多词语所具有的鲜明的形象色彩也是站话语汇的一个特色。

以农作物为例，豆角按不同类别分别叫做"老家蛋儿（一种豆粒儿如麻雀卵的豆角）""五月鲜（一种早熟的豆角）""猪耳朵（一种宽而短的豆角）""兔子翻白眼（一种豆粒儿红中有白的豆角）""大红袍（一种皮红豆大的豆角）"等；柿子有"皮球柿子""牛心柿子""馒头柿子"等；茄子有"线儿茄子（一种细而长的茄子）""油瓶茄子（短粗且圆的茄子）""牛卵子茄子"等；大头菜被称作"大脑袋菜""疙瘩白"等。这些词语使人一听就产生非常鲜明的形象感，也是站人对事物认知的一种特有的文化心理的反映。

七　一些亲属称谓词有特殊的说法

游汝杰（1993）归纳了肇源县和泰来县站话词汇中存在的十四个特殊词汇，其中，站话中把岳父叫做"叔（比父亲小）"和"大爷（比父亲大）"，

----

① 张庆山：《神驰嫩江驿站》，黑龙江人民出版社2013年版，第186页。

把岳母叫做"婶（比母亲小）和"大娘（比母亲大）"。① 《黑龙江省志·方言民俗志》中也提到，站话中把母亲的祖父叫"舅爷"，母亲的祖母叫"舅奶"。在我们调查的八个代表点中，任何一点都没有这种特殊的说法。但是，宁年村村委会会计姜永辉说，他称母亲的妹妹为"大姨儿"，而大姨的丈夫却不叫"姨夫"，而叫"叔"。这是因为姨夫是他父亲的堂弟，所以以父亲的亲属关系来称谓。由此看来，这些亲属称谓在站话词汇中的特殊说法，实际上并不是普遍的、固定的称呼，而是站人特殊的婚配习俗导致的现象。站人祖先是以"发配"身份来到黑龙江地区驿站服役的，他们被禁止与外族通婚，为了代代相传，三百年来站人形成了内部结亲、辈辈通婚的婚配方式，因此经常出现亲姐妹嫁给一家哥俩为妻的现象。至于姑作婆，姨作婆的婚事更是司空见惯。甚至因为代代连亲年代久远，出现了姑侄同妯、奶做婆的现象。② 因此，与其说这些亲属称谓的特殊说法是站话词汇的一个特征，还不如说它是站人特殊婚配习俗的反映。

第二节　站话各代表点词汇分类对照表

　　站话各点词汇在表现出以上一些共同特点之外，由于所受周边移民方言影响的不同，以及区境内地理、交通、风俗等都有一定的差别，在词汇上也表现出一定的差异。我们参照丁声树《方言调查词汇手册》，同时结合本文的研究目的，编制了《站话各代表点词汇对照表》，收录了站话 8 个代表点的词语，共 12 类 329 条，以期展现站话各代表点间的词汇差异及共同特征，并以此作为站话词汇共时比较与历时比较的基本依据。

　　说明：

　　（1）收录原则以差异性为主，尽量将内部有差异的词语收录在内，内部一致的词语只举例式地列举一些。

　　（2）表左为词语的一般意义，右侧为 8 个代表点相应词语，每条按汉字、注音顺序排列。有多种说法的同义词按使用频率先后排列。

　　（3）有音无字的用同音字代替，无同音字的用"□"表示。标注声调为实际调值。

　　（4）所列各点材料均来自笔者调查。

---

① 游汝杰：《黑龙江省的站人和站话述略》，《方言》1993 年第 2 期。

② 杨柏森：《茂兴八大姓"八辈子姑舅亲"的由来》，载《古驿风情》（一），肇源县文化活动中心内部刊物，2005 年。

一　天文

	新站村	古龙村	大和村	头站村	宁年村	拉哈镇	塔溪村	二站村
太阳	日头 ʐʅ^{53}tʰou^1	日头 ʐʅ^{53}tʰou^1	日头 ʐʅ^{53}tʰou^1	日头 ʐʅ^{53}tʰou^1	日头 ʐʅ^{52}tʰou^1	日头 ʐʅ^{53}tʰou^1	日头 ʐʅ^{53}tʰou^1	日头 ʐʅ^{53}tʰou^1
月亮	月亮 ye^{53}liaŋ^1	月亮 ye^{53}liaŋ^1	月亮 ye^{53}liaŋ^1	月亮 ye^{53}liaŋ^1	月亮 ye^{52}liaŋ^1	月亮 ye^{53}liaŋ^1	月亮 ye^{53}liaŋ^1	月亮 ye^{53}liaŋ^1
银河	天河 tʰien^{31}xɤ^{24}	天河 tʰien^{31}xɤ^{24}	天河 tʰien^{42}xɤ^{24}	天河 tʰien^{31}xɤ^{24}	天河 tʰien^{41}xɤ^{24}	天河 tʰien^{33}xɤ^{34}	天河 tʰien^{31}xɤ^{24}	银河 in^{24}xɤ^{24}
流星	贼星 tsei^{24}ɕiŋ^{312}	贼星 tsei^{24}ɕiŋ^{312}	贼星 tsei^{24}ɕiŋ^{423}	贼星 tsei^{24}ɕiŋ^{31}	扫帚星 sau^{21}tʂou^{24}ɕiŋ^{413}	扫帚星 au^{21}tʂou^{0}ɕiŋ^{33}	贼星 tsei^{24}ɕiŋ^{32}	扫帚星 au^{21}tʂou^{0}ɕiŋ^{44}
逆风	顶风儿 tiŋ^{24}fɚ^{312}	顶风儿 tiŋ^{24}fɚ^{312}	顶风儿 tiŋ^{24}fɚ^{412}	呛风 tɕʰiaŋ^{53}foŋ^{412}	顶风儿 tiŋ^{24}fɚ^{412}	顶风 tiŋ^{21}foŋ^{33}	顶风儿 tiŋ^{34}fɚ^{31}	顶风 tiŋ^{21}foŋ^{44}
顺风	顺风儿 suan^{53}fɚ^{312}	顺风儿 suan^{53}fɚ^{312}	顺风儿 ʂuan^{53}fɚ^{413}	顺风儿 ʂuan^{53}fɚ^{33}	顺风儿 suan^{53}fɚ^{412}	顺风 ʂuan^{53}foŋ^{33}	顺风儿 suan^{53}fɚ^{31}	顺风 suan^{53}foŋ^{44}
风停了	住风了 tʂu^{53}foŋ^{312}lɤ^3 煞风了 ʂa^{53}foŋ^{312}lɤ^3	住风了 tʂu^{53}foŋ^{312}lɤ^3	煞风了 ʂa^{53}foŋ^{412}lɤ^3	住了 tʂu^{53}foŋ^{32}lɤ^2	煞了 ʂa^{53}foŋ^{412}lɤ^3	风停了 foŋ^{34}tiŋ^{24}lɤ^3	煞风了 ʂa^{53}foŋ^{312}lɤ^3	风停了 foŋ^{33}tiŋ^{21}lɤ^3
小雨	毛毛雨 mau^{24}mau^{0}y^{213}	毛毛雨 mau^{24}mau^{0}y^{213} 牛毛雨 niou^{24}mau^{24}y^{213}	小雨 ɕiau^{24}y^{213}	毛毛雨 mau^{24}mau^{24}y^{213}	牛毛雨 niou^{24}mau^{24}y^{213} 雾嗖雨 u^{53}la^{0}y^{213}	小雨 ɕiau^{24}y^{213}	毛毛雨 mau^{24}mau^{0}y^{213}	小雨 ɕiau^{24}y^{213}
大雨	马莲筒 ma^{34}lien^{24}tʰuŋ^{24}y^{213}	大雨 ta^{53}y^{213}	大雨 ta^{53}y^{213}	大雨 ta^{53}y^{213}	暴雨 pau^{53}y^{213} 急雨 tɕi^{35}y^{213}	大雨 ta^{53}y^{213}	马莲筒雨 ma^{24}lien^{24}tʰuŋ^{24}y^{213}	飘泼大雨 pʰiau^{24}pʰ^{52}taˀ^{52}y^{213}

续表

	新站村	古龙村	大和村	头站村	宁年村	拉哈镇	塔溪村	二站村
雨停了	住雨了 tʂu⁵³y²¹³lʐ³	住雨了 tʂu⁵³y²¹³lʐ³	住雨了 tʂu⁵³y²¹³lʐ³	雨住了 tʂu⁵³y²¹³lʐ³ 雨停了 y²¹tʰiŋ³⁴lʐ³	住雨了 tʂu⁵³y²¹³lʐ³	雨停了 y²¹tʰiŋ³⁴lʐ³	住雨了 tʂu⁵³y²¹³lʐ³	雨停了 y²¹tʰiŋ²⁴lʐ³
彩虹	天虹儿 tʰien³¹kãr⁵³	虹儿 kãr⁵³	虹儿 kãr⁵³	虹儿 kãr⁵³	水桩子 suei²⁴tʂuaŋ⁴¹³tsɿ⁰	虹儿 kãr⁵³	虹儿 kãr⁵³	虹儿 kãr⁵³
结冰	冻冰 tuŋ⁵³piŋ³¹²	冻冰 tuŋ⁵³piŋ³¹²	冻冰 tuŋ⁵³piŋ⁴¹²	冻冰 tuŋ⁵³piŋ³²	冻冰 tuŋ⁵²piŋ³³	冻冰 tuŋ⁵³piŋ⁴¹²	冻冰 tuŋ⁵³piŋ³¹	冻冰 tuŋ⁵³piŋ⁴⁴
地面封冻	封地皮儿 foŋ³¹tɿ⁵³pʰiər²⁴	封地皮儿 foŋ³¹tɿ⁵³pʰiər²⁴	封地皮儿 foŋ⁴²tɿ⁵³pʰiər²⁴	上冻 ʂaŋ⁵³tuŋ⁵³	封地皮儿 foŋ⁴¹tɿ⁵²pʰiər²⁴	上冻 ʂaŋ⁵³tuŋ⁵³	封地皮儿 foŋ³¹tɿ⁵³pʰiər²⁴	上冻 ʂaŋ⁵³tuŋ⁵³
解冻	开化 kʰai³¹xua⁵³	开化 kʰai³¹xua⁵³	开化 kʰai⁴²xua⁵³	化冻 xua⁵³tuŋ⁵³	开化 kʰai⁴¹xua⁵²	解冻 tɕie²¹tuŋ⁵³	开化 kʰai³¹xua⁵³	解冻 tɕie²¹tuŋ⁵³
冰雹	雹子 pau²⁴tsɿ⁰	雹子 pau²⁴tsɿ⁰	雹子 pau²⁴tsɿ⁰	雹子 pau²⁴tsɿ⁰	雹子 pau²⁴tsɿ⁰	雹子 pau²⁴tsɿ⁰	雹子 pau²⁴tsɿ⁰	雹子 pau²⁴tsɿ⁰
小雪	清雪 tɕʰiŋ³¹ɕyɛ²¹³	小清雪儿 ɕiau²¹tɕʰiŋ³¹ɕyɛr²¹³	小清雪儿 ɕiau²¹tɕʰiŋ³¹ɕyɛr²¹³	小雪儿 ɕiau²¹ɕyɛr²¹³	雪珠子 ɕyɛ²⁴ɕu⁴¹tsɿ⁰	小雪 ɕiau²¹ɕyɛ²¹³	小粒雪 ɕiau²¹ɕyɛ²¹³	小雪 ɕiau²¹ɕyɛ²¹³
成累状的雪	棉花套子雪 mien²⁴xua⁰ tʰau⁵³tsɿ⁵³ɕyɛ²¹³	棉花套子雪 mien²⁴xua⁰ tʰau⁵³tsɿ⁵³ɕyɛ²¹³	大片儿雪 ta⁵³pʰiɛr⁵³ɕyɛ²¹³	摇风搅雪 iau²⁴foŋ²¹ tɕiau²⁴ɕyɛ²¹³	大片儿雪 ta⁵²pʰiɛr⁵³ɕyɛ²¹³	鹅毛大雪 m²⁴mau²⁴ta⁵³ɕyɛ²¹³	口花套子雪 nien²⁴xua⁵³ tʰau⁵³tsɿ⁵³ɕyɛ²¹³	鹅毛大雪 ɣ²⁴mau²⁴ta⁵³ɕyɛ²¹³

二　地理

	新站村	古龙村	大和村	头站村	宁年村	拉哈镇	塔溪村	二站村
荒地	小抛荒 ɕiau^{24}pʰau^{24}xuaŋ^{312}	小抛荒 ɕiau^{24}pʰau^{24}xuaŋ^{312}	撂荒地 liau^{53}xuaŋ^{312}ti^{53}	荒地 xuaŋ^{32}ti^{53}	生地 səŋ^{41}ti^{52}	荒地 xuaŋ^{31}ti^{53}	荒地 xuaŋ^{31}ti^{53}	荒地 xuaŋ^{31}ti^{53}
沼泽地	蛤蟆塘 xa^{24}mə^{3}tʰaŋ^{24}	蛤蟆塘 xa^{24}mə^{3}tʰaŋ^{24}	洼地 ua^{42}ti^{53}	蛤蟆塘 xa^{24}mə^{3}tʰaŋ^{24}	洼塘子 ua^{41}tʰaŋ^{24}tʂʅ^{3}	蛤蟆塘 xa^{24}mə^{3}tʰaŋ^{24}	蛤蟆塘 xa^{24}mə^{3}tʰaŋ^{24}	蛤蟆塘 xa^{24}mə^{3}tʰaŋ^{24}
草地	草甸子 tsʰau^{21}tien^{53}tʂʅ	草甸子 tsʰau^{21}tien^{53}tʂʅ	草甸子 tsʰau^{21}tien^{53}tʂʅ	野甸子 ie^{21}tien^{53}tʂʅ	巴甸子 pa^{41}tien^{52}tʂʅ	草甸子 tsʰau^{21}tien^{53}tʂʅ	野甸子 ie^{21}tien^{53}tʂʅ	草甸子 tsʰau^{21}tien^{53}tʂʅ
天然湖泊、小湖	泡子 pʰau^{31}tʂʅ^{3} 水泡子 suei^{24}pʰau^{31}tʂʅ^{3}	水泡子 suei^{24}pʰau^{31}tʂʅ^{3}	水泡子 suei^{24}pʰau^{31}tʂʅ^{3}	泡子 pʰau^{31}tʂʅ^{3} 水泡子 suei^{24}pʰau^{31}tʂʅ^{3}	水泡 suei^{24}pʰau^{412}	水泡子 suei^{21}pʰau^{33}tʂʅ^{2}	泡子 pʰau^{33}tʂʅ^{2} 水泡子 suei^{21}pʰau^{33}tʂʅ^{2}	水泡 suei^{21}pʰau^{44}
盐碱地	碱巴拉子 tɕien^{24}pa0la^{53}tʂʅ	碱巴落子 tɕien^{24}pa0lau^{53}tʂʅ	碱巴拉子地 tɕien^{24}pa0la^{53}tʂʅ ti^{53}	碱巴拉 tɕien^{24}pa0la^{53}	碱巴拉子 tɕien^{24}pa0la^{52}tʂʅ	盐碱地 ien^{24}tɕien^{21}ti^{53}	盐碱地 ien^{24}tɕien^{21}ti^{53}	盐碱地 ien^{24}tɕien^{21}ti^{53}
小山	山包 ʂan^{24}pau^{312} 岗子 kaŋ^{31}tʂʅ^{3}	山岗子 ʂan^{24}kaŋ^{31}tʂʅ^{3}	小包 ɕiau^{24}pau^{312}	山包 ʂan^{24}pau^{32}	土包 tʰu^{24}pau^{413}	山包 ʂan^{33}pau^{33}	山包 ʂan^{24}pau^{31}	山包 ʂan^{44}pau^{44}
山顶	山尖儿 ʂan^{24}tɕier^{312}	山顶 ʂan^{24}ti^{312} 山尖儿 ʂan^{24}tɕier^{312}	山尖儿 ʂan^{24}tɕier^{423}	山尖儿 ʂan^{31}tʰour^{35}	山尖儿 ʂan^{31}tɕier^{413}	山顶 ʂan^{33}ti^{213}	山尖儿 ʂan^{24}tɕier^{31}	山顶 ʂan^{44}ti^{213}
山坡	山腰 ʂan^{24}iau^{312}	半山腰 pan^{53}ʂan^{24}iau^{312}	山半腰儿 ʂan^{31}pan0iau^{312}	半山腰 pan^{53}ʂan^{33}iau^{33}	山腰子 ʂan^{24}iau^{41}tʂʅ0	半山腰 pan^{53}ʂan^{33}iau^{33}	半山腰 pan^{53}ʂan^{32}iau^{33}	半山腰 pan^{53}ʂan^{44}iau^{44}

续表

	新站村	古龙村	大和村	头站村	宁年村	拉哈镇	塔漠村	二站村
山脚	山根儿 san²⁴kɤ³¹²	山根儿 san²⁴kɤ³¹²	山根儿 san²⁴kɤ⁴²³	山脚下 san²⁴tɕiau²¹³ɕia⁰	山根儿 san²⁴kɤ⁴¹²	山脚 san³³tɕiau²¹³	山脚 san²⁴tɕiau²¹³	山脚 ʂan⁴⁴tɕiau²¹³
成串灰尘	陈灰 tʂən²⁴xuei³¹² 灰嘟噜 xuei³¹tu³¹lu³	陈灰 tʂən²⁴xuei³¹²	陈灰 tʂən²⁴xuei⁴¹²	嘟噜灰 tu³¹lu³xuei³¹	灰条子 xuei⁴¹tʰiau²⁴tsɿ³	塔头灰 tʰa²¹tʰou²⁴xuei³³	塔头灰 tʰa²¹tʰou²⁴xuei³³	塔头灰 tʰa²¹tʰou²⁴xuei⁴⁴
土块	土鲁疙瘩 tʰu²¹lu³kaˈ³¹taˈ¹	土鲁疙瘩 tʰu²¹lu³kaˈ³¹taˈ¹ 土坷垃 tʰu²⁴kʰaˈ³¹laˈ¹	土鲁坷头儿 tʰu²¹lu³kaˈ³¹tour¹	土鲁块儿 tʰu²¹luˈkʰuar⁵³	土鲁疙头儿 tʰu²¹lu³kaˈ⁴¹tour³	土坷垃 tʰu²¹kʰaˈ³³laˈ²	土坷垃 tʰu²⁴kʰaˈ³¹laˈ²	土拉坷 tʰu²¹taˈ¹ kʰaˈ⁴⁴
凉水（未烧开的）	凉水 liaŋ²⁴suei²¹³ 生水 səŋ³¹suei²¹³	生水 səŋ³¹suei²¹³ 冷水 ləŋ²⁴suei²¹³	生水 səŋ³²suei²¹³ 冷水 ləŋ²⁴suei²¹³	凉水 liaŋ²⁴suei²¹³ 冷水 ləŋ²⁴suei²¹³	生水 səŋ⁴¹suei²¹³	凉水 liaŋ²⁴suei²¹³	生水 səŋ³¹suei²¹³	凉水 liaŋ²⁴suei²¹³
凉水（烧开的）	凉开水 liaŋ²⁴kʰai³¹suei²¹³	凉开水 liaŋ²⁴kʰai³¹suei²¹³	凉白开 liaŋ²⁴pai²⁴kʰai⁴²³	凉开水 liaŋ²⁴kʰai³³suei²¹³	凉白开 liaŋ²⁴pai²⁴kʰai⁴¹³	凉开水 liaŋ²⁴kʰai³³ suei²¹³	凉开水 liaŋ²⁴kʰa³²suei²¹³	凉白开 liaŋ²⁴pai²⁴kʰai⁴⁴
煮沸的水	翻花水 fan²⁴xua²⁴suei²¹³	开水 kʰai²⁴suei²¹³	沸水 fei⁵³suei²¹³	开水 kʰai³²suei²¹³	开水 kʰai⁴¹suei²¹³	开水 kʰai³³suei²¹³	开水 kʰai³²suei²¹³	开水 kʰai⁴⁴suei²¹³
温水	乌涂水 u³¹tʰu³suei²¹³	温吞水 uen³¹tʰuan³ suei²¹³	乌涂水 u⁴²tʰu³suei²¹³	温涂水 ven³³tʰu²suei²¹³	乌涂水 u⁴¹tʰu²⁴suei²¹³	温水 ven³³suei²¹³	温吞水 ven³¹tʰuan² suei²¹³	温吞水 u⁴⁴tʰuan²suei²¹³

续表

	新站村	古龙村	太和村	头站村	宁年村	拉哈镇	塔溪村	二站村
垃圾	圪扔 kɤ³¹lɔŋ⁰	圪扔 kɤ³¹lɔŋ⁰	圪挠 kɤ⁴²nau⁰	圪囊 kɤ³¹naŋ⁰	圪登 kɤ⁴¹dəŋ³⁵	粪口 fən⁵³tʂʰu⁰	圪能 kɤ³¹nəŋ⁰ / 粪口 fən⁵³tʂʰu⁰	粪口 fən⁵³tʂʰu⁰
城里	街里 kai³¹lɛi²¹³	街里 kai³¹lji²¹³	街里 kai³¹lɛi²¹³	街上 kai³²ʂaŋ⁰	街里 kai⁴¹lɛi²¹³	街里 kai³³lji²¹³	街里 kai³¹lji²¹³	街里 kai⁴⁴lji²¹³
街道	街基 kai³¹tɕi³¹²	大街 ta⁵³kai³¹²	街基 kai³¹tɕi⁴²³	大街 ta⁵³kai³²	街基 kai⁴¹tɕi⁴¹²	大道 ta⁵³tau⁵³	大道 ta⁵³tau⁵³	街道 ta⁵³tau⁵³
农村	屯子 tuən³⁵tsʅ⁰	屯儿 tuər³⁵	屯儿 tuər³⁵	屯子 tuən³⁵tsʅ⁰	屯子 tuən³⁵tsʅ⁰	屯子 tuən³⁵tsʅ⁰	屯子 tuən³⁵tsʅ⁰	屯 tuən³⁵tsʅ⁰
原籍	老地界儿 lau²¹ti⁵³tɕiər⁰	老地界儿 lau²¹ti⁵³tɕiər⁰	老根儿 lau²⁴kɤr³¹²	老根儿 lau²⁴kɤr³¹	老家 lau³⁵tɕia⁴¹²	老家 lau²¹tɕia³³	老根儿 lau²¹kɤr³²	老家 lau²¹tɕia⁴⁴
中间 中央	当间儿 taŋ²⁴tɕiər³¹²	当间儿 taŋ²⁴tɕiər³¹²	当沿儿 taŋ³¹ier²⁴	中间儿 tʂuan²⁴tɕier³¹	当夹儿 taŋ²⁴iar⁴¹²	中间儿 tʂuŋ³³tɕier³¹	当间儿 taŋ²⁴tɕier³¹	中间儿 tʂuŋ⁴⁴tɕier³¹
半途	半截落儿 pan⁵³tɕie²⁴laur⁵³ 半落儿 pan⁵³laur⁵³	半截落儿 pan⁵³tɕie⁰laur⁵³	半截落儿 pan⁵³tɕie²⁴laur⁵³	半半落儿 pan⁵³pan⁰laur⁵³	半当腰 pan⁵²taŋ³⁵iau⁴¹³	半落儿 pan⁵³laur⁵³	半截落儿 pan⁵³tɕie⁰laur⁵³	半落儿 pan⁵³laur⁵³
周围	转圈 tsuan⁵³tɕiar³¹² 一圈 i⁵³tɕiar³¹²	四圈 sʅ⁵¹tɕiar³¹²	转圈儿 tsuan⁵³tɕiar⁴²³ 一圈 i⁵³tɕiar⁴²³	一圈儿 i⁵³tɕiar³³	转圈儿 tsuan⁵²tɕiar⁴¹³	四圈 sʅ⁵³tɕiar³³ 一圈儿 i⁵³tɕiar³³	转圈儿 tsuan⁵³tɕiar³²	一圈儿 i⁵³tɕiar⁴⁴

三　时令、时间

	新站村	古龙村	太和村	头站村	宁年村	拉哈镇	塔溪村	二站村
立春	打春 ta²⁴tʂʰuan³¹²	打春 ta²⁴tʂʰuan³¹²	打春 ta²⁴tʂʰuan⁴²³	打春 ta²¹tʂʰuan³³	打春 ta²⁴tʂʰuan⁴¹²	立春 li⁵³tʂʰuan³³	立春 li⁵³tʂʰuan³²	立春 li⁵³tʂʰuan⁴⁴

续表

	新站村	古龙村	太和村	头站村	宁年村	拉哈镇	塔溪村	二站村
开春的时候	春起 tsʰuan²⁴tɕʰi²¹³ 春头子 tsʰuan³¹tou³⁵tsɹ⁰	春头子 tsʰuan³¹tou²⁴tsɹ²	春头子 tsʰuan⁴²tou²⁴tsɹ¹	开春 kʰai³²tʂʰuan³³	春头子 tsʰuan⁴¹tou²⁴tsɹ²	开春 kʰai³³tʂʰuan³³	开春 kʰai³²tʂʰuan³³	开春 kʰai⁴⁴tʂʰuan⁴⁴
盛夏	大夏天 ta⁵³ɕia⁵³tʰiɛm³¹² 五方六月 u²⁴faŋ³¹²liou⁵³yɛ⁵³	五黄六月 u²¹xuaŋ²⁴liou⁵³yɛ⁵³	五风六月 u²⁴faŋ³¹²liou⁵³yɛ⁵³	大夏天 ta⁵³ɕia⁵³tʰiɛm³²	五黄六月 u²¹xuaŋ²⁴liou⁵²yɛ⁵²	大夏天 ta⁵³ɕia⁵³tʰiɛm³³	大夏天 ta⁵³ɕia⁵³tʰiɛm³² 五黄六月 u²¹xuaŋ²⁴liou⁵³yɛ⁵³	大夏天 ta⁵³ɕia⁵³tʰiɛm⁴⁴
立秋	上秋 ʂaŋ⁵³tɕʰiou³¹²	上秋 ʂaŋ⁵³tɕʰiou³¹	上秋 ʂaŋ⁵³tɕʰiou⁴²³	上秋 ʂaŋ⁵³tɕʰiou³³	上秋 ʂaŋ⁵²tɕʰiou⁴¹²	上秋 ʂaŋ⁵³tɕʰiou³³	上秋 ʂaŋ⁵³tɕʰiou³¹	上秋 ʂaŋ⁵³tɕʰiou⁴⁴
严冬	十冬腊月 ʂʅ²⁴tuŋ³¹la⁵³yɛ⁰	死冷寒天 sʅ²⁴laŋ²¹³xan²⁴tiem³¹²	十冬腊月 ʂʅ²⁴tuŋ⁴²la⁵³yɛ⁰	大冬天 ta⁵³tuŋ²⁴tʰiɛn³¹	十冬腊月 ʂʅ²⁴tuŋ⁴¹la⁵²yɛ⁰	大冬天 ta⁵³tuŋ³³tʰiɛn³³	十冬腊月 ʂʅ²⁴tuŋ³¹la⁵³yɛ⁰	大冬天 ta⁵³tuŋ⁴⁴tʰiɛn⁴⁴
除夕夜	三十儿晚上 san³¹ʂər³⁵uan²¹³ʂaŋ³	三十儿下晚儿 san³¹ʂər³⁵ɕia⁵³van²¹³	三十儿下晚儿 san³¹ʂər³⁵ɕia⁵³van⁴²³	三十儿晚上 san³²ʂər³⁵uan²¹³ʂaŋ³	三十儿下晚儿黑 san³¹ʂər³⁵ɕia⁵³var³⁵xei⁴¹³	三十儿晚上 san³³ʂər³⁵van²¹³ʂaŋ³	三十儿晚上 san³³ʂər³⁵uan2¹³ʂaŋ³	三十儿晚上 san³³ʂər³⁵van²¹³ʂaŋ³
春节	阴历年 in³¹li⁵³niɛn³⁵ 大年儿 ta⁵³niɛr³⁵	大年儿 ta⁵³niɛr³⁵	大年儿 ta⁵³niɛr³⁵	大年儿 ta⁵³niɛr³⁵	大年初一 ta⁵²niɛr³⁵i⁴¹³ 正月初一 tʂəŋ⁴¹yɛ⁵³tʂʰu⁵³i⁴¹³	大年儿 ta⁵³niɛr³⁵	大年儿 ta⁵³niɛr³⁵	过大年儿 kuo⁵³ta⁵³niɛr³⁵

续表

	新站村	古龙村	太和村	头站村	宁年村	拉哈镇	塔溪村	二站村
元宵节	正月十五 tsəŋ^{31}yɛ^{53}ʂɿ^{35}u^{213}	正月十五 tsəŋ^{31}yɛ^{53}ʂɿ^{35}u^{213}	正月十五 tʂəŋ^{42}yɛ^{53}ʂɿ^{35}u^{213}	正月十五 tsəŋ^{32}yɛ^{53}ʂɿ^{35}u^{213} 元宵节 yɛm^{35}ɕiau^{32}tɕiɛ^{35}	正月十五 tsəŋ^{42}yɛ^{52}ʂɿ^{35}u^{213}	正月十五 tʂəŋ^{31}yɛ^{53}ʂɿ^{35}u^{213} 元宵节 yɛn^{35}ɕiau^{33}tɕiɛ^{35}	正月十五 tsəŋ^{33}yɛ^{53}ʂɿ^{35}u^{213}	元宵节 yɛn^{35}ɕiau^{44}tɕiɛ^{35}
二月初二	二月二 ar^{53}yɛ^{53}ar^{53} 龙抬头 luŋ^{24}tʰai^{24}tou^{35}	龙抬头 luŋ^{24}tʰai^{24}tou^{24}	龙抬头 luŋ^{24}tʰai^{24}tou^{24}	龙抬头 luŋ^{24}tʰai^{24}ou^{24}	龙抬头 luŋ^{24}tʰai^{24}tou^{24}	二月二 ar^{53}yɛ^{53}ar^{53}	二月二 ar^{53}yɛ^{53}ar^{53}	二月二 ar^{53}yɛ^{53}ar^{53}
端午节	五月节 u^{21}yɛ^{53}tɕiɛ^{35}	五月节 u^{21}yɛ^{53}tɕiɛ^{35} 五月初五 u^{21}yɛ^{53}tʂʰu^{24}u^{213}	重五节 tʂʰuŋ^{35}u^{21}tɕiɛ^{35}	五月节 u^{21}yɛ^{53}tɕiɛ^{35} 五月初五 u^{21}yɛ^{53}tʂʰu^{24}u^{213}	五月节 u^{21}yɛ^{53}tɕiɛ^{35} 五月初五 u^{21}yɛ^{53}tʂʰu^{24}u^{213}	端午节 tuan^{33}u^{21}tɕiɛ^{35}	五月节 u^{21}yɛ^{53}tɕiɛ^{35} 五月初五 u^{21}yɛ^{53}tʂʰu^{24}u^{213}	五月节 u^{21}yɛ^{53}tɕiɛ^{35} 端午节 tuan^{44}u^{21}tɕiɛ^{35}
中秋节	八月节 pa^{35}yɛ^{53}tɕiɛ^{213}	八月节 pa^{35}yɛ^{53}tɕiɛ^{213} 八月十五 pa^{35}yɛ^{53}ʂɿ^{35}u^{213}	八月十五 pa^{35}yɛ^{53}ʂɿ^{35}u^{213} 团圆节 tʰuɛn^{35}yɛm^{0}tɕiɛ^{213}	八月节 pa^{35}yɛ^{53}tɕiɛ^{213}	圆月 yɛn^{35}yɛ^{52}	八月节 pa^{35}yɛ^{53}tɕiɛ^{213}	八月节 pa^{35}yɛ^{53}tɕiɛ^{213}	八月节 pa^{35}yɛ^{53}tɕiɛ^{35}
去年	头年 lai^{24}nien^0	头年 tou^{24}nien^0	前年 tɕien^{24}nien^0 头年 tou^{24}nien^0	头年 tou^{24}nien^0	头年 tou^{24}nien^0	头年 tou^{24}nien^0	前年 tɕien^{24}nien^0	头年 tou^{24}nien^0
明年	来年 lai^{24}nien^2 过年 kuo^{53}nien^1 转年儿 tsuan^{53}nien^1	来年 lai^{24}nien^2 过年 kuo^{53}nien^1 翻过年 fan^{31}kuo^{53}nien^1	来年 lai^{24}nien^2 过年 kuo^{53}nien^1	来年 lai^{24}nien^2 过年 kuo^{53}nien^1	来年 lai^{24}nien^2 过年 kuo^{53}nien^1	过年 kuɤ^{53}nien^1	来年 lai^{24}nien^2 过年 kuɤ^{53}nien^1	来年 lai^{24}nien^2

续表

	新站村	古龙村	太和村	头站村	宁年村	拉哈镇	塔溪村	二站村
后年	大过年 ta^{53}kuo^{53}nien^1	大过年 ta^{53}kuo^{53}nien^1	大过年 ta^{53}kuo^{53}nien^1	大过年 ta^{53}kuo^{53}nien^1	大过年 ta^{52}kuo^{53}nien^1	后年 xou^{53}nien^1	大过年 ta^{53}kur^{53}nien^1	后年 xou^{53}nien^1
本命年	本份年 pən^{213}fən^{3}nien^{24}	本历年 pən^{213}li^{3}nien^{24}	本份年 pən^{213}fən^{3}nien^{24} 本 义年 pən$^{213\,0}$nien^{24}	本份年 pən^{213}fən^{3}nien^{24}	本份年 pən^{213}fən^{3}nien^{24} 本 历年 pən^{213}li$^{3\,0}$nien^{24}	本份年 pən^{213}fən^{3}nien^{24}	本份年 pən^{213}fən^{3}nien^{24}	本份年 pən^{213}fən^{3}nien^{24}
今天	今儿个 tɕiar^{31}kɤ^3 今儿 tɕiar^{312}	今儿 tɕiar^{31}kɤ^0	今儿个 tɕia^{42}kɤ^3 今儿 tɕiar^{423}	今儿 tɕiar^{31}kɤ^2 今儿 tɕiar^{32}	今儿个 tɕia^{41}kɤ^3 今儿 tɕiar^{413}	今儿个 tɕiar^{33}kɤ^2 今儿 tɕiar^{33}	今儿个 tɕiar^{31}kɤ^2	今儿个 tɕiar^{44}kɤ^2 今儿 tɕiar^{44}
昨天	昨儿个 tsuar^{24}kɤ^3	昨儿个 tsuar^{24}kɤ^3 夜个 ie^{53}kɤ^1	昨儿个 tsuar^{24}kɤ^3	夜个 ie^{53}kɤ^1	昨儿个 tsuar^{24}kɤ^3	昨儿个 tsuar^{24}kɤ^3 夜来 ie^{53}lai^1	昨儿 tsuar^{24}kɤ^3	昨儿个 tsuar^{24}kɤ^3 夜个 ie^{53}kɤ^1
前天	前儿个 tɕʰiar^{24}kɤ^2	前儿个 tɕʰiar^{24}kɤ^2	前儿 tɕʰiar^{24}	前儿 tɕʰiar^{24}	前儿个 tɕʰiar^{24}kɤ^2	前儿个 tɕʰiar^{24}kɤ^2	前儿个 tɕʰiar^{24}kɤ^2	前儿个 tɕʰiar^{24}kɤ^2
大前天	大前儿个 ta^{53}tɕʰiar^{24}kɤ^2	大前儿个 ta^{53}tɕʰiar^{24}kɤ^2	大前儿个 ta^{53}tɕʰiar^{24}kɤ^2	大前儿个 ta^{53}tɕʰiar^{24}kɤ^2	大前儿个 ta^{52}tɕʰiar^{24}kɤ^2	大前儿个 ta^{53}tɕʰiar^{24}kɤ^2	大前儿个 ta^{53}tɕʰiar^{24}kɤ^2	大前儿个 ta^{53}tɕʰiar^{24}kɤ^2
明天	明儿个 miar^{24}kɤ^3 明儿 miar^{24}	明儿个 miar^{24}kɤ^3 明儿 miar^{24}	明儿个 miar^{24}kɤ^3	明儿个 miar^{24}kɤ^3 明儿 miar^{24}	明儿 miar^{24}	明 mia^{24}	明儿个 miar^{24}kɤ^3 明儿 miar^{24}	明儿个 mir^{24}kɤ^2
后天	后儿个 xour^{53}kɤ^1 后儿 xour^{53}	后儿个 xour^{53}kɤ^1	后儿个 xour^{53}kɤ^1	后儿 xour^{53}kɤ^1 后儿 xour^{53}	后儿个 xour^{52}kɤ^1	后儿个 xour^{53}kɤ^1	后儿个 xour^{53}kɤ^1	后儿个 xour^{53}kɤ^1

续表

	新站村	古龙村	天和村	头站村	宁年村	拉哈镇	塔溪村	二站村
大后天	大后儿个 ta⁵³xour⁵³kɤ¹	大后儿个 ta⁵³xour⁵³kɤ¹	大后儿个 ta⁵³xour⁵³kɤ¹	大后儿个 ta⁵³xour⁵³kɤ¹	大后儿个 ta⁵²xour⁵²kɤ¹	大后儿个 ta⁵³xour⁵³kɤ¹	大后儿个 ta⁵³xour⁵³kɤ¹	大后儿个 ta⁵³xour⁵³kɤ¹
天刚亮	发哨儿 fa³¹ʂaur⁵³ 三星对门 san²⁴ɕiŋ³¹tʰuei⁵³mər²⁴	蒙蒙亮 maŋ³¹maŋ²⁴liaŋ⁵³	发哨儿 fa³¹ʂaur⁵³ 蒙蒙亮 maŋ³¹maŋ²⁴liaŋ⁵³	放哨儿 faŋ⁵³ʂaur⁵³ 一五更头 i⁵³u²⁴tɕiŋ⁴⁴tou²⁴	发哨儿 fa⁴¹ʂaur⁵² 放哨儿 faŋ⁵²ʂaur⁵² 三星对门 san²⁴ɕiŋ⁴¹tʰuei⁵²mər³⁵	发哨儿 fa³³ʂaur⁵³	放哨儿 faŋ⁵³ʂaur⁵³ 放白 faŋ⁵³pai³⁵ 三星对门 san²⁴ɕiŋ³²tʰuei⁵³mər³⁵	蒙蒙亮 maŋ⁴⁴maŋ⁴⁴liaŋ⁵³
上午	头午 tʰou²⁴u³ 头晌儿 tʰou²⁴ʂar²¹³	头午 tʰou²⁴u³	头午 tʰou²⁴u³	头午 tʰou²⁴u³	头午 tʰou²⁴u³	头午 tʰou²⁴u³	头午 tʰou²⁴u³	头午 tʰou²⁴u³
中午	晌午 ʂaŋ²¹³u³ 晌午头子 ʂaŋ²¹³u³u0tou²⁴tsʅ⁰	晌午 ʂaŋ²¹³u³	晌平 ʂaŋ²¹³xu³	晌午歪 ʂaŋ²¹³u³uai³³	晌平 ʂaŋ²¹³xu³	晌午 ʂaŋ²¹³u³	晌平 ʂaŋ²¹³xu³	晌午 ʂaŋ²¹³u³
下午	下晌儿 ɕia⁵³ʂar²¹³	下晌儿 ɕia⁵³ʂar²¹³	下晌儿 ɕia⁵³ʂar²¹³	下晌儿 ɕia⁵³ʂar²¹³	下晌儿 ɕia⁵²ʂar²¹³	下晌儿 ɕia⁵³ʂar²¹³	下午 ɕia⁵³u¹	下午 ɕia⁵³ʂar²¹³
傍晚	傍黑天 paŋ⁵³xei³¹tien⁰	天擦黑儿 tʰien²⁴tsa²⁴xar³¹²	傍黑儿 paŋ⁵³xar⁴²³	傍黑儿 paŋ⁵³xar³²	天擦黑儿 tʰiɛn²⁴tsa²⁴xar⁴¹²	傍黑儿 paŋ⁵³xar³³	傍黑儿 paŋ⁵³xar³³	傍黑儿 paŋ⁵³xar⁴⁴
晚上	下晚儿黑 ɕia⁵³uar²⁴xar³¹²	下晚儿 ɕia⁵³uar²¹³ 下晚儿黑 ɕia⁵³uar⁵³xər³¹²	下晚儿 ɕia⁵³uar²¹³	下晚儿 ɕia⁵³uar²¹³	下晚儿 ɕia⁵²uar²¹³	下晚儿 ɕia⁵³uar²¹³ 下黑 ɕia⁵³xər³³	下晚儿 ɕia⁵³uar²¹³	下黑 ɕia⁵³xər³³
(晚间)太晚了	好这晚儿了 xau²¹tʂei⁵³uar²¹³lɤ³	好这晚儿了 xau²¹tʂei⁵³uar²¹³lɤ³	好这晚儿了 xau²¹tʂei⁵³uar²¹³lɤ³	好钟晚儿了 xau²¹tʂuŋ³²uar²¹³lɤ³	好这晚儿了 xau²¹tʂei⁵²uar²¹³lɤ³	这时晚儿 tʂei⁵³ʂʅ⁰uar²¹³	夜黑 iɛ⁵³xei³² 好这晚儿了 xau²¹tʂei⁵³uar²¹³lɤ³	这前儿了 tʰei⁵³tɕʰiɛr²⁴lɤ³

续表

	新站村	古龙村	太和村	头站村	宁年村	拉哈镇	塔溪村	二站村
本来、一开始	自丁 tsɿ⁵³liau²¹³ 在早 tsai⁵³tsau²¹³	自溜儿 tsɿ⁵³liour³¹² 起根发丁 tɕi²⁴kɤr²¹fa³¹liau²¹³	起先 tɕi²¹ɕien⁴²³ 起根发脚 tɕi²⁴kɤr²¹fa³¹tɕiau²¹³	在早 tsai⁵³tʂau²¹³	打地丁 ta²¹ti⁵³liau²¹³ 自丁 tsɿ⁵²liau²¹³	在早 tsai⁵³tsau²¹³	口先 ien²⁴ɕien³¹	原先 yen³⁵ɕien⁴⁴
现在	骤乎 tʂou⁵³xu¹ 眼时 ien²¹³ʂɿ³	眼时 ien²¹³ʂɿ³	骤乎 tʂou⁵³xu¹	眼前 ien²¹³tɕʰien³	眼时 ien²¹³ʂɿ³	眼时 ien²¹³ʂɿ³	眼前 ien²¹³tɕʰien³	眼前 ien²¹³tɕʰien³
当时	就地儿 tɕiou⁵³diar⁵³	就地儿 tɕiou⁵³diar⁵³	坐地儿 tsuo⁵³diar⁵³	就窝儿 tɕiou⁵³uor³³	坐地儿 tsuo⁵²diar⁵³	就地儿 tɕiou⁵³diar⁵³	坐地儿 tsuy⁵³diar⁵³	就地儿 tɕiou⁵³diar⁵³
刚才	头刚 tʰou³⁵kaŋ³¹² 才刚 tsai³⁵kaŋ³¹²	才刚 tʂai³⁵kaŋ³¹²	敢才 kan²¹tsai³⁵ 才刚 tsai³⁵kaŋ³¹²	口刚 tʰuo⁴⁴kaŋ³¹	才刚 tsai²⁴kaŋ³¹²	才刚 tsai³⁵kaŋ³³	口头 kan³¹tʰou³⁵ 才刚 tsai³⁵kaŋ³¹²	才刚 tsai³⁵kaŋ⁴⁴
有时候	晃常 xuan²¹tʂaŋ³⁵	换常 xuan⁵³tʂaŋ³⁵	晃常 xuan²¹tʂaŋ³⁵	隔长不短 kɤ³⁵tʂaŋ³⁵pu⁵³tuan²¹³	晃常 xuan³¹tʂaŋ³⁵	换常 xuan⁵³tʂaŋ³⁵	晃常 xuan²¹tʂaŋ³⁵	换常 xuan⁵³tʂaŋ³⁵
忽然	抽冷子 tʂʰou²⁴laŋ²¹³tsɿ³	抽不冷冷子 tʂʰou²⁴puˀ³laŋ²¹³tsɿ³	抽冷子 tʂʰou²⁴laŋ²¹³tsɿ³	抽冷子 tʂou²⁴laŋ²¹³tsɿ³	抽冷子 tʂou²⁴laŋ²¹³tsɿ³	冷不丁 laŋ²¹puˀ¹tiŋ³³	冷不丁 laŋ²⁴tʰiŋ³¹²	冷不丁 laŋ²¹puˀ¹tiŋ³³
连续地	一顿把 iˀ³⁵tuan⁵³pa²¹³	一连气儿 iˀ⁵³lien³⁵tɕʰiar⁵³	一顿把 iˀ³⁵tuan⁵³pa²¹³	一连气儿 iˀ⁵³lien³⁵tɕʰiar⁵³	一顿把 iˀ³⁵tuan⁵³pa²¹³ 一连气儿 iˀ⁵³lien³⁵tɕʰiar⁵³	一连气儿 iˀ⁵³lien³⁵tɕʰiar⁵³	一连气儿 iˀ⁵³lien³⁵tɕʰiar⁵³ 溜气儿 iˀ⁵³liou³⁵tɕʰiar⁵³	一连气儿 iˀ⁵³lien³⁵tɕʰiar⁵³
这个时候	这当上 tsei⁵³taŋ⁵³ɡaŋ¹	这当上 tsei⁵³taŋ⁵³ɡaŋ¹	这儿时候 tsei⁵³ʂɿ³⁵xou³	这儿时候 tsei⁵³ʂɿ³⁵xou³	这当儿 tsei⁵³taŋ³⁵	这前儿 tsei⁵³tɕʰier³⁵	这个时候 tsei⁵³kɤ³⁵ʂɿ³⁵xou³	这前儿 tsei⁵³tɕʰier³⁵

续表

	新站村	古龙村	太和村	头站村	宁年村	拉哈镇	塔溪村	二站村
这段时间	这程子 tsei⁵³tʂʰaŋ³⁵tʂ̩⁰	这程子 tsei⁵³tʂʰaŋ³⁵tʂ̩⁰	这程子 tsei⁵³tʂʰaŋ³⁵tʂ̩⁰	这阵子 tsei⁵³tʂən⁵³tʂ̩⁰	这程子 tsei⁵²tʂʰaŋ³⁵tʂ̩⁰	这程子 tsei⁵³tʂʰaŋ³⁵tʂ̩⁰	这阵儿 tsei⁵³tʂər⁵³	这阵子 tsei⁵³tʂən⁵³tʂ̩⁰
什么时候	多暂 tuo²⁴tsan³　啥前儿 ʂa²⁴tɕʰiar²⁴	多暂 tuo²⁴tsan³	多暂 tuo²⁴tsan³	啥前 ʂa²⁴tɕʰiar²⁴	啥前 ʂa²⁴tɕʰiar²⁴	啥前 ʂa²⁴tɕʰiar²⁴	多暂 tur²⁴tsan³　啥前儿 ʂa²⁴tɕʰiar²⁴	啥前儿 ʂa²⁴tɕʰiar²⁴
那个时候	那暂 nei⁵³tsan¹	那暂 nei⁵³tsan¹	那暂 nei⁵³tsan¹	那前儿 nei⁵³tɕʰiar³⁵	那阵 nei⁵²tʂər¹	那前儿 nei⁵³tɕʰiar²⁴	那时候 nei⁵³ʂ̩³⁵xou³　那暂 nei⁵³tsan¹	那前儿 nei⁵³tɕʰiar³⁵
最后	末后了儿 mʅ⁵³xou⁵³liaur²¹³	临了儿 lin³⁵liaur²¹³　临末了儿 lin³⁵mʅ⁵³liaur²¹³	临了儿 lin³⁵liaur²¹³	后尾儿 xou⁵³iar²¹³	归期末了 kuei³⁵tɕʰi⁴¹³mʅ⁵²liaur³⁵	后尾儿 xou⁵³iar²¹³	临儿 lin³⁵liaur²¹³	最后尾儿 tsuei⁵³lin³⁵liaur²¹³

四　植物

	新站村	古龙村	太和村	头站村	宁年村	拉哈镇	塔溪村	二站村
小麦	麦子 mai⁵³tʂ̩¹	麦子 mai⁵³tʂ̩¹	麦子 mai⁵³tʂ̩¹	麦子 mai⁵³tʂ̩¹	麦子 mai⁵²tʂ̩¹	麦子 mai⁵³tʂ̩¹	麦子 mai⁵³tʂ̩¹	麦子 mai⁵³tʂ̩¹
玉米	苞米 pau²⁴mi²¹³　苞勞米 pau³¹lau⁵³mi²¹³	苞米 pau²⁴mi²¹³	苞米棒子 pau²⁴mi²¹³paŋ⁵³tʂ̩¹	苞米 pau²⁴mi²¹³	棒子 paŋ⁵²tʂ̩⁰	苞米 pau³³mi²¹³	苞米 pau²⁴mi²¹³	苞米 pau⁴⁴mi²¹³
大豆	黄豆 xuaŋ³⁵tou⁵³	黄豆 xuaŋ³⁵tou⁵³	黄豆 xuaŋ³⁵tou⁵³	黄豆 xuaŋ³⁵tou⁵³	黄豆 xuaŋ³⁵tou⁵³	黄豆 xuaŋ³⁵tou⁵³	黄豆 xuaŋ³⁵tou⁵³	黄豆 xuaŋ³⁵tou⁵³
甜菜	甜疙瘩 tʰien²⁴ka³¹ta³	甜疙瘩 tʰien²⁴ka³¹ta³	甜疙瘩 tʰien²⁴ka³¹tʂ³	甜疙瘩 tʰien²⁴ka³¹ta¹	甜疙瘩蛋 tʰien²⁴ka⁴¹tʂʰtar⁵³	甜疙瘩 tʰien²⁴ka³³ta²	甜疙瘩 tʰien³⁵ka³¹tʂ³	甜疙瘩塔 tʰien³⁵ka⁴⁴ta²

续表

	新站村	古龙村	大和村	头站村	宁年村	拉哈镇	塔溪村	二站村
葵花子	毛嗑儿 Mau²⁴kʰɤʅ⁵³	毛嗑儿 Mau²⁴kʰɤʅ⁵³ 瓜子儿 kua²⁴tsiɔr²¹³	毛子嗑儿 Mau²⁴tsʅ²¹³kʰɤʅ⁵³	毛嗑儿 Mau²⁴kʰɤʅ⁵³ 瓜子儿 kua²⁴tsiɔr²¹³	毛嗑儿 Mau²⁴kʰɤʅ⁵² 瓜子儿 kua²⁴tsiɔr²¹³	瓜子儿 kua²⁴tsiɔr²¹³	毛子嗑儿 Mau²⁴tsʅ²¹³kʰɤʅ⁵³	毛嗑儿 mau³⁵kʰɤʅ⁵³ 瓜子儿 kua²⁴tsiɔr²¹³
向日葵	毛嗑儿 Mau²⁴kʰɤʅ⁵³ 毛子嗑儿 Mau²⁴tsʅ²¹³kʰɤʅ⁵³	转脐莲 tsuan⁵³tɕi²⁴lien³⁵	转日莲 tsuan⁵³ʐʅ⁵³lien²⁴	转心莲 tsuan⁵³ɕin³³lien²⁴	毛嗑儿 mau³⁵kʰɤʅ⁵² 向日葵 ɕiaŋ⁵²ʐʅ⁵²kʰuei²⁴	转日莲 tsuan⁵³ʐʅ⁵³lien²⁴ 向日葵 ɕiaŋ⁵³ʐʅ⁵³kʰuei²⁴	转日莲 tsuan⁵³ʐʅ⁵³lien²⁴ 转籽莲 tsuan⁵³tsʅ²⁴lien²⁴	转日莲 tsuan⁵³ʐʅ⁵³lien²⁴ 向日葵 ɕiaŋ⁵³ʐʅ⁵³kʰuei²⁴
红薯	地瓜 ti⁵³kua³¹²	地瓜 ti⁵³kua³¹²	地瓜 ti⁵³kua⁴²³	地瓜 ti⁵³kua³²	地瓜 ti⁵²kua⁴¹³²	地瓜 ti⁵³kua³³	地瓜 ti⁵³kua³³	地瓜 ti⁵³kua⁴⁴
马铃薯	土豆 tu²¹tour⁵³	土豆儿 tu²¹tour⁵³	土豆儿 tu²¹tour⁵³	土豆儿 tu²¹tour⁵³	土豆儿 tu²¹tour⁵²	土豆儿 tu²¹tour⁵³	土豆儿 tu²¹tour⁵³	土豆儿 tu²¹tour⁵³
洋白菜	大头菜 ta⁵³tou²⁴tsai⁵³	大头菜 ta⁵³tou⁰tsai⁵³	大头菜 ta⁵³tou²⁴tsai⁵³	大头菜 ta⁵³tou²⁴tsai⁵³	大头菜 ta⁵²tou²⁴tsai⁵² 疙瘩白 ka⁴¹ta⁰pai³⁵	疙瘩白 ka³³tʅ⁰pai³⁵	大头菜 ta⁵³tou²⁴tsai⁵³	大头菜 ta⁵³tou²⁴tsai⁵³
胡萝卜	胡萝卜 xu²⁴luo²⁴pʅ³	胡萝贝 xu²⁴luo²⁴pei⁵³	胡萝贝 xu²⁴luo²⁴pei⁵³	胡萝卜 xu²⁴luo²⁴pʅ³	胡萝贝 xu²⁴luo²⁴pei⁵²	胡萝卜 xu²⁴lus²⁴pʅ³	胡萝卜 xu²⁴lus²⁴pʅ³	胡萝卜 xu²⁴luo²⁴pʅ³
香菜	香菜 ɕiaŋ³¹tsai⁵³	香菜 ɕiaŋ³¹tsai⁵³	香菜 ɕiaŋ⁴²tsai⁵³	香菜 ɕiaŋ³³tsai⁵³	香菜 ɕiaŋ⁴¹tsai⁵³	香菜 ɕiaŋ³³tsai⁵³	芫荽 ien³⁵suei⁰	香菜 ɕiaŋ⁴⁴tsai⁵³
甜瓜	香瓜子 ɕiaŋ³¹kua³¹²tsʅ³	香瓜儿 ɕiaŋ³¹kuar³¹²	香瓜儿 ɕiaŋ⁴²kuar³¹²	香瓜儿 ɕiaŋ³²kuar³³	香瓜儿 ɕiaŋ⁴¹kuar⁴¹²	香瓜儿 ɕiaŋ³³kuar³³	香瓜儿 ɕiaŋ³²kuar³³	香瓜儿 ɕiaŋ⁴⁴kua⁴⁴
山楂	酸楂 suan²¹tsa³¹²	酸楂 suan²¹tsa³¹²	酸楂 suan³¹tsa⁴¹²	酸楂 suan²¹tsa⁵³	大酸楂 ta⁵³suan⁴¹tsa⁴¹²	酸楂 suan³³tsa³³	酸楂 suan²¹tsa¹²	酸楂 suan⁴⁴tsa⁴⁴

续表

	新站村	古龙村	太和村	头站村	宁年村	拉哈镇	塔溪村	二站村
山荆子	鄂梨子 ŋ^{53}lei^{24}tsʅ^3	糖梨子 tʰaŋ^{24}lei^{24}tsʅ^3	糖梨子 tʰaŋ^{24}lei^{24}tsʅ^3	糖梨子 tʰaŋ^{32}li^{24}tsʅ^3 山丁子 şan^{32}tiŋ^{33}tsʅ^2	山丁子 şan^{35}tiŋ^{413}tsʅ^3	山丁子 şan^{33}tiŋ^{33}tsʅ^2	山丁子 şan^{32}tiŋ^{33}tsʅ^2	山丁子 şan^{44}tiŋ^{44}tsʅ^2
牵牛花	打碗花 ta^{35}uan^{24}xua^{312} 喇叭花儿 la^{24}pa^{3}ʔxuar^{312}	喇叭筒花儿 la^{24}pa^{3}tʰuŋ^{24}xua^{312}	喇叭花儿 la^{24}pa^{3}ʔxuar^{423}	喇叭花儿 la^{22}pa^{2}xuar^{32} 打碗花 ta^{35}uan^{24}xua^{33}	喇叭筒花儿 la^{21}pa^{2}tʰuŋ^{24}xua^{412}	喇叭花儿 la^{21}pa^{2}xuar^{33}	喇叭花儿 la^{21}pa^{2}xuar^{32}	喇叭花儿 la^{21}pa^{2}ʔxuar^{44}
苍耳	老厂子 lau^{24}tɕiaŋ^{213}tsʅ^3	老抢子 lau^{24}tɕiaŋ^{213}tsʅ^3	老抢子 lau^{24}tɕiaŋ^{213}tsʅ^3	抢子 tɕiaŋ^{213}tsʅ^3	老抢子 lau^{24}tɕiaŋ^{213}tsʅ^3	老抢子 lau^{24}tɕiaŋ^{213}tsʅ^3	赖毛子 la^{53}mau^{24}tsʅ^3	老抢子 Lau^{24}tɕiaŋ^{213}tsʅ^3
木贼	节节草 tɕie^{24}tɕie^{3}tsau^{213}	竹节儿草 tsu^{24}tɕier^{24}tsau^{213}	竹节儿草 tsu^{24}tɕier^{24}tsau^{213}	竹节儿草 tsu^{24}tɕier^{24}tsau^{213}	节骨草 tɕie^{31}ku^0 tsau^{213}	竹节儿草 tsu^{24}tɕier^{24}tsau^{213}	节骨草 tɕie^{31}ku^0 tsau^{213}	节骨草 tɕie^{24}ku^0 tsau^{213}
蒲公英	婆婆丁 pʰə^{24}pʰə^{3}tiŋ^{312}	婆婆丁 pʰə^{24}pʰə^{3}tiŋ^{312}	婆婆丁 pʰə^{24}pʰə^{3}tiŋ^{423}	婆婆丁 pʰə^{24}pʰə^{3}tiŋ^{32}	婆婆丁 pʰə^{24}pʰə^{3}tiŋ^{412}	婆婆丁 pʰə^{24}pʰə^{3}tiŋ^{33}	婆婆丁 pʰə^{24}pʰə^{3}tiŋ^{31}	婆婆丁 pʰə^{24}pʰə^{3}tiŋ^{44}
车前草	车轱辘菜 tsʰə^{31}ku^{24}lu^{3}tsai^{53}	车轱辘菜 tsʰə^{31}ku^{24}lu^{3}tsai^{53}	车轱辘菜 tsʰə^{42}ku^{24}lu^{3}tsai^{53}	车轱辘菜 tsʰə^{33}ku^{24}lu^{3}tsai^{53}	车轱辘菜 tsʰə^{41}ku^{24}lu^{3}tsai^{52} 车前子 tsʰə^{41}tɕʰien^{24}tsʅ^{213}	车前子 şʰə^{31}tɕʰien^{24}tsʅ^{213}	车前子 tsʰə^{24}tɕʰien^{24}tsʅ^{213}	车前子 tşʰə^{44}tɕʰien^{24}tsʅ^{213}

五　动物

	新站村	古龙村	太和村	头站村	宁年村	拉哈镇	塔溪村	二站村
牲畜	牲口 səŋ^{31}kʰou^3	牲口 səŋ^{31}kʰou^3	牲口 şəŋ^{31}kʰou^3	牲口 səŋ^{33}kʰou^3	牲口 şəŋ^{41}kʰou^3	牲口 şəŋ^{33}kʰou^2	牲畜 səŋ^{31}tşʰu^{53}	牲口 şəŋ^{44}kʰou^2
母马	骒马 kʰɤ^{53}ma^{213}	骒马 kʰɤ^{53}ma^{213}	骒马 kʰɤ^{53}ma^{213}	骒马 kʰɤ^{53}ma^{213}	骒马 kʰɤ^{53}ma^{213}	骒马 kʰɤ^{53}ma^{213}	骒马 kʰɤ^{53}ma^{213}	骒马 kʰɤ^{53}ma^{213}

	新站村	古龙村	大和村	头站村	宁年村	拉哈镇	塔溪村	二站村
公马	儿马 er²⁴ma²¹³ 儿马子 er²⁴ma²¹³tʂ̩³	儿马蛋子 er²⁴ma²¹³tan⁵³tʂ̩¹	儿马子 er²⁴ma²¹³tʂ̩³	儿马子 er²⁴ma²¹³tʂ̩³	儿马 er²⁴ma²¹³	儿马子 er²⁴ma²¹³tʂ̩³	儿马 er²⁴ma²¹³	儿马 er²⁴ma²¹³
母牛	乳牛 ʐu²¹niou²⁴	乌牛 u²¹niou²⁴	母牛 mu²¹niou²⁴	母牛 mu²¹niou²⁴	母牛 mu²¹niou³⁵ 出奶牛 tʂʰu³⁵nai²¹niou³⁵	乳牛 lu²¹niou²⁴	母牛 mu²¹niou²⁴ 乳牛 lu²¹niou²	母牛 mu²¹niou²⁴
公牛	牤子 maŋ³¹tʂ̩³ 牤蛋子 maŋ³¹tan⁵³tʂ̩¹	牤子 maŋ³¹tʂ̩³ 牤牛 maŋ³¹niou²⁴	牤子 maŋ⁴²tʂ̩³ 牤牛 maŋ⁴²niou²⁴	牤子 maŋ³³tʂ̩² 犍牛 tɕian⁵³niou²⁴	牤牛 maŋ⁴¹niou³⁵	牤子 maŋ³³tʂ̩² 牤牛 maŋ³³niou²⁴	牤子 maŋ³²tʂ̩²	牤牛 maŋ⁴⁴niou³⁵
小牛	牛犊子 niou²⁴tu²⁴tʂ̩³ 布犊子 pu⁵³luo²¹³tʂ̩³	小牛犊 ɕiau²¹niou²⁴tu²⁴ 布犊子 pu⁵³luo²¹³tʂ̩³	牛犊子 niou²⁴tu²⁴tʂ̩³ 布犊子 pu⁵³luo²¹³tʂ̩³	小牛犊 ɕiau²¹niou²⁴tu²⁴	牛崽子 niou²⁴tsai²¹³tʂ̩³	牛犊子 niou²⁴tu²⁴tʂ̩³	牛犊子 niou²⁴tu²⁴tʂ̩³	小牛犊 ɕiau²¹niou²⁴tu²⁴
公驴	叫驴 tɕiau⁵³luei²⁴	叫驴 tɕiau⁵³luei²⁴	叫驴 tɕiau⁵³luei²⁴	叫驴 tɕiau⁵³lyi²⁴	叫驴 tɕiau⁵²luei²⁴	叫驴 tɕiau⁵³ly²⁴	叫驴 tɕiau⁵³ly²⁴	叫驴 tɕiau⁵³ly²⁴
母驴	骒驴 kʰɤ⁵³luei²⁴	草驴 tsau²¹luei²⁴	骒驴 kʰɤ⁵³luei²⁴	骒驴 kʰɤ⁵³ly²⁴	骒驴 kʰɤ⁵²luei³⁵	母驴 mu²¹ly²⁴	母驴 mu²¹ly²⁴	母驴 mu²¹ly²⁴
公羊	牤羊 maŋ³¹iaŋ²⁴	耙羊 pʰa²¹iaŋ²⁴	耙子 pʰa²¹³tʂ̩³	耙子 pʰa²¹³tʂ̩³	牤羊 maŋ⁴¹iaŋ²⁴ 爬子 pʰa²⁴tʂ̩³	公羊 kuŋ³³iaŋ²⁴	公羊 kuŋ³²iaŋ²⁴	公羊 kuŋ⁴⁴iaŋ²⁴
母羊	母子 mu²¹tʂ̩³	母羊 mu²¹iaŋ²⁴	母羊 mu²¹iaŋ²⁴	母羊 mu²¹iaŋ²⁴	母羊 mu²¹iaŋ²⁴	母羊 mu²¹iaŋ²⁴	母羊 mu²¹iaŋ²⁴	母羊 mu²¹iaŋ²⁴
小羊	羊羔子 iaŋ²⁴kau³¹tʂ̩³ 羊崽子 iaŋ²⁴tsai²¹tʂ̩³	羊羔子 iaŋ²⁴kau³¹tʂ̩³	羊羔 iaŋ²⁴kau⁴²	羊羔子 iaŋ²⁴kau³¹tʂ̩²	羊崽子 iaŋ³⁵kau⁴¹tʂ̩³	羊羔子 iaŋ²⁴kau³³tʂ̩²	羊羔 iaŋ²⁴kau³³	羊羔 iaŋ²⁴kau⁴⁴tʂ̩²

续表

	新站村	古龙村	大和村	头站村	宁年村	拉哈镇	塔溪村	二站村
骟过的猪	亮郎 $k^hɤ^{24}laŋ^{24}$	亮郎 $k^hɤ^{24}laŋ^{24}$	亮郎子 $k^hɤ^{24}laŋ^{24}tʂʅ^3$	亮郎子 $k^hɤ^{35}laŋ^{24}tʂʅ^3$	壳娄 $k^hɤ^{35}lou0$	骟猪 $ʂan^{53}tʂu^{33}$	骟猪 $san^{53}tʂu^{33}$	骟猪 $ʂan^{53}tʂu^{44}$
种猪	跑卵子 $p^hau^{24}lan^{213}tʂʅ^3$ 忙猪子 $maŋ^{21}tʂu^{31}tʂʅ^3$	跑卵子 $p^hau^{24}lan^{213}tʂʅ^3$	跑卵子 $p^hau^{24}lan^{213}tʂʅ^3$	跑卵 $p^hau^{24}lan^{44}tʂʅ0$	跑卵 $p^hau^{24}lan^{213}tʂʅ0$	骚猪 $sau^{33}tʂu^{33}$	骚猪子 $sau^{33}tʂu^{33}tʂʅ2$	骚猪 $sau^{44}tʂu^{44}$
公狗	牙狗 $ia^{24}kou^{213}$	牙狗 $ia^{24}kou^{213}$	牙狗 $ia^{24}kou^{213}$	牙狗 $ia^{24}kou^{213}$	牙狗 $ia^{24}kou^{214}$	牙狗 $ia^{24}kou^{213}$	丫狗 $ia^{33}kou^{213}$	牙狗 $ia^{24}kou^{213}$
狼	张三儿 $tʂaŋ^{34}sar^{31}$	张三儿 $tʂaŋ^{33}sar^{31}$	张三儿 $tʂaŋ^{33}sar^{31}$	张三儿 $tʂaŋ^{24}sar^{31}$	张三儿 $tʂaŋ^{24}sar^{413}$	狼 $laŋ^{24}$	张三儿 $tʂaŋ^{33}sar^{31}$	狼 $laŋ^{24}$
熊	黑瞎子 $xei^{24}ɕia^{33}tʂʅ2$	熊瞎子 $ɕiuŋ^{24}ɕia^{33}tʂʅ2$	黑小子 $xei^{24}ɕia^{213}tʂʅ2$	黑瞎子 $xei^{33}ɕia^{33}tʂʅ2$	黑瞎子 $xei^{41}ɕia^{24}tʂʅ3$	熊瞎子 $ɕiuŋ^{24}ɕia^{33}tʂʅ3$	黑瞎子 $xei^{24}ɕia^{31}tʂʅ3$	熊瞎子 $ɕiuŋ^{24}ɕia^{44}tʂʅ3$
蜻蜓	蚂楞子 $ma^{53}laŋ1$	蚂楞子 $ma^{53}laŋ1$	蚂楞子 $ma^{53}laŋ1$	蚂楞子 $ma^{53}laŋ1$	蚂蠦 $ma^{52}laŋ1$	蚂楞 $ma^{53}laŋ1$	蜻蜓 $tɕ^hiŋ^{31}tiŋ^{24}$	蚂楞 $ma^{53}laŋ1$
兔子	跳儿 $tiaur^{53}$	跳儿 $tiaur^{53}$	跳儿 $tiaur^{53}$	跳儿 $tiaur^{53}$	跳儿 $tiaur^{52}$	家跳儿 $tɕia^{33}tiaur^{53}$	跳儿 $tiaur^{53}$	跳猫 $tiau^{53}mau^{44}$
黄鼠狼	黄屎狼子 $xuaŋ^{24}ʂʅ^{21}laŋ^{24}tʂʅ^3$ 黄皮子 $xuaŋ^{24}p^hi^{24}tʂʅ^3$	黄水狼子 $xuaŋ^{24}ʂuei^{21}laŋ^{24}tʂʅ^3$	黄皮子 $xuaŋ^{24}p^hi^{24}tʂʅ^3$	黄皮子 $xuaŋ^{24}p^hi^{24}tʂʅ^3$	黄皮子 $xuaŋ^{24}p^hi^{24}tʂʅ^3$	黄仙儿 $xuaŋ^{24}ɕiar^{33}$	黄皮子 $xuaŋ^{24}p^hi^{24}tʂʅ^3$	黄皮子 $xuaŋ^{24}p^hi^{24}tʂʅ^3$
麻雀	老甲 $lau^{24}tɕia^{213}$ 家雀 $tɕia^{24}tɕ^hiaur^{213}$ 家贼 $tɕia^{31}tsei^{24}$	老甲 $lau^{24}tɕia^{213}$ 家雀 $tɕia^{24}tɕ^hiaur^{213}$	老甲 $lau^{24}tɕia^{213}$ 家雀 $tɕia^{24}tɕ^hiaur^{213}$	老家 $lau^{24}tɕia^{33}$ 家雀 $tɕia^{24}tɕ^hiaur^{213}$	老甲子 $lau^{35}tɕia^{213}tʂʅ^3$	家贼 $tɕia^{33}tsei^{24}$ 家雀 $tɕia^{33}tɕ^hiaur^{213}$	老家子 $lau^{21}tɕia^{33}tʂʅ^3$	家贼 $tɕia^{44}tsei^{35}$
蛾子	扑拉蛾子 $p^hu^{31}la^3ɤ^{24}tʂʅ^3$	扑火蛾子 $p^hu^{31}xuo^{213}ɤ^{24}tʂʅ^3$	扑拉蛾子 $p^hu^{31}la^3ɤ^{24}tʂʅ^3$	不拉蛾子 $pu^{31}la^3ɤ^{24}tʂʅ^3$	扑拉蛾子 $p^hu^{41}la^3ɤ^{24}tʂʅ^3$	扑拉蛾子 $p^hu^{33}la^3ɤ^{24}tʂʅ^3$	扑拉蛾子 $p^hu^{24}la^3ɤ^{24}tʂʅ^3$	扑拉蛾子 $p^hu^{44}la^3ɤ^{235}tʂʅ^3$

续表

	新站村	古龙村	大和村	头站村	宁年村	拉哈镇	塔溪村	二站村
蜘蛛	勒勒珠儿 lɤ²¹lɤ³tʂu³¹²	勒勒珠儿 lɤ²¹lɤ³tʂu³¹²	螺螺珠儿 luo²⁴luo³tʂu⁴²³	蛛蛛 tʂu³³tʂu²	勒勒珠儿 lɤ²¹lɤ³tʂu⁴¹²	螺螺蛛儿 luu²⁴luu³tʂu³¹	勒勒珠儿 lɤ²¹lɤ³tʂu³¹	螺螺珠儿 luo²¹luo²tʂu⁴⁴
鼹鼠	大眼贼 ta⁵³ian²¹tsɤr²⁴ 豆鼠子 tou⁵³ʂu²¹³tʂɿ³ 粪杵子 fən⁵³tʂʰu²¹³tʂɿ³	大眼贼 ta⁵³ian²¹tsɤr²⁴ 豆杵子 tou⁵³tʂʰu²¹³tʂɿ³	大眼贼 ta⁵³ian²¹tsɤr²⁴	豆杵子 tou⁵³tʂʰu²¹³tʂɿ³	大眼贼 ta⁵²ian²¹tsɤr²⁴ 豆杵子 tou⁵³tʂʰu²¹³tʂɿ³	大眼贼 ta⁵³ian²¹tsɤr²⁴	豆杵子 tou⁵³tʂʰu²¹³tʂɿ³ 笨杵子 pən⁵³tʂʰu²¹³tʂɿ³	粪杵子 fən⁵³tʂʰu²¹³tʂɿ³
乌鸦	老鸹 lau²¹kua³	老鸹 lau²¹kua³	老鸹 lau²¹kua³	黑老鸹 xei³³lau²¹kua¹	劳固 lau²⁴ku³	老鸹 lau²¹kua¹	黑老鸹 xei³³lau²¹kua² 老公 lau²¹kuŋ²	老鸹 lau²¹kua¹
蝙蝠	燕别蝠 ien⁵³piɛ²⁴ fu³	燕别虎 ien⁵³piɛ²⁴xu³	燕么虎儿 ien⁵³mɤ¹xur²¹³	列蝠 piɛ²⁴fu³	燕别蝠 ien⁵²piɛ²⁴fu³ 别蝠 piɛ²⁴fu³	别蝠 piɛ²⁴fu³	别蝠 piɛ²⁴fu³	别蝠 piɛ²⁴fu³
啄木鸟	鸽叨木 tɤʰⁱien³¹tau³¹mu⁵³	鹰叨木 iŋ²⁴au³¹mu⁵³	鹰叨木 iŋ²⁴au³¹mu⁵³	啄木官子 tʂuo²⁴mu⁵³kuan³¹tʂɿ³	啄木官子 tʂuo²⁴mu⁵²kuan³¹tʂɿ³	叨叨木官子 tau³⁵mu⁵³kuan³³tʂɿ³	啄木官子 tʂuo²⁴mu⁵³kuan³²tʂɿ³	啄木鸟 tʂuo²⁴mu⁵³niau²¹³
蜣螂	屎壳郎 ʂʐ̩²¹kʰɤ¹laŋ²⁴	屎壳郎 ʂʐ̩²¹kʰɤ¹laŋ²⁴	屎壳郎子 ʂʐ̩²¹kʰɤ¹laŋ²⁴tʂɿ³	屎壳郎 ʂʐ̩²¹kʰɤ¹laŋ²⁴	屎壳郎 ʂʐ̩²¹kʰɤ¹laŋ²⁴	屎壳郎 ʂʐ̩²¹kʰɤ¹laŋ²⁴	屎壳郎 ʂʐ̩²¹kʰɤ¹laŋ²⁴	屎壳郎 ʂʐ̩²¹kʰɤ¹laŋ²⁴
蝼蛄	拉拉蛄 la⁵³la¹ku²¹³	地狗子 ti⁵³kou²¹³tʂɿ³ 地夹子 ti⁵³tɕia³¹²tʂɿ³	地狗子 ti⁵³kou²¹³tʂɿ³	拉拉蛄 la⁵³la¹ku²¹³	地狗子 ti⁵²kou²¹³tʂɿ³	拉拉蛄 la²⁴la³ku²¹³	拉拉蛄 la⁵³la¹ku²¹³	拉拉蛄 la³⁵la³ku²¹³
蝌蚪	拉蛤蟆胡洞子 la³¹xa²⁴mɤ³·xa²⁴tuŋ⁵tʂɿ¹	蛤蟆胡洞子 xa²⁴mɤ³xu²⁴tuŋ⁵³tʂɿ¹	蛤蟆骨 xa²⁴mɤ³ku⁴²³	蛤蟆胡洞子 xa²⁴mɤ³xu²⁴tuŋ⁵³tʂɿ¹	蛤蟆骨 xa²⁴mɤ³ku⁴¹²	蛤蟆骨都 xa²⁴mɤ³ku³¹tu²	蛤蟆骨洞 xa²⁴mɤ³ku³¹tun⁵³	蛤蟆骨朵 xa²⁴mɤ³ku⁴⁴tuo²

六　房屋、器具

	新站村	古龙村	太和村	头站村	宁年村	拉哈镇	塔溪村	二站村
正房	上屋 saŋ⁵³u³¹²	上屋 saŋ⁵³u³¹²	上屋 saŋ⁵³u⁴²³	正房 tʂəŋ⁵³faŋ²⁴	上屋 ɕaŋ⁵²u⁴¹²	上屋 saŋ⁵³u³³	上屋 saŋ⁵³u³²	正房 tʂəŋ⁵³u⁴⁴
仓房	哈什屋 xa²¹³ʂʅ³u³¹²	哈什屋 xa²¹³ʂʅ³u³¹²	哈什屋 xa²¹³ʂʅ³u⁴²³	哈什 xa²¹³ʂʅ³ 哈什屋子 xa²¹³ʂʅ³u³³tʂʅ⁰	哈什 xa⁴¹²ʂʅ³ 楼房 lou²⁴faŋ³⁵	哈什 xa⁵³ʂʅ¹ 楼房 lou²⁴faŋ²⁴	楼房 lou²⁴faŋ²⁴ 小哈子 ɕiau²¹xa³¹²tʂʅ³	哈什屋 xa⁵³ʂʅ¹u⁴⁴
厨房	外途地 vai⁵³u¹ti⁵³ 外屋地 vai⁵³u³¹ti⁵³	外屋地 vai⁵³vu³¹ti⁵³	外屋地 vai⁵³u⁴²ti⁵³	外屋地 vai⁵³u³²ti⁵³	外屋地 vai⁵²u⁴¹ti⁵³ 堂屋地 taŋ²⁴vu⁴¹³	外屋地 vai⁵³vu³³ti⁵³	堂屋地 taŋ²⁴vu³²ti⁵³	外屋 vai⁵³u⁴⁴
厕所	茅屎道子 mau²⁴ʂʅ²¹³tau⁵³tʂʅ	茅房 maŋ²⁴faŋ²⁴	茅楼 mau²⁴³lou²⁴ 茅房 maŋ²⁴faŋ²⁴	茅屎楼 mau²⁴ʂʅ²¹³lou²⁴ 茅房 maŋ²⁴faŋ²⁴	茅屎楼子 mau²⁴ʂʅ²¹³lou²⁴tʂʅ 茅房 maŋ²⁴faŋ²⁴	茅房 maŋ²⁴faŋ²⁴	茅楼 mau²⁴lou²⁴	茅房 maŋ²⁴faŋ²⁴
小房间	奁幕 nau³³mu²	奁幕 nau³³mu²	奁屋 nau³³u²	小屋 ɕiau²¹u³³	奁幕 nau²⁴mu³	小屋 ɕiau²¹u³³	夵门 nau³³mon²	小屋 ɕiau²⁴u⁴⁴
鸡窝	鸡咕噜 tɕi²¹ku⁵³lu¹	鸡洞子 tɕi²⁴tuŋ⁵³tʂʅ	鸡架 tɕi⁴²tɕia⁵³	鸡架 tɕi³³tɕia⁵³	鸡架 tɕi⁴¹tɕia⁵³	鸡窝 tɕi³³vʏ³³	鸡架 tɕi²¹tɕia⁵³	鸡窝 tɕi⁴⁴uo⁴⁴
衬衫/中式小褂	汗褟子 xan⁵³ta²⁴tʂʅ³	汗褟儿 xan⁵³tar²⁴	汗褟儿 xan⁵³tar²⁴	汗褟儿 xan⁵³tar²⁴	汗褟儿 xan⁵³tar³⁵ 汗褂 xan⁵³kua⁵³	衬衫 tʂən⁵³ʂan³³	汗褟儿 xan⁵³tar²⁴	汗褟儿 xan⁵³tar³⁵ 衬衫 tʂən⁵³ʂan³³
衣领	脖领子 pʏ²⁴liŋ²¹³tʂʅ³	大脖领子 ta⁵³pʏ²⁴liŋ²¹³tʂʅ³	脖领子 pʏ²⁴liŋ²¹³tʂʅ³	衣领子 i²⁴liŋ²¹³tʂʅ³	领子 liŋ²¹³tʂʅ³	领子 liŋ²¹³tʂʅ³	领子 liŋ²¹³tʂʅ³	领子 liŋ²¹³tʂʅ³
下摆	下摆 ɕia⁵³pai²¹³	下扎 ɕia⁵³tsa³¹²	下扎 ɕia⁵³tsa⁴²³	下摆 ɕia⁵³pai²¹³	下摆 ɕia⁵³pai²¹³	下摆 ɕia⁵³pai²¹³	下扎 ɕia⁵³tsa³³	下摆 ɕia⁵³pai²¹³
衣袋	掏儿 tʰaur³¹²	掏儿 tʰaur³¹²	掏儿 tʰaur⁴²³	口袋 kou²¹³tai³	掏儿 tʰaur⁴¹²	口袋 kou²¹³tai³	口袋 kou²¹³tai³	兜儿 tour⁴⁴ 口袋 kou²¹³tai³

续表

	新站村	古龙村	大利村	头站村	宁年村	拉哈镇	塔溪村	二站村
棉手套	手捂子 ʂou^{24}u^{213}tʂɿ^3	手捂子 ʂou^{24}u^{213}tʂɿ^3	手捂子 ʂou^{24}u^{213}tʂɿ^3	手捂子 ʂou^{24}u^{213}tʂɿ^3	手捂子 ʂou^{24}u^{214}tʂɿ^3	手捂子 ʂou^{24}vu^{213}tʂɿ^3	手捂子 sou^{24}vu^{213}tʂɿ^3	手捂子 ʂou^{35}u^{213}tʂɿ^3 手巴掌 ʂou^{21}pa^{44}ʂaŋ^2
雨靴	水靴子 suei^{21}ɕye^{312}tʂɿ^3	雨鞋 y^{21}ɕie^{24}	雨鞋 y^{21}ɕie^{24}	水鞋 suei^{21}ɕie^{24}	雨鞋 y^{21}ɕie^{24}	雨鞋 y^{21}ɕie^{24}	水鞋 suei^{21}ɕie^{24}	水鞋 suei^{21}ɕie^{24}
石灰	白灰 pai^{24}xei^{312}	白灰 pai^{24}xei^{312}	白石灰 pai^{24}ʂɿ^{24}xei^{423}	白灰 pai^{24}xei^{32}	白灰 pai^{24}xei^{413}	石灰 ʂɿ^{24}xei^{33}	石灰 ʂɿ^{24}xei^{33}	石灰 ʂɿ^{35}xei^{44}
水泥	洋灰 iaŋ^{24}xuei^{312}	洋灰 iaŋ^{24}xuei^{312}	洋灰 iaŋ^{24}xuei^{423}	洋灰 iaŋ^{24}xuei^{32}	洋灰 iaŋ^{24}xuei^{413}	水泥 suei^{21}ni^{24}	水泥 suei^{21}ni^{24}	水泥 ʂuei^{21}ni^{24}
沥青	臭油子 tʂou^{53}iou^{24}tʂɿ^3	臭油子 tʂou^{53}iou^{24}tʂɿ^3	臭油子 tʂou^{53}iou^{24}tʂɿ^3	臭油子 tʂou^{53}iou^{24}tʂɿ^3	臭油子 tʂou^{53}iou^{24}tʂɿ^3	臭油子 tʂou^{53}iou^{24}tʂɿ^3	臭油子 tʂou^{53}iou^{24}tʂɿ^3	臭油子 tʂou^{53}iou^{24}tʂɿ^3
工具	家巴什儿 tɕia^{21}pa^{3}ʂər^{53}	家伙什儿 tɕia^{21}xuo^{3}ʂər^{53}	家什 tɕia^{33}ʂər^2	家伙什儿 tɕia^{21}xuo^{3}ʂər^{53}	家伙什儿 tɕia^{41}xuo^{3}ʂər^2	家什 tɕia^{33}ʂər^2	家什 tɕia^{33}ʂər^2	家什 tɕia^{44}ʂər^2
钉子	洋钉儿 iaŋ^{24}tiər^{312}	洋钉儿 iaŋ^{24}tiər^{31}tʂɿ^0	洋钉儿 iaŋ^{24}tiər^{423}	洋钉儿 iaŋ^{24}tiər^{32}	洋钉儿 iaŋ^{24}tiər^{412}	洋钉儿 iaŋ^{24}tiər^{33}	洋钉子 iaŋ^{24}tiər^{33}	洋钉子 iaŋ^{24}tiŋ^{44}tʂɿ^0
抽屉	抽匣儿 tʂou^{31}ɕiar^{24} 抽斗儿 tʂou^{31}tour^{213}	抽匣儿 tʂou^{31}ɕiar^{24}	抽匣儿 tʂou^{42}ɕiar^{24}	抽匣儿 tʂou^{33}ɕiar^{24}	抽匣儿 tʂou^{41}ɕiar^{35}	抽匣儿 tʂou^{33}ɕiar^{24}	抽屉 tʂou^{44}ɕiar^{35}	抽屉 tʂou^{44}ɕiar^{35}
碗橱	碗架柜儿 van^{21}tɕia^{53}kuər^{53}	碗架子 van^{21}tɕia^{53}tʂɿ^3	碗架 van^{21}tɕia^{53}	碗架 van^{21}tɕia^{53}	碗架 van^{21}tɕia^{53}	碗架 van^{21}tɕia^{53}	碗柜儿 van^{21}kuər^{53}	碗柜儿 van^{21}tɕia^{53}kuar^{53}
小笤帚	笤帚疙瘩 tʰiau^{24}sou^{3}ka^{31}ta^3	笤疙瘩 tʰiau^{24}ka^{31}ta^3	笤竹疙瘩 tʰiau^{24}tʂu^{3}ka^{33}ta^2	笤术疙瘩 tʰiau^{24}ʂu^{3}ka^{33}ta^2	笤受疙瘩 tʰiau^{24}ʂou^{3}ka^{41}tʂɿ^3	笤帚头 tʰiau^{24}ʂou^{3}tʰou^{24}	笤竹疙瘩 tʰiau^{24}tʂu^{3}ka^{31}ta^2	笤竹疙瘩 tʰiau^{24}tʂu^{3}ka^{44}ta^2

续表

	新站村	古龙村	太和村	头站村	宁年村	拉哈镇	塔嫩村	二站村
肥皂	胰子 i^{24}tsʅ^{3}	胰子 i^{24}tsʅ^{3}	胰子皂 i^{24}tsʅ^{3}sau^{53}	胰子 i^{24}tsʅ^{3}	胰子 i^{24}tsʅ^{3}	胰子 i^{24}tsʅ^{3}	胰子 i^{24}tsʅ^{3}	胰子 i^{24}tsʅ^{3}
火柴	取灯 tɕʰy^{21}taŋ^{213}	洋火 iaŋ^{24}xuo^{213}	取灯 tɕʰy^{21}taŋ^{423}	洋火 iaŋ^{24}xuo^{213}	起灯 tɕi^{213}taŋ^{53}	洋火 iaŋ^{24}xuo^{213}	洋火 iaŋ^{24}xuo^{213}	洋火 iaŋ^{24}xuo^{213}
炒勺	马勺 ma^{21}ʂau^{24}	大勺 ta^{53}ʂau^{24} 大马勺 ta^{53}ma^{21}ʂau^{24}	大马勺 ta^{53}ma^{21}ʂau^{24}	大马勺 ta^{53}ma^{21}ʂau^{24}	大马勺 ta^{52}ma^{21}ʂau^{24}	大勺 ta^{53}ʂau^{24}	大马勺 ta^{53}ma^{21}ʂau^{24}	大勺 ta^{53}ʂau^{24}
锅铲	锅抢子 kuo^{31}tɕʰiaŋ^{213}tsʅ^{3}	抢波刀儿 tɕʰiaŋ^{21}pɤ^{3}tau^{31}	锅抢子 kuo^{42}tɕʰiaŋ^{213}tsʅ^{3}	锅铲子 kuo^{33}tʂʰan^{213}tsʅ^{3}	锅铲子 kuo^{41}tʂʰan^{213}tsʅ^{3}	锅铲子 kuo^{33}tʂʰan^{213}tsʅ^{3}	锅铲子 kuo^{32}tʂʰan^{213}tsʅ^{3}	锅铲子 kuo^{44}tʂʰan^{213}tsʅ^{3}
捣蒜用的钵	叫白子 ɕiau^{53}tɕiou^{53}tsʅ^{1}	蒜缸子 suan^{53}kaŋ^{33}tsʅ^{1}	叫白子 ɕiau^{53}tɕiou^{53}tsʅ^{1}	蒜缸子 suan^{53}kaŋ^{33}tsʅ^{1}	蒜白子 suan^{52}tɕiou^{53}tsʅ^{1}	蒜缸子 suan^{53}kaŋ^{33}tsʅ^{2}	叫白子 ɕiau^{53}tɕiou^{53}tsʅ^{1}	蒜缸子 ʂuan^{53}kaŋ^{44}tsʅ^{2}
从井中向上提水的桶	水桶 suei^{24}tʰuŋ^{213}	水桶 suei^{24}tʰuŋ^{213}	柳罐 liou^{213}kuan^{0}	柳罐斗子 liou^{213}kuan^{0}tou^{213}tsʅ^{0}	流棍 liou^{35}kuan^{0}	水桶 suei^{24}tʰuŋ^{213}	水桶 suei^{24}tʰuŋ^{213}	水桶 ʂuei^{35}tʰuŋ^{213}
用扁担一前一后挑的桶	水桶 suei^{24}tʰuŋ^{213}	水筲 suei^{21}sau^{0}	水筲 suei^{21}ʂau^{0}	水筲 suei^{21}ʂau^{0}	洋铁桶 iaŋ^{24}tʰie^{24}tʰuŋ^{213} 水筲 suei^{24}ʂau^{0}	水桶 suei^{24}tʰuŋ^{213}	水筲 suei^{21}sau^{0}	水桶 ʂuei^{24}tʰuŋ^{213}
菜刀	拨刀 pɤ^{24}tau^{33}	拨刀 pɤ^{24}tau^{33}	拨刀 pɤ^{24}tau^{33}	拨刀 pɤ^{24}tau^{33} 菜刀 tsai^{53}tau^{33}	拨刀 pɤ^{24}tau^{33}	菜刀 tsai^{53}tau^{33}	拨刀 pɤ^{24}tau^{33} 菜刀 tsai^{53}tau^{33}	菜刀 tsai^{53}tau^{33}
烧火棍	火叉子 xuo^{21}tsʰa^{53}tsʅ^{1}	火叉子 xuo^{21}tsʰa^{53}tsʅ^{1}	哑巴棍儿 ia^{213}pa^{3}kuer^{53}	丫巴棍儿 ia^{33}pa^{2}kuer^{53}	亚巴棍儿 ia^{41}pa^{2}kuer^{53}	烧火棒子 sau^{33}xur^{213}paŋ^{53}tsʅ^{1}	烧火棒 ʂau^{33}xur^{213}paŋ^{53}	烧火棒子 ʂau^{44}xuo^{213}paŋ^{53}tsʅ^{1}

七　亲属、称谓

	新站村	古龙村	大和村	头站村	宁年村	拉哈镇	塔溪村	二站村
曾祖父	大爷 tʰai^{53}ie^{24}	大爷 tʰai^{53}ie^{24}	大爷 tʰai^{53}ie^{24}	大爷 tʰai^{53}ie^{24}	大爷 tʰai^{52}ie^{24}	大爷 tʰai^{53}ie^{24}	大爷 tʰai^{53}ie^{24}	大爷 tʰai^{53}ie^{24}
曾祖母	大太 tʰai^{54}tʰai^{0}	大太 tʰai^{53}tʰai^{0} 大奶 tʰai^{53}nai^{213}	大太 tʰai^{53}tʰai^{0} 大奶 tʰai^{53}nai^{213}	大太 tʰai^{53}tʰai^{0} 大奶 tʰai^{53}nai^{213}	大太 tʰai^{52}tʰai^{0} 大奶 tʰai^{52}nai^{213}	大奶 tʰai^{53}nai^{213}	大太 tʰai^{54}tʰai^{0} 大奶 tʰai^{53}nai^{213}	大奶 tʰai^{53}nai^{213}
祖父	爷 ie^{24}	爷 ie^{24}	爷 ie^{24}	爷 ie^{24}	爷 ie^{35}	爷 ie^{24}	爷 ie^{24}	爷 ie^{35}
祖母	奶 nai^{213}	奶 nai^{213}	奶 nai^{213}	奶 nai^{213}	奶 nai^{213}	奶 nai^{213}	奶 nai^{213}	奶 nai^{214}
外祖父	姥爷 lau^{21}ie^{3}	姥爷 lau^{21}ie^{3}	姥爷 lau^{21}ie^{3}	姥爷 lau^{21}ie^{3}	姥爷 lau^{21}ie^{3}	姥爷 lau^{21}ie^{3}	姥爷 lau^{21}ie^{3}	姥爷 lau^{21}ie^{3}
外祖母	姥姥 lau^{213}lau^{3}	姥姥 lau^{213}lau^{3}	姥姥 lau^{213}lau^{3}	姥姥 lau^{213}lau^{3}	姥姥 lau^{213}lau^{3}	姥姥 lau^{213}lau^{3}	姥姥 lau^{213}lau^{3}	姥姥 lau^{213}lau^{3}
父亲	爸 pa^{53}	爸 pa^{53}	爸 pa^{53}	爸 pa^{53}	爸 pa^{52}	爸 pa^{53}	爸 pa^{53}	爸 pa^{53}
母亲	妈 ma^{312}	妈 ma^{312}	妈 ma^{423}	妈 ma^{32}	妈 ma^{412}	妈 ma^{33}	妈 ma^{312}	妈 ma^{44}
伯父	大爷 ta^{53}ie^{1}	大爷 ta^{53}ie^{1}	大爷 ta^{53}ie^{1}	大爷 ta^{53}ie^{1}	大爷 ta^{52}ie^{1}	大爷 ta^{53}ie^{1}	大爷 ta^{53}ie^{1}	大爷 ta^{53}ie^{1}
伯母	大妈 ta^{53}ma^{312}	大妈 ta^{53}ma^{312}	大妈 ta^{53}ma^{423}	大妈 ta^{53}ma^{33}	大妈 ta^{52}ma^{412}	大妈 ta^{53}ma^{33} 大娘 ta^{53}niaŋ^{24}	大妈 ta^{53}ma^{33}	大妈 ta^{53}ma^{44}
叔父	叔 su^{24}	叔 su^{24}	叔 su^{2}	叔 su^{33}	叔 su^{24}	叔 su^{33}	叔 su^{24}	叔 su^{44}
叔母	婶儿 ʂər^{213} 婶子 ʂən^{213}tʂʅ^{3}	婶儿 ʂər^{213}	婶儿 ʂər^{213}	婶子 ʂən^{213}tʂʅ^{3}	婶儿 ʂər^{213} 婶子 ʂən^{213}tʂʅ^{3}	婶儿 ʂər^{213}	婶儿 ʂər^{213}	婶儿 ʂər^{214}
岳父	老丈儿 lau^{24}tʂaŋ^{53}	老丈人 lau^{21}tʂaŋ^{53}ʐən^{1}	老丈人 lau^{21}tʂaŋ^{53}ʐən^{1}	老丈人 lau^{21}tʂaŋ^{53}ʐən^{1} 老丈眼子 lau^{21}tʂaŋ^{53}iɛm^{213}tʂʅ^{3}	老丈人 lau^{21}tʂaŋ^{52}ʐən^{1}	老丈人 lau^{21}tʂaŋ^{53}ʐən^{1}	老丈人 lau^{21}tʂaŋ^{53}ʐən^{1}	老丈人 lau^{21}tʂaŋ^{53}ʐən^{1}

	新站村	古龙村	大利村	头站村	宁年村	拉哈镇	塔溪村	二站村
岳母	丈母娘 tʂaŋ^{53}mu^{1}niaŋ^{35}	丈么娘 tʂaŋ^{53}mʏ^{1}niaŋ^{35}	丈母娘 tʂaŋ^{53}mu^{1}niaŋ^{35}	丈们娘 tʂaŋ^{53}man^{1}niaŋ^{35}	丈们娘 tʂaŋ^{52}man^{1}niaŋ^{35}	丈母娘 tʂaŋ^{53}mu^{1}niaŋ^{35}	丈母娘 tʂaŋ^{53}mu^{1}niaŋ^{35}	丈母娘 tʂaŋ^{53}mu^{1}niaŋ^{35}
舅妈	妗们 tɕin^{53}mɛn^{1}	舅母 tɕiou^{53}mu^{1}	妗们 tɕin^{53}man^{1}	妗们 tɕin^{53}man^{1}	舅们 tɕiou^{53}man^{1}	舅母 tɕiou^{53}mu^{1}	舅么 tɕiou^{53}mʏ^{1}	舅母 tɕiou^{53}mu^{1}
姨妈	姨儿 iar^{24}	姨儿 iar^{24}	姨儿 iar^{24} 姨娘 i^{24}niaŋ^{3}	姨儿 iar^{24}	姨儿 iar^{24}	姨 i^{24}	姨儿 iar^{24}	姨儿 iar^{24} 姨 i^{24}
连襟	连桥儿 lien^{24}tɕʰiaur^{35} 挑担子 tʰiau^{21}tan^{53}tsʅ^{1}	连桥儿 lien^{24}tɕʰiaur^{35}	连桥儿 lien^{24}tɕʰiaur^{35} 担挑儿 tan^{53}tiaur^{312}	连桥儿 lien^{24}tɕʰiaur^{35} 担挑儿 tan^{53}tiaur^{312}	连桥儿 lien^{24}tɕʰiaur^{35}	连桥儿 lien^{24}tɕʰiaur^{24}	连桥儿 lien^{24}tɕʰiaur^{24}	连襟儿 lien^{24}tɕʰiar^{44}
兄弟姐妹的子女	侄男男女 tʂʅ^{24}nan^{24}kʏ^{24}nny^{213}	侄男哥女 tʂʅ^{24}nan^{24}kʏ^{24}ny^{213}	侄男弟女 tʂʅ^{24}nan^{24}ti^{53}ny^{213}	侄男外女 tʂʅ^{24}nan^{24}vai^{53}ny^{213}	侄男哥女 tʂʅ^{24}nan^{24}kʏ^{24}ny^{213}	侄男弟女 tʂʅ^{24}nan^{24}ti^{53}ny^{213}	侄男哥女 tʂʅ^{24}nan^{24}kʏ^{24}ny^{213}	侄儿侄儿女儿 tʂər^{24}ər^{24}ʂər^{24}nyər^{3}
亲戚	亲亲 tɕin^{33}tɕin^{2}	亲亲 tɕin^{33}tɕin^{2}	亲亲 tɕin^{33}tɕin^{2}	亲亲 tɕin^{33}tɕin^{2}	亲亲 tɕin^{41}tɕin^{3}	亲亲 tɕin^{33}tɕin^{2}	亲亲 tɕin^{33}tɕin^{2}	亲戚 tɕin^{44}tɕʰi^{2}
小弟弟 小妹妹	小脖脖儿 ɕiau^{21}pʏ^{24}pʏr^{3}	小脖脖儿 ɕiau^{21}pʏ^{24}pʏr^{3}	小脖儿 ɕiau^{21}pʏr^{24}	小嘎儿 ɕiau^{21}kar^{24}	小胖儿 ɕiau^{21}pʏr^{24}	小嘎儿 ɕiau^{21}kar^{24}	小老口 ɕiau^{21}lau^{24}kʏ^{213}	老嘎儿 lau^{21}kar^{24}
咎啬人	小抠儿 ɕiau^{21}kʰour^{312}	小抠嗖儿 ɕiau^{21}kʰou^{431}sour^{0}	小抠儿 ɕiau^{21}kʰour^{423}	小店儿 ɕiau^{21}tiar^{53}	小抠儿 ɕiau^{21}kʰour^{412}	小抠儿 ɕiau^{21}kʰour^{33}	老抠儿 lau^{24}kʰou^{32}	小抠儿 ɕiau^{21}kʰour^{44}
固执的人	犟眼子 tɕiaŋ^{53}ien^{213}tsʅ^{3}	犟眼子 tɕiaŋ^{53}ien^{213}tsʅ^{3}	拧种 niŋ^{53}suŋ^{213}	犟眼子 tɕiaŋ^{53}ien^{213}tsʅ^{3}	犟种 tɕiaŋ^{52}tsuŋ^{213}	犟眼子 tɕiaŋ^{53}ien^{213}tsʅ^{3}	犟种 tɕiaŋ^{53}ien^{213}tsʅ^{3}	犟种 tɕiaŋ^{53}tsuŋ^{213}
嗜酒的人	酒包 tɕiou^{21}pau^{312}	酒鬼 tɕiou^{24}kuei^{213} 酒包 tɕiou^{21}pau^{312}	酒婆子 tɕiou^{24}lou^{213}tsʅ^{3}	酒包 tɕiou^{21}pau^{33}	酒包 tɕiou^{41}pau^{412} 酒婆子 tɕiou^{21}lou^{213}tsʅ^{0}	酒包 tɕiou^{21}pau^{33}	酒包 tɕiou^{21}pau^{33}	酒包 tɕiou^{21}pau^{44}

续表

	新站村	古龙村	太和村	头站村	宁年村	拉哈镇	塔溪村	二站村
办事不痛快的人	滚刀肉 kuən²¹tau³¹ʐou⁵³	滚刀肉 kuən²⁴tau³¹ʐou⁵³	滚刀肉 kuən²⁴tau⁴²ʐou⁵³ 肉粘蛆 ʐou⁵³niɛn²⁴tɕʰy²⁴	滚刀肉 kuən²¹tau³²ʐou⁵³	肉黏蛆 ʐou⁵³niɛn²⁴tɕʰy²⁴	肉头阵 ʐou⁵³tou²⁴tʂən⁵³	滚刀肉 kuən²⁴tau³²ʐou⁵³	滚刀肉 kuən²¹tau⁴⁴ʐou⁵³
难对付的人	生固 ka²¹ku³	生拉子 ka²¹la²⁴tʂ̩³	生拉子 ka²¹la²⁴tʂ̩³	拉子 la²⁴tʂ̩³	拉子 la²⁴tʂ̩³	刺儿头 tsʰər⁵³tou²⁴	刺儿头 tsʰər⁵³tou²⁴ 拉子 la²⁴tʂ̩⁰	刺儿头 tsʰər⁵³tou²⁴

八　身体

	新站村	古龙村	太和村	头站村	宁年村	拉哈镇	塔溪村	二站村
口水	哈喇子 xa²¹la²⁴tʂ̩³	哈喇子 xa²¹la²⁴tʂ̩³	哈喇子 xa²¹la²⁴tʂ̩³	哈喇子 xa²⁴la²⁴tʂ̩³	哈喇子 xa²¹la²⁴tʂ̩³	哈喇子 xa³³la²⁴tʂ̩³	哈喇子 xa²⁴la²⁴tʂ̩³	哈喇子 xa⁴⁴la²⁴tʂ̩³
额头	脑门儿 nau²¹mər²⁴ 脑门子 nau²¹mən²⁴tʂ̩³	脑门儿 nau²¹mər²⁴	脑门儿 nau²¹mər²⁴	脑门儿盖儿 nau²¹mər²⁴kar⁵³	脑门子 nau²¹mər³⁵tʂ̩³	页脑盖 ie³³nau⁰kar⁵³	脑门儿 nau²¹mər²⁴ 脑门子 nau²¹mən²⁴tʂ̩⁰	脑门儿 nau²¹mər²⁴
耳屎	耳残 er²¹tʂʰan²⁴	耳残 er²¹tʂʰan²⁴	耳残 er²¹tʂʰan²⁴	耳冗 er²⁴ʐuŋ²¹³	耳残 er²¹tʂʰan²⁴	耳残 er²¹tsʰan²⁴	耳残 er²¹tsʰan²⁴	耳残 er²¹tsʰan²⁴
指甲	指口盖儿 tʂ̩²¹tɕiu³kar⁵³	指甲盖儿 tʂ̩²¹tɕia³kar⁵³	甲盖儿 tɕia²¹kar⁵³ 指甲盖儿 tʂ̩²¹tɕia³kar⁵³	指甲壳儿 tʂ̩²¹tɕia³kər²⁴	指甲盖儿 tʂ̩²¹tɕia³kar⁵²	指甲盖儿 tʂ̩²¹tɕia³kar⁵³	指甲盖儿 tʂ̩²¹tɕia³kar⁵³	手指盖儿 ʂou²⁴tʂ̩²¹kar⁵³

续表

	新站村	古龙村	太和村	头站村	宁年村	拉哈镇	塔溪村	二站村
鼻涕	鼻筒 pi^{24}tʰuŋ^{213}	鼻筒 pi^{24}tʰuŋ^{213}	鼻筒 pi^{24}tʰuŋ^{213}	脓带 nəŋ^{24}tai^{53}	鼻筒 pi^{24}tʰuŋ^{213}	鼻涕 pi^{24}tʰi^{0}	鼻涕 pi^{24}tʰi^{0}	鼻涕 pi^{24}tʰi^{0}
唾沫	吐沫 tʰuo^{53}mɿ^{1}	吐蜜 tʰuo^{53}mi^{1}	吐报 tʰuo^{53}min^{1}	吐沫 tʰuo^{53}mɿ^{1}	吐蜜星子 tʰuo^{52}mi^{ⁱ}eiŋ^{41}tʂ^{3}	吐沫 tʰuɚ^{53}mɿ^{1}	吐沫 tʰuɚ^{53}mɿ^{1}	吐沫 tʰuo^{53}mɿ^{1}
手腕	手脖子 ʂou^{21}pɤ^{3}tʂʅ^{3}	手脖儿 ʂou^{21}pɤɻ^{24}	手脖儿 sou^{21}pɤɻ^{24}	手脖子 ʂou^{21}pɤ^{3}tʂʅ^{3}	手脖儿 ʂou^{21}pɤɻ^{35}	手脖子 sou^{21}pɤ^{3}tʂʅ^{3}	手脖子 sou^{21}pɤ^{3}tʂʅ^{3}	手脖子 ʂou^{21}pɤ^{3}tʂʅ^{3}
脊背	后脊娘 xou^{53}tɕi^{213}niaŋ^{3}	脊背娘 pei^{53}tɕi^{213}niaŋ^{3}	脊娘骨 tɕi^{213}niaŋ^{3}ku^{213}	脊娘骨 tɕi^{213}niaŋ^{3}ku^{213}	脊娘骨 tɕi^{213}niaŋ^{3}ku^{213}	大梁骨 ta^{53}liaŋ^{24}ku^{213}	后脊梁骨 xou^{53}tɕi^{213}liaŋ^{3}ku^{213}	脊梁骨 tɕi^{53}liaŋ^{35}ku^{213}
肋骨	肋巴骨 lɤ^{53}paˈku^{213}	肋条儿 li^{53}tiau^{24}ku^{213} 肋巴骨 li^{53}paˈku^{213}	肋条骨 lei^{53}tiau^{24}ku^{213}	肋条骨 lei^{53}tiau^{24}ku^{213} 肋巴骨 lei^{53}pa^{0}ku^{213}	肋条骨 lei^{52}tiau^{35}ku^{213}	肋条骨 lei^{53}tiau^{24}ku^{213}	肋条骨 lei^{53}tiau^{24}ku^{213}	肋条骨 lei^{53}tiau^{35}ku^{213}
腋窝	嘎白窝 ka^{213}kɤ^{h}iou^{3}uo^{33}	嘎肢窝 ka^{213}tʂʅ^{3}uo^{33}	胳肢窝 kɤ^{24}tʂʅ^{3}uo^{33}	胳肢窝 kɤ^{24}tɕi^{3}uo^{33}	胳肢窝 kɤ^{24}tɕi^{3}uo^{33}	胳肢窝 kɤ^{24}tʂʅ^{3}uɤ^{33}	胳肢窝 kɤ^{213}tɕi^{3}uɤ^{33}	胳肢窝 kɤ^{213}tɕi^{3}uɤ^{44}
乳房	奶头 nai^{21}tou^{24}	嚅儿 tsar^{33}	奶口子 nai^{24}pʰaŋ^{41}tʂʅ^{3}	嚅儿 tsar^{33}	奶口子 nai^{35}pʰaŋ^{24}tʂʅ^{3}	嚅儿 tsar^{33}	嚅嚅儿 tsar^{33}tsar^{2}	奶口子 nai^{35}pʰaŋ^{0}tʂʅ^{3}
肚脐	肚脐子 tu^{53}tɕʰi^{24}tʂʅ^{3}	肚脐眼儿 tu^{53}tɕʰi^{24}iɛn^{213}	肚脐儿 tu^{53}tɕʰi^{24}	肚脐子 tu^{53}tɕʰi^{24}tʂʅ^{3}	肚脐子 tu^{52}tɕʰi^{24}tʂʅ^{3}	肚脐儿 tu^{53}tɕʰiar^{24}	肚脐儿 tu^{53}tɕʰiar^{24}	肚脐儿 tu^{53}tɕʰiar^{24}
膝盖	口拉盖儿 kɤ^{213}la^{3}kar^{53}	口拉盖儿 pɤ^{213}lɤ^{3}kar^{53}	口拉盖儿 pɤ^{213}lɤ^{3}kar^{53}	口拉盖儿 pɤ^{213}lɤ^{3}kar^{53}	口拉盖儿 pɤ^{24}lɤ^{3}kar^{53}	口拉盖儿 pɤ^{213}lɤ^{3}kar^{53}	口拉盖儿 pɤ^{213}lɤ^{3}kar^{53}	口拉盖儿 pɤ^{24}la^{3}kar^{53}
屁股	屁平 pʰiɛ^{53}xu^{1}	口火蛋 pʰiɛ^{53}xuoˈtan^{53}	屁平 pʰiɛ^{53}xu^{1}	口火蛋子 pʰiɛ^{53}xuoˈtanˈtʂʅ^{1}	屁平 pʰiɛ^{52}xu^{1}	屁平 pʰiɛ^{53}xu^{1}	口平 pʰiɛ^{53}xu^{1}	屁股 pʰiɛ^{53}ku^{1}

九　疾病、医疗

	新站村	古龙村	大和村	头站村	宁年村	拉哈镇	塔溪村	二站村
疾病	包㧟 pau^{33}tʰan^{2}	包㧟 pau^{33}tʰan^{3}	包沉 pau^{33}tʂʰən^{2}	毛病 mau^{24}piŋ^{3}	包㧟 pau^{33}tʰan^{2}	毛病 mau^{24}piŋ^{3}	毛病 mau^{24}piŋ^{3}	毛病 mau^{24}piŋ^{3}
养病	将养 tɕiaŋ^{31}iaŋ^{213}	将养 tɕiaŋ^{31}iaŋ^{213}	将养 tɕiaŋ^{53}iaŋ^{213}	将养 tɕiaŋ^{31}iaŋ^{213}	将口 tɕiaŋ^{52}iŋ^{53}	养病 iaŋ^{21}piŋ^{53}	将口 tɕiaŋ^{53}iŋ^{53}	养病 iaŋ^{21}piŋ^{53}
打喷嚏	打喷闷 ta^{21}tʰi^{53}mon^{1}	打喷碎 ta^{21}tʰi^{53}pʰən^{1}	打喷风 ta^{21}tʰi^{53}fəŋ^{1}	打喷面 ta^{21}tʰi^{53}mien^{1}	打喷分 ta^{21}tʰi^{53}fən^{1}	打阿气 ta^{21}a^{33}tɕʰi^{53}	打阿气 ta^{21}a^{33}tɕʰi^{53}	打喷喷 ta^{21}tʰi^{53}pʰən^{1}
瘫痪	瘫巴 tʰan^{31}pa^{2}	瘫巴洛子 tʰan^{31}pa^{3}lau^{53}tsʅ	瘫子 tʰan^{31}tsʅ	瘫子 tʰan^{31}tsʅ	瘫巴洛子 tʰan^{41}pa^{3}lau^{53}tsʅ	瘫子 tʰan^{33}tsʅ	瘫子 tʰan^{33}tsʅ	瘫子 tʰan^{44}tsʅ^{2}
左力者	左口口子 tsuo^{21}pʰi^{24}lai^{213}tsʅ	左撇子 tsuo^{21}pʰie^{213}tsʅ	左口口子 tsuo^{21}pʰi^{24}lai^{213}tsʅ	左口口子 tsuo^{21}pʰi^{24}lai^{213}tsʅ	左口口子 tsuo^{21}pʰi^{24}lai^{213}tsʅ	左撇子 tsuo^{21}pʰie^{213}tsʅ	左口口子 tsuo^{21}pʰi^{24}lai^{213}tsʅ	左撇子 tsuo^{21}pʰie^{213}tsʅ
癫病	撞克 tsuaŋ^{53}kʰʅ^{1}	撞克 tsuaŋ^{53}kʰʅ^{1}	撞克 tsuaŋ^{53}kʰʅ^{1}	撞克 tsuaŋ^{53}kʰʅ^{1}	撞克 tsuaŋ^{52}kʰʅ^{1}	魔症 mə^{24}tsaŋ^{1}	魔症 mə^{24}tsaŋ^{1}	撞克 tsuaŋ^{53}kʰʅ^{1}
傻子	傻子 ʂa^{213}tsʅ	侗朗子 tʰaŋ^{24}laŋ^{213}tsʅ	二傻子 ar^{53}ʂa^{213}tsʅ	二傻子 ar^{53}ʂa^{213}tsʅ	侗朗子 tʰaŋ^{24}laŋ^{213}tsʅ	傻子 ʂa^{213}tsʅ	二傻子 ar^{53}ʂa^{213}tsʅ	傻袍子 ʂa^{21}pʰau^{24}tsʅ
气喘	拉喉 la^{24}xour^{24}	齁巴 xou^{31}pa^{3}	齁娄 xou^{31}lou^{2}	齁娄 xou^{31}lou^{2}	齁喉 xou^{41}tsʅ^{3}	齁娄 xou^{31}lou^{3}	齁娄 xou^{32}lou^{3}	齁娄 xou^{44}lou^{3}
感冒着凉	抖搂着了 tou^{21}lou^{3}tsau^{24}tsʅ^{3}	抖搂着了 tou^{21}lou^{3}tsau^{24}tsʅ^{3}	抖搂 tou^{21}lou^{3}　得瑟着了 tʅ^{53}sʅ^{3}tsau^{24}tsʅ^{0}	抖搂着了 tou^{21}lou^{3}tsau^{24}tsʅ^{3}　闪着了 ʂan^{21}tsau^{24}tsʅ^{3}	抖搂着了 tou^{21}lou^{3}tsau^{24}tsʅ^{3}　闪着了 ʂan^{21}tsau^{24}tsʅ^{3}	抖搂着了 tou^{21}lou^{3}tsau^{24}tsʅ^{3}　闪着了 ʂan^{21}tsau^{24}tsʅ^{3}	抖搂着了 tou^{21}lou^{3}tsau^{24}tsʅ^{3}　闪着了 san^{21}tsau^{24}tsʅ^{3}	抖搂着了 tou^{21}lou^{3}tsau^{24}tsʅ^{3}　凉着了 liaŋ^{24}tsʅ^{24}tsʅ^{3}
秃子	秃老亮 tʰu^{24}lau^{21}liaŋ^{53}	秃头 tʰu^{24}tou^{24}	秃老亮 tʰu^{24}lau^{24}liaŋ^{53}	秃头 tʰu^{33}tou^{24}　秃老丸 tʰu^{24}lau^{24}var^{24}	秃老亮 tʰu^{24}lau^{21}liaŋ^{52}	秃老亮 tʰu^{33}lau^{21}liaŋ^{53}	秃老丸 tʰu^{24}lau^{21}var^{24}	秃老亮 tʰu^{44}lau^{21}liaŋ^{53}

续表

	新站村	古龙村	大和村	头站村	宁年村	拉哈镇	塔溪村	二站村
浮肿	胖胮 pʰaŋ³¹tsuŋ³	胖胮 pʰaŋ³¹tsaŋ³ 苍 tsʰaŋ³¹²	胖胮 pʰaŋ³¹tsaŋ³	胖胮 pʰaŋ³³pʰaŋ²	胖胮 pʰaŋ⁴¹tsaŋ²	胖胮 pʰaŋ³³tsaŋ²	胖胮 pʰaŋ³¹tsaŋ²	胖胮 pʰaŋ⁴⁴tsaŋ² 苍 tsʰaŋ⁴⁴
痒	刺挠 tsʰʅ⁵³nau¹	刺痒 tsʰʅ⁵³iaŋ¹	刺痒 tsʰʅ⁵³iaŋ¹	刺挠 tsʰʅ⁵³nau¹	刺痒 tsʰʅ⁵²iaŋ¹	刺挠 tsʰʅ⁵³nau¹	刺挠 tsʰʅ⁵³nau¹	刺挠 tsʰʅ⁵³nau¹
扭伤脚	崴脚 vai²⁴tɕiau²¹³	崴脚 vai²⁴tɕiau²¹³ 跩脚 uo²⁴tɕiau²¹³	崴脚 vai²⁴tɕiau²¹³	崴脚 vai²⁴tɕiau²¹³	崴脚 vai²⁴tɕiau²¹³	崴脚 vai²⁴tɕiau²¹³	崴脚 vai²⁴tɕiau²¹³	崴脚 vai²⁴tɕiau²¹³
筋肉痉挛	抽筋儿 tʂʰou³¹tɕiər³¹²	聚筋儿 tɕy⁵³tɕiər³¹²	抽筋儿 tʂʰou⁴²tɕiər⁴²³	转筋儿 tʂuan⁵³tɕiər³³	抽筋儿 tʂʰou⁴¹tɕiər⁴¹³	转筋儿 tʂuan⁵³tɕiər³³	抽筋儿 tʂʰou³³tɕiər⁴²³	抽筋儿 tʂʰou⁴⁴tɕiar⁴⁴
癫痫	抽羊羔儿风 tsou³¹iaŋ²⁴kaur³¹fəŋ³¹²	抽羊角儿风 tsou³¹iaŋ²⁴tɕiaur²¹fəŋ³¹²	抽羊角儿风 tsou⁴²iaŋ²⁴tɕiaur²¹fəŋ⁴²³	抽羊角儿风 tsou³²iaŋ²⁴tɕiaur²¹fəŋ³	抽羊羔儿风 tsou⁴¹iaŋ²⁴kaur⁴¹fəŋ⁴¹²	抽羊羔儿风 tsou³¹iaŋ²⁴kaur³³fəŋ³³	抽羊角儿风 tsou³¹iaŋ²⁴tɕiaur²¹fəŋ³³	抽羊羔儿风 tsou⁴¹iaŋ²⁴kaur⁴⁴fəŋ⁴⁴
歪嘴的人	歪嘴子 vai³¹tsuei²¹³tsʅ³	歪嘴巴子 vai³¹tsuei²¹³pa⁵³tsʅ¹	斜嘴子 ɕie²⁴tsuei²¹³tsʅ³	斜嘴子 ɕie²⁴tsuei²¹³tsʅ³	歪歪嘴子 vai⁴¹vai³tsuei²¹³tsʅ³	斜嘴子 ɕie²⁴tsuei²¹³tsʅ³	歪嘴子 vai³¹tsuei²¹³tsʅ³	歪嘴子 vai⁴⁴tsuei²¹³tsʅ³
手有残疾的人	拽子 tsuai³³tsʅ²	拽爪子 tsuai²⁴tʂa²¹³tsʅ³	拽子 tsuai²¹³tsʅ³	拽子 tʂuai²¹³tsʅ³	拽子 tsuai²¹³tsʅ³	拽子 tsuai²¹³tsʅ³	拽子 tsuai²¹³tsʅ³	拽子 tʂuai²¹³tsʅ³
唇裂或唇裂的人	豁嘴子 xuo³¹tsuei²¹³tsʅ³	三瓣儿嘴 san²⁴par⁵³tsuei²¹³	豁子 xuo⁴¹tsʅ³ 豁嘴子 xuo³¹tsuei²¹³tsʅ³	豁嘴子 xuo³³tsuei²¹³tsʅ³	兔唇儿 tʰu⁵²tsʰuər²⁴ 三瓣儿嘴 san²⁴par⁵³tsuei²¹³	兔唇儿 tʰu⁵³tsʰuər²⁴	三瓣儿嘴 san²⁴par⁵³tsuei²¹³	兔唇儿 tʰu⁵³tʂʰuər²⁴ 三瓣儿嘴 san²⁴par⁵³tsuei²¹³

十　动作

	新站村	古龙村	太和村	头站村	宁年村	拉哈镇	塔溪村	二站村
搜寻	撒摸 sa^{24}mɿ^3	踅摸 ɕye^{24}mɿ^3	撒摸 sa^{24}mɿ^3	撒摸 sa^{24}mɿ^3	踅摸 ɕye^{24}mɿ^3	踅摸 ɕye^{24}mɿ^3	撒摸 sa^{24}mɿ^3	踅摸 ɕye^{24}mɿ^3
眨眼	卡巴 kʰa^{213}pa^3	眨嘛 tʂa^{213}ma^3	眨巴 tʂa^{213}pa^3	眨嘛 tʂa^{213}ma^3	挤咕 tɕi^{213}ku^3	眨巴 tʂa^{213}pa^3	眨巴 tʂa^{213}pa^3	眨巴 tʂa^{213}pa^3
打呵欠	打哈什 ta^{21}xa^{21}ʂʅ^3	打哈嗦 ta^{21}xa^{21}tʂʰʅ^3	打哈嗦 ta^{21}xa^{21}tʂʰʅ^3	打哈嗦 ta^{21}xa^{21}tʂʰʅ^1	打哈嗦 ta^{21}xa^{21}tʂʰʅ^3	打哈嗦 ta^{21}xa^{21}tʂʰʅ	打哈嗦 ta^{21}xa^{21}tʂʅ	打哈欠 ta^{21}xa^{44}tɕien^2
摇头	晃头 xuaŋ^{53}tou^{24}	晃脑袋 xuaŋ^{53}nau^{213}tɕi0	晃头 xuaŋ^{53}tou^{24}	晃头 xuaŋ^{53}tou^{24}	晃头 xuaŋ^{52}tou^{35}	晃头 xuaŋ^{53}tou^{24}	晃头 xuaŋ^{53}tou^{24}	晃头 xuaŋ^{53}tou^{35}
拎	提娄 ti^{31}lou^0	提溜 ti^{31}lou^0	提溜 ti^{31}lou^0	提娄 ti^{33}lou^0	提娄 ti^{31}lou^0	提娄 ti^{33}lou^0	提娄 ti^{32}lou^0	提娄 ti^{44}lou^0
搅拌	搅和 tɕiau^{21}xɹ^3	搅乎 tɕiau^{21}xu^3	搅莽 xuo^{31}luŋ^1	搅拉 xuo^{31}la^1	搅拉 xuo^{41}la^3	搅丁 xuo^{33}lɹ^1	搅拉 xuo^{32}la^1	搅丁 xuo^{33}lɹ^1
挠、使发痒	胳得 kɤ^{24}tɹ^3	胳就 kɤ^{24}tɕiou^3	胳得 kɤ^{24}tɹ^3	胳肢 kɤ^{24}tʂʅ^3	胳肢 kɤ^{24}tɕiou^3	胳肢 kɤ^{24}tɕi^3	胳就 kɤ^{24}tɕiou^3	胳肢 kɤ^{24}tʂʅ^3
漂洗	投 tou^{24} / 涮 suan^{53}	投 tou^{24}	投 tou^{24} / 涮 suan^{53}	投 tou^{24}	投 tou^{24}	投 tou^{24} / 涮 suan^{53}	投 tou^{24}	投 tou^{24} / 涮 suan^{53}
揪	攥 xau^{312} / 拔 pa^{24}	攥 xau^{312}	攥 xau^{423} / 拔 pa^{24}	攥 xau^{33}	攥 xau^{412} / 拔 pa^{24}	攥 xau^{33}	攥 xau^{32} / 拔 pa^{24}	攥 xau^{44}
脚下滑动	呲溜 tsʰʅ^{312}liou^3	打呲溜 ta^{24}tsʰʅ^{312}liou^3	打呲溜滑 ta^{24}tsʰʅ^{42}liou^{3}xua^{24}	打滑呲溜 ta^{24}xua^{24}tsʰʅh^{33}liou^{33}	打呲溜溜溜 ta^{21}tʂʰʅh^{41}liou^{0}xua^{24}	打呲溜 ta^{21}tʂʰʅh^{33}liou^2	打呲溜 ta^{21}tʂʰʅh^{33}liou^2	打呲溜 ta^{21}tʂʅh^{44}liou^2
跌倒	卡倒 kʰa^{24}tau^{213}	踒倒 tsuai^{31}tau^{213}	卡跟头 ka^{24}kən^{21}tou^1	卡跟头 ka^{21}kən^{21}tou^1	卡跟头 Ka^{24}kən^{41}tou^3	卡跟头 ka^{21}kən^{33}tou^2	踒头 tsuai^{33}kən^{33}tou^2	卡跟头 ka^{21}kən^{44}tou^2
弯腰	毛腰 mau^{24}iau^{312}	毛腰 mau^{24}iau^{312}	毛腰 mau^{24}iau^{423}	毛腰 mau^{24}iau^{33}	哈腰猫腰 xa^{24}iau^{41}tɕye^{213}tiŋ^{53}	哈腰 xa^{33}iau^{33}	毛腰 mau^{24}iau^{32}	哈腰 xa^{44}iau^{44}

续表

词义	新站村	古龙村	大和村	头站村	宁年村	拉哈镇	塔溪村	二站村
吸烟	抽烟儿 tɕou^{24}iar^{312}	抽烟儿 tɕou^{24}iar^{312}	抽烟儿 tɕou^{24}iar^{423}	抽烟儿 tɕou^{24}iar^{33}	吃烟儿 tʂʰʅ^{35}iar^{412}	抽烟儿 tɕou^{33}iar^{33}	抽烟儿 tɕou^{24}iar^{33}	抽烟儿 tɕou^{44}iar^{44}
疏忽	剌忽 la^{213}xu^3	油平 iou^{24}xu^3	剌忽 la^{213}xu^3	油平 iou^{24}xu^3	剌忽 tʂ^{243}	不理会儿 pu^{53}lį^{21}xuɐr^3	不理会儿 pu^{53}lį^{21}xuɐr^{53}	不理平 pu^{53}lį^{21}xu^3
喜欢	些罕 ɕiɛ^{31}xan^0	些罕 ɕiɛ^{31}xan^3	些罕 ɕiɛ^{31}xan^3	些罕 ɕiɛ^{31}xan^3	得意 tɣ^{24}ʅ^3 稀罕 ɕi^{41}xan^3	些罕 ɕiɛ^{33}xan^2	稀罕 ɕi^{31}xan^2	稀罕 ɕi^{44}xan^2
讨厌	膈应 kɣ^{53}iŋ^1	膈应 kɣ^{53}iŋ^1 厌恶 iɛn^{53}u^1	厌咕 iɛn^{53}u^1	膈应 kɣ^{53}iŋ^1	膈应 kɣ^{52}iŋ^1	膈应 kɣ^{53}iŋ^1	膈应 kɣ^{53}iŋ^1	膈应 kɣ^{53}iŋ^1
佩服	宾服 pin^{31}fu^3	背服 pei^{31}fu^2	宾服 pin^{42}fu^3 服劲儿 fu^{24}tɕiɐr^{53}	宾服 pin^{32}fu^3	宾服 pin^{41}fu^3	宾服 pin^{33}fu^2 服气儿 fu^{24}tɕʰɚr^{53}	宾服 pin^{33}fu^2	宾服 pin^{44}fu^2 佩服 pʰei^{53}fu^1
治病	扎咕 tsa^{24}ku^3	扎咕 tsa^{24}ku^3	扎咕 tsa^{24}ku^3	扎咕 tsa^{24}ku^3	瞧 tɕʰiau^{35}piŋ^{52}	看病 kʰan^{53}piŋ^{53}	看病 kʰan^{53}piŋ^{53}	看病 kʰan^{53}piŋ^{53}
尝试	照量 tʂau^{53}liaŋ^1	试巴 ʂʅ^{53}pa^1	照练 tʂau^{53}liaŋ^1	照量 tʂau^{53}liaŋ^1	照量 tʂau^{52}liaŋ^1	照量 tʂau^{53}liaŋ^1	照量 tʂau^{53}liaŋ^1	照量 tʂau^{53}liaŋ^1
浪费	霍霍 xuo^{53}xuo^1 胡子曳嘎 xu^{24}tsʅ^{3}kuɐʔ^{21}iɛ^{31}	霍霍 xuo^{53}xuo^1 糟尽 tsau^{31}tɕin^3	糟践 tsau^{32}tɕien^3	霍霍 xuo^{53}xuo^1 败祸 pai^{53}xuo^1	霍霍 xuo^{52}xuo^2 糟践 tsau^{32}tɕien^1	霍霍 xuo^{53}xuo^1 造祸 tsau^{53}xur^1	霍霍 xur^{53}xur^1 糟践 tsau^{32}tɕien^1	霍霍 xuo^{53}xuo^1
纳闷怀疑	画魂儿 xua^{53}huar^{24}	犯嘀咕 fan^{53}ti^{24}ku^3	犯核计 fan^{53}hɤ^{24}tɕi^3	画魂儿 xua^{53}huar^{24}	犯寻思 fan^{52}ɕin^{24}sʅ^0	犯嘀咕 fan^{53}ti^{24}ku^0	犯寻思 fan^{53}ɕin^{24}sʅ^0	犯嘀咕 fan^{53}ti^{24}ku^3
轻视瞧不起	没看上 mei^{24}kʰam^{53}ʂaŋ^{53}	没看上眼儿 mei^{24}kʰam^{53}ʂaŋ^{53}iar^{213}	看不上 kan^{53}pu^{0}ʂaŋ^{53}	没瞧上眼儿 mei^{53}tɕʰiau^{24}ʂaŋ^{53}iar^{213}	没瞅上 mei^{53}tʂʰou^{21}ʂaŋ^{53}	没看上 mei^{24}kʰan^{53}ʂaŋ^{53}	没看上眼儿 mei^{24}kʰan^{53}ʂaŋ^{53}iar^{213}	看不上眼儿 kan^{53}pu ʂaŋ^{53}iar^{213}

续表

	新站村	古龙村	太和村	头站村	宁年村	拉哈镇	塔溪村	二站村
拖累为难	拖累 tʰuɤ²⁴lei³	连累 liem²⁴li³	勒揹 lei²⁴kʰəm³	连累 liem²⁴lei³	勒揹子 lei²⁴kʰəm³　勒大脖子 lei²⁴ta⁵²pɤ²⁴tsʅ³	拖累 tʰuɤ³³lei²	连累 liem²⁴lei³	拖累 tuo⁴⁴lei⁰
打探	哨探 sau⁵³tʰan¹	哨探 sau⁵³tʰan¹	哨探 ʂau⁵³tʰan¹	哨听 ʂau⁵³tʰiŋ¹	打听 ta²¹³tiŋ³	哨探 sau⁵³tʰan¹	打听 ta²¹³tiŋ³　哨听 sau⁵³tʰiŋ¹	打听 ta²¹³tiŋ³
补充添补	找朴 tʂau²⁴pu³	找朴 tʂau²⁴pu³	垫朴 tian⁵³pu¹　垫巴 tian⁵³pa¹	垫朴 tian⁵³pu¹	垫朴 tian⁵²pu¹	垫巴 tian⁵³pa¹	垫朴 tian⁵³pu¹	垫朴 tian⁵³pu¹
没想到	没承想 mei²¹tʂʰəŋ²⁴ɕiaŋ²¹³	没承想 mei²¹tʂʰəŋ²⁴ɕiaŋ²¹³	没承想 mei²¹tʂʰəŋ²⁴ɕiaŋ²¹³	不承想 pu⁵³tʂʰəŋ²⁴ɕiaŋ²¹³	没承想 mei²¹tʂʰəŋ²⁴ɕiaŋ²¹³	没承想 mei²¹tʂʰəŋ²⁴ɕiaŋ²¹³	不承想 pu⁵³tʂʰəŋ²⁴ɕiaŋ²¹³	没承想 mei²⁴tʂʰəŋ²⁴ɕiaŋ²¹³
不注意	不防头 pu⁵³faŋ²⁴tou³	不防头 pu⁵³faŋ²⁴tou³	不防头 pu⁵³faŋ²⁴tou³	不防头 pu⁵³faŋ²⁴tou²⁴	不防头 pu⁵¹faŋ²⁴tou²⁴	不加小心 pu⁵³tɕia³³ɕiau²¹³ɕim³	不小心 pu⁵³ɕiau²¹³ɕim³	不小心 pu⁵³ɕiau²¹³ɕim³
忌妒	眼气 iɛm²¹³tɕʰi³	眼红 iɛm²¹xuŋ²⁴	眼气 iɛm²¹³tɕʰi³　眼红 iɛm²¹xuŋ²⁴	眼气 iɛm²¹³tɕʰi³	眼气 iɛm²¹³tɕʰi³　眼红 iɛm²¹xuŋ²⁴	眼气 iɛm²¹³tɕʰi³	眼气 iɛm²¹³tɕʰi³	眼气 iɛm²¹³tɕʰi³
不耐烦	炮躁 pau²⁴sau³	没耐心烦儿 mei²⁴nai⁵³ɕim³¹far²⁴	炮躁 pau²⁴sau³	没耐心烦儿 mei²⁴nai⁵³ɕim³¹far²⁴	炮躁 pau²⁴sau³	没耐烦 mei²⁴nai⁵³far²⁴	没耐烦 mei²⁴nai⁵³far³⁵	没耐烦 mei²⁴nai⁵³far³⁵
闲聊	扯大澜 tʂʰ²¹ta⁵³lan²⁴	扯大澜 tʂʰ²¹ta⁵³lan²⁴	唠话 lau⁵³xuar⁵³	拉口 la²⁴kua²¹³	扯大澜 tʂʰ²¹ta⁵²lan²⁴	拉口 la²⁴kua²¹³	拉口 la²⁴kua²¹³	闲嘎达牙 ɕiɛm²¹³ka⁵³tʰa¹ia²⁴
折磨	挫磨 tsuo²⁴mɤ³	挫拨 tsuo²⁴pɤ³	挫挫 tsuo²⁴tsuo³　挫拨 tsuo²⁴pɤ³	祸祸 xuo⁵³xuo³	祸害 xuo⁵²xai³	挫磨 tsuɤ²⁴mɤ³　祸害 xuɤ⁵³xai¹	挫磨 tsuɤ²⁴mɤ³	挫磨 tsuo³⁵mɤ³

续表

意义	新站村	古龙村	大和村	头站村	宁年村	拉哈镇	塔溪村	二站村
不停地说，含贬义	得噶 tʂ^{213}tɕ^3 磨叽 mʐ^{53}tɕi^1	得咕 tʂ^{21}ku^2	嘟嘟 lʐ^{21}lʐ^2	得哝 tʂ^{33}pʐ^2	龇牙倒齿 nien^{24}tʂa^{24}tau^{53}tʂʅ^{213} 磨叽 mʐ^{53}tɕi^1	磨叽 mʐ^{53}tɕi^1	磨叽 mʐ^{53}tɕi^1	磨叽 mʐ^{53}tau^1
斥责	呲哒 tsʰʅ^{31}ta^3	呲儿 tsʰər^{312}	哏哒 xən^{31}ta^3	呲哒 tsʰʅ^{33}ta	哏哆 xən^{41}tʂ^3	哏叨 xən^{33}tan^2	哏叨 xən^{33}tan^2	哏哒 xən^{44}ta^2
数落	排揎 pʰai^{24}ɕyen^3 数叨 ʂu^{213}tau^1	排揎 pʰai^{24}ɕyen^3 数落 ʂu^{213}luo^3	排揎 pʰai^{24}ɕyen^3 数嗒 ʂu^{213}ta^3	排揎 pʰai^{24}ɕyen^3 数落 ʂu^{213}luo^3	排揎 pʰai^{24}ɕyen^3 数落 ʂu^{213}lu^3	排揎 pʰai^{24}ɕyen^3 埋怨 man^{24}yen^3	排揎 pʰai^{24}ɕyen^3	排揎 pʰai^{24}ɕyen^3 埋怨 man^{24}yen^3
怂恿挑拨	撺掇 tsʰuan^{53}tuo^1 促咕 tsu^{53}ku^1	撺落 tsʰuan^{53}luo^1	撺落 tsʰuan^{53}luo^1	撺落 tsʰuan^{53}luo^1	撺落 tsʰuan^{53}lu^1 狗扯羊皮 kou^{24}tʂʅ^{213}ian^{24}pʰi^{24}	撺落 tsʰuan^{53}lur^1	撺落 tsʰuan^{53}lur^1	撺落 tsʰuan^{53}luo^1
乞求	哀咕 nai^{31}ku^3	哀咕 ai^{31}ku^3	央勾 ian^{42}kou^3 哀勾 ai^{42}kou^3	央咯 ian^{32}kʐ^2	央求 ian^{41}tɕʰiou^3 说小话儿 ʂuo^{41}ɕiau^{21}xua^{52}	央咯 ian^{33}kʐ^2	央咯 ian^{32}ku^2	央求 ian^{44}tɕʰiou^2
说脏话	撒村 sa^{24}tsʰuan^{312}	撒村 sa^{24}tsʰuan^{312}	撒村 sa^{24}tsʰuan^{423} 撅大村 lai^{21}taⁱ^{5}tsʰuan^{423}	撒村 sa^{21}tsʰuan^{33}	撒村 a^{24}tsʰuan^{412} 拉口口 La^{24}sa^{53}xua^{52}	撒村 sa^{21}tsʰuan^{33}	撒村 sa^{21}tsʰuan^{33}	撒村 sa^{21}tsʰuan^{44}
找借口，发泄不满	扎筏子 tsa^{31}fa^{24}tsʅ^3	扎筏子 tsa^{31}fa^{24}tsʅ^3	扎筏子 tsa^{42}fa^{24}tsʅ^3	扎筏子 tsa^{41}fa^{24}tsʅ^3	扎筏子 tsa^{41}fa^{24}tsʅ^3			
找借口	折柳子 tʂʐ^{21}liou^{213}tsʅ^3	折柳子 tʂʐ^{21}liou^{213}tsʅ^3	扯柳子 tʂʐ^{21}liou^{213}tsʅ^3	折柳子 tʂʐ^{21}liou^{213}tsʅ^3	折柳子 tʂʐ^{21}liou^{213}tsʅ^3	折 tʂʐ^{213}	折柳子 tʂʐ^{21}liou^{213}tsʅ^3	折柳子 tʂʐ^{21}liou^{213}tsʅ^3
嘱咐	扎缚 tsa^{31}fu^3	扎缚 tsa^{31}fu^3	咋咕 tsa^{42}ku^3	叮嘱 tiŋ^{32}tʂu^3	扎缚 tsa^{31}fu^3	嘱咐 tʂu^{213}fu^3	叮嘱 tiŋ^{32}tʂu^3	嘱咐 tsu^{213}fu^3

	新站村	古龙村	大利村	头站村	宁年村	拉哈镇	塔溪村	二站村
擦脸	揩脸 kʰai³¹lian²¹³	揩脸 kʰai³¹lian²¹³	揩脸 kʰai³¹lian²¹³	擦盆 tsʰa³¹lian²¹³	擦脸 tsʰa⁴¹lian²¹³	擦脸 tsʰa³¹lian²¹³	揩脸 kʰai³¹lian²¹³	擦脸 tsʰa⁴⁴lian²¹³
妨碍	当害 taŋ⁵³xai⁵³	当害 taŋ⁵³xai⁵³ 碍着 ai⁵³şau⁰	害事儿 xai⁵³şər⁵³	当害 taŋ⁵³xai⁵³ 害事 xai⁵³şər⁵³	当害 taŋ⁵³xai⁵³	当害 taŋ⁵³xai⁵³ 害事儿 xai⁵³şər⁵³	当害 taŋ⁵³xai⁵³	当害 taŋ⁵³xai⁵³
理睬	搭拢 ta²⁴luŋ²¹³	理睬 li³¹ʦ³	勤试 lei⁴²ʂ³	搭淌 ta²⁴kɤ³	搭试 a²⁴sʅ³	搭理 ta³³li²	搭咕 ta³³ku²	搭理 ta⁴⁴li²
改变主意	变桃 pian⁵³kuaŋ⁵³	变桃子 pian⁵³kuaŋ⁵³ʦ¹	变桃子 pian⁵³kuaŋ⁵³ʦ¹	变桃子 pian⁵³kuaŋ⁵³ʦ¹	反桃 fan²¹kuaŋ⁵²	反桃子 fan²¹kuaŋ⁵³ʦ¹	坐回去 tsu⁵³xuei²⁴ tɕʰy³	变桃子 pian⁵³kuan⁵³ʦ¹
打架	打仗 ta²¹tʂaŋ⁵³ 干仗 kan⁵³tɕaŋ⁵³	干架 kan⁵³tɕia⁵³	干仗 kan⁵³tʂaŋ⁵³	打仗 ta²¹tʂaŋ⁵³	打仗 ta²¹tʂaŋ⁵²	打仗 ta²¹tʂaŋ⁵³	打仗 ta²¹tʂaŋ⁵³	打仗 ta²¹tʂaŋ⁵³
庇护	护庇 xu⁵³pʰi¹ 庇着 xu⁵³ʂʅ¹	护庇 xu⁵³pʰi¹	护庇 xu⁵³pʰi¹	护庇 xu⁵³pʰi¹	护庇 xu⁵²pi¹	护庇 xu⁵³pʰi¹	护庇 xu⁵³pʰi¹	护庇 xu⁵³pʰi¹ 向着 ɕiaŋ⁵³ tʂʅ¹
搓揉	逗试 tou⁵³ʂʅ¹	搓试 liau²⁴ʂʅ¹	搓试 liau²⁴ʂʅ¹	逗试 tou⁵³ʂʅ¹	逗试 tou⁵³ʂʅ¹	搓闲 liau³⁵ɕiem²⁴	搓试 liau²⁴sʅ³ 搓骚 liau²⁴sau³²	搓试 liau²⁴ʂɤ³

十一　形容词

	新站村	古龙村	大利村	头站村	宁年村	拉哈镇	塔溪村	二站村
俊俏	姿姿梗梗 tsʅ³¹tsʅ³¹kəŋ³¹kəŋ³³	枝枝楞楞儿 tsʅ³¹tsʅ³¹ləŋ³¹ləŋ³³	棍条 kuen⁵³tiau¹ 姿梗儿 tsʅ⁴²kəŋ³	标性 piau³²ɕiŋ²	棍条 kuen⁵³tiau¹	俏生 tɕʰiau⁵³səŋ¹	姿姿楞楞儿 tsʅ³³tsʅ³¹ləŋ³³ləŋ³³	俏生 tɕʰiau⁵³şəŋ¹

续表

	新站村	古龙村	太和村	头站村	宁年村	拉哈镇	塔溪村	二站村
邋遢	邋擦 la^{24}tsa^{3}	派气 p^{h}ai^{21}tɕ^{h}i^{3} 派赖 p^{h}ai^{21}lai^{3}	邋擦 la^{24}tsa^{3}	查刺 tʂa^{24}la^{3}	赖拆 lai^{21}ts^{h}ai^{2}	赖塞 lai^{33}sai^{2}	派赖 p^{h}ai^{21}lai^{2}	邋撒 la^{44}sa^{2}
刁钻，心术不正	乍咕 ka^{21}ku^{3}	固动 ku^{53}tuŋ^{1}	蔫乍固动坏 niɛr^{42}ka^{213}ku^{53}tuŋ^{1} xuai^{53}	固动 ku^{53}tuŋ^{1} 损 suən^{213}	乍咕 ka^{41}ku^{3}	固动 ku^{53}tuŋ^{1} 损 suən^{213}	固动 ku^{53}tuŋ^{1}	固动 ku^{53}tuŋ^{1}
严重	蝎虎 ɕiɛ^{24}xu^{3}	大扯 ta^{53}tʂɤ^{0}	蝎虎 ɕiɛ^{24}xu^{3}	蝎虎 ɕiɛ^{24}xu^{3}	蝎虎 ɕiɛ^{24}xu^{3}	大扯 ta^{53}tʂɤ^{0}	蝎虎 ɕiɛ^{24}xu^{3}	大扯 ta^{53}tʂɤ^{3}
敏捷	煞楞 ʂa^{31}ləŋ^{3}	煞个楞登 sa^{31}kɤ^{3}ləŋ^{31}təŋ^{33}	煞楞 ʂa^{31}ləŋ^{3}	煞楞 ʂa^{31}ləŋ^{2}	煞楞 ʂa^{31}ləŋ^{3}	煞楞 ʂa^{31}ləŋ^{2}	煞楞 sa^{31}ləŋ^{2}	煞楞 ʂa^{31}ləŋ^{2} 利落 li^{53}luo^{1}
懈怠	稀打海摔 ɕi^{24}ta^{3}xai^{21}suai^{33}	稀拉马哈 ɕi^{24}la^{3}ma^{21}xa^{312}	稀打海摔 ɕi^{24}ta^{3}xai^{21}suai^{33}	稀打海摔 ɕi^{24}ta^{3}xai^{21}ʂuai^{33}	稀拉哈松 ɕi^{24}lɤ^{3}xa^{41}suŋ^{413}	稀拉马哈 ɕi^{24}la^{3}ma^{21}xa^{33}	稀拉马哈 ɕi^{24}la^{3}ma^{21}xa^{33}	稀了马哈 ɕi^{24}lɤ^{3}ma^{21}xa^{44}
不细致	毛楞 mau^{24}ləŋ^{3}	毛得楞 mau^{24}tɤ^{3}ləŋ^{0}	毛了三光 mau^{24}lɤ^{3}san^{32}kuaŋ^{3} 3	毛楞 mau^{24}ləŋ^{3}	毛楞 mau^{24}ləŋ^{3}	毛楞 mau^{24}ləŋ^{3}	毛了暂光 mau^{24}lɤ^{3}tsan^{32} kuaŋ^{33}	毛楞 mau^{24}ləŋ^{3}
急急忙忙	急顶马发 tɕi^{24}tiŋ^{21}ma^{21} fa^{312}	急顶马发 tɕi^{24}tiŋ^{21}ma^{21}fa^{312}	急等马发 tɕi^{24}təŋ^{21}ma^{21}fa^{423}	着急忙慌 tʂau^{24}tɕi^{35}maŋ^{24} xuaŋ^{33}	急水赶天 tɕi^{24}ʂuei^{21}kan^{21} t^{h}iɛn^{413}	着急忙慌 tʂau^{24}tɕi^{35}maŋ^{24} xuaŋ^{33}	忙三火四 maŋ^{24}san^{32}xuɤ^{21}si^{5} 3	着急忙慌 tʂau^{24}tɕi^{35}maŋ^{24} xuaŋ^{33}
办事不成熟的样子	棱蹭 ləŋ^{24}ts^{h}əŋ^{3}	棱蹭 ləŋ^{24}ts^{h}əŋ^{3}	棱蹭 ləŋ^{24}ts^{h}əŋ^{3}	棱蹭 ləŋ^{24}ts^{h}əŋ^{3}	棱赠 ləŋ^{24}tsəŋ^{3}	棱蹭 ləŋ^{24}ts^{h}əŋ^{3}	棱蹭 ləŋ^{24}ts^{h}əŋ^{3}	不定性 pu^{35}tiŋ^{53}ɕiŋ^{53}
丢人	砢碜 k^{h}ɤ^{31}tʂ^{h}ən^{3} 砢了巴碜 k^{h}ɤ^{31}ɤ^{3}pa^{33}t ʂ^{h}ən^{33}	砢碜巴拉 k^{h}ɤ^{31}tʂ^{h}ən^{3}pa^{33} la^{2}	砢碜 k^{h}ɤ^{31}tʂ^{h}ən^{3} 丢砢碜 tiou^{42}k^{h}ɤ^{42}tʂ^{h}ən^{3}	砢碜 k^{h}ɤ^{33}tʂ^{h}ən^{2}	砢碜 k^{h}ɤ^{41}tʂ^{h}ən^{3} 掉价 tiau^{53}tɕia^{53}	砢碜 k^{h}ɤ^{33}tʂ^{h}ən^{2} 丢派 tiou^{33}p^{h}ai^{53}	砢碜 k^{h}ɤ^{32}tʂ^{h}ən^{2}	砢碜 k^{h}ɤ^{44}tʂ^{h}ən^{2}

续表

	新站村	古龙村	大和村	头站村	宁年村	拉哈镇	塔溪村	二站村
结实	牢靠 lau²⁴kʰau³	牢朋 lau²⁴pɔŋ³	牢朋 lau²⁴pɔŋ³	牢朋 lau²⁴pɔŋ³	牢靠 lau²⁴kʰau³	牢朋 lau²⁴pɔŋ³	牢朋 lau²⁴pɔŋ³	牢朋 lau²⁴pɔŋ³
珍贵	金贵 ɕin³¹kuei³	金贵 ɕin³¹kuei³	出贵 tʂu⁴²kuei³	金贵 ɕin³³kuei²	金贵 ɕin⁴¹kuei³	金贵 ɕin³⁴kuei³ 值银子 tʂʅ²⁴in²⁴tsʅ³	金贵 ɕin³³kuei²	金贵 ɕin⁴⁴kuei²
松软	喧平 ɕyen³¹²xu³	喧腾 ɕyen³¹²tʰəŋ³	喧平 ɕyen⁴²³xu³	喧喧 ɕyen³³ɕyen²	喧平 ɕyen⁴¹³ xu³	喧平 ɕyen³³xu²	喧平 ɕyen³³xu²	喧平 ɕyen⁴⁴xu²
勤快	勤劲 ɕin²⁴tɕin³	勤勤 ɕin²⁴ɕin³	勤勤 ɕin²⁴ɕin³	勤勤 ɕin²⁴ɕin³	下汲 ɕia⁵³pʰə²¹³	勤勤 ɕin²⁴ɕin³	勤勤 ɕin²⁴ɕin³	勤勤 ɕin²⁴ɕin³
不同于一般	隔迟 kɤ²⁴sɤ⁵³	隔路 kɤ²⁴lu⁵³	隔掰 kɤ²⁴pai⁴²³ 格咎子 kɤ²⁴aŋ²⁴tsʅ⁰	隔路 kɤ²⁴lu⁵³	隔掰 kɤ²⁴pai⁴¹³	隔路 kɤ²⁴lu⁵³	隔掰 kɤ²⁴pai³³	隔掰 kɤ³⁵pai⁴⁴
合得来、相投	对撤子 tuei⁵³pie²¹³tsʅ³	对撤子 tuei⁵³pie²¹³tsʅ³ 对心思 tuei⁵³ɕin³¹sʅ³	对劲儿 tuei⁵³tɕiɚ⁵³	对撤子 tuei⁵³pie²¹³tsʅ³ 对脾气 tuei⁵³pʰ²⁴tɕʰi³	合撤子 xɤ24pie²¹³tsʅ³	对脾气 tuei⁵³pʰ²⁴tɕʰi³	对撤子 uei⁵³pie²¹³tsʅ³	对撤子 tuei⁵³pie²¹³tsʅ³
不经心	喇平 la²¹³xu³	行的平的 xaŋ²⁴tʂ³xu³¹tʂ²	喇平 la²¹³xu³	喇平 la²¹³xu³	喇平 la²¹³xu³	喇平 la²¹³xu³	喇平 la²¹³xu³	喇平 la²¹³xu³

十二 副词、代词

	新站村	古龙村	大和村	头站村	宁年村	拉哈镇	塔溪村	二站村
大约	大约母 ta⁵³iau³¹mu²¹³	大荒儿 ta⁵³xuaɚ³¹²	大约母 ta⁵³iau⁴²mu²¹³ 大概其 ta⁵³kai⁵³tɕi²⁴	大约母 ta⁵³iau³²mu²¹³ 大荒儿 ta⁵³xuaɚ³³	大约母 ta⁵³iau⁴¹mu²¹³	大约母 ta⁵³iau³³mu²¹³	大约母 ta⁵³iau³²mu²¹³	大约母 ta⁵³iau⁴⁴mu²¹³

续表

	新站村	古龙村	太和村	头站村	宁年村	拉哈镇	塔溪村	二站村
特别很	可 kɤ²¹³ 诚 tʂəŋ²⁴	可 kɤ²¹³	可 kɤ²¹³	可 kɤ²¹³ 老 lau²¹³	可 kɤ²¹³	可 kɤ²¹³ 赋 tsei²⁴	可 kɤ²¹³	可 kɤ²¹³ 特 tʰɤ⁵³
故意	净意儿 tɕiŋ⁵³iɑr⁵³ 特意儿 tʰɤ⁵³iɑr⁵³	特意儿 tʰɤ⁵³iɑr⁵³	净意儿 tɕiŋ⁵³iɑr⁵³	净雨儿 tɕiŋ⁵³yɑr²¹³	净意儿 tɕiŋ⁵³iɑr²¹³	净意儿 tɕiŋ⁵³iɑr⁵³	净意儿 tɕiŋ⁵³iɑr⁵³	净意儿 tɕiŋ⁵³iɑr⁵³
马上	立马 lei⁵³ma²¹³	眼瞇儿 iɛn²¹tʂou²¹³	立马 lei⁵³ma²¹³	立时 li⁵³ma²¹³	立马 lei⁵³ma²¹³	立马 li⁵³ma²¹³	立马 li⁵³ma²¹³	立马 li⁵³ma²¹³
无缘无故的	哈模样儿 xa²¹mɤ³iɑr³³	好模样儿 xau²¹mu³iɑr³³	好模样儿 xau²¹mu³iɑr³³	好模样儿 xau²¹mu³iɑr³³	好模样儿 xau²¹mu³iɑr³³	胡了巴儿 xu²⁴lʅ³par³³	好模样儿 xau²¹mu³iɑr³³	胡了巴儿 xu²⁴lʅ³par³³
不见得	未见起 vei⁵³tɕiɛn⁵³ɕi²¹³ 不见起 pu²⁴tɕiɛn⁵³tɕʰʅ²¹³	不见起 pu²⁴tɕiɛn⁵³tɕʰʅ²¹³	不见起 pu²⁴tɕiɛn⁵³tɕʰʅ²¹³	不见起 pu²⁴tɕiɛn⁵³tɕʰʅ²¹³	不见起 pu²⁴tɕiɛn⁵³tɕʰʅ²¹³	不定 pu²⁴tiŋ⁵³	未见起 vei⁵³tɕiɛn⁵³ɕi²¹³	不见起 pu²⁴tɕiɛn⁵³tɕʰʅ²¹³
结果	闹了归齐 nau⁵³lʅ³kuei³¹tɕʰʅ²⁴	归齐 kuei³¹tɕʰʅ²⁴	归齐 kuei⁴²tɕʰʅ²⁴	闹了归遭儿 nau⁵³lʅ³kuei³³tʂɑur³³	归齐 kuei⁴¹tɕʰʅ²⁴	归齐 kuei³³tɕʰʅ²⁴	归齐 kuei³³tɕʰʅ²⁴	归齐 kuei⁴⁴tɕʰʅ²⁴
肯定	指定 tʂʅ²¹tiŋ⁵³	指定 tʂʅ²¹tiŋ⁵³	管保 kuan²¹pau²¹³	管保 kuan²¹pau²¹³	指定 ʂʅ²¹tiŋ⁵³	管保 kuan²¹pau²¹³ 铁定 tʰiɛ²¹tiŋ⁵³	管保 kuan²¹pau²¹³	管保 kuan²¹pau²¹³
可能	横是 xəŋ²⁴ʂʅ³	横是 xəŋ²⁴ʂʅ³	横是 xəŋ²⁴ʂʅ³	备不住 pei⁵³pu²⁴tʂu⁵³ 横是 xəŋ²⁴ʂʅ³	当不住 taŋ⁵³pu⁴tʂu⁵³	横是 xəŋ²⁴ʂʅ³	横是 xəŋ²⁴ʂʅ³	备不住 pei⁵³pu²⁴tʂu⁵³
因为	只为 tʂʅ³⁴uei³	拥固 yŋ³¹ku³	拥互 yŋ⁴²xu³	拥互 yŋ³³xu²	因费 im⁴¹kuei³	拥 yŋ³³	因务 im³²vu²	因为 in⁴⁴vei²
我	俺 an²¹³	俺 an²¹³	俺 an²¹³	我 uo²¹³	俺 ʐaŋ²¹³	我 uɤ²¹³	我 uɤ²¹³	我 uo²¹³

续表

	新站村	古龙村	太和村	头站村	宁年村	拉哈镇	塔溪村	二站村
我们	俺们 an²¹³mon³	俺们 an²¹³mon³	俺们 an²¹³mon³	我们 uo²¹³mon³	俺们 xaŋ²¹³mon³	我们 uɤ²¹³mon³	我们 uɤ²¹³mon³	我们 uo²¹³mon³
自己	自个 tsʅ⁵³kɤɹ²¹³	个个儿 kɤ⁵³kɤɹ²¹³	个个儿 kɤ⁵³kɤɹ²¹³	格儿人 kɤr²⁴ʐən²⁴ / 个个 kɤ⁵³kɤr²¹³	格儿人 kɤr²⁴ʐən²⁴	格儿人 kɤr²⁴ʐən²⁴	格儿人 kɤr²⁴ʐən²⁴ / 自个 tsʅ⁵³kɤr²¹³	自己个 tsʅ⁵³tɕi²¹ɻ kɤr²¹³
外人	外巴秩儿 vai⁵³pa¹ian³¹²	外边儿拉 vai⁵³piar²¹la³¹²	外巴拉 vai⁵³pa¹la⁴²³	外头人 vai⁵³tou²⁴ʐən²⁴	外巴拉 vai⁵³pa¹la⁴¹³	外人儿 vai⁵³ʐɤr²⁴	外人儿 vai⁵³ʐɤr²⁴	外人儿 vai⁵³ʐɤr³⁵
他	他 tʰa³¹²	他 tʰa³¹²	他 tʰa⁴²³	他 tʰa³²	您们 tʰan⁴¹³	他 tʰa³³	他 tʰa³¹	他 tʰa⁴⁴
他们	他们 tʰa³¹²mon³	他们 tʰa³¹²mon³	他们 tʰa⁴²³mon³	他们 tʰa³²mon²	您们 tʰan⁴¹³mon³	他们 tʰa³³me n²	他们 tʰa³¹me n²	他们 tʰa⁴⁴me n²
这里	这儿 tʂɤr⁵³	这块儿 tʂei⁵³kʰuar²¹³	这儿 tʂɤr⁵³	这旮儿 tʂɤr⁵³kar³³	这儿 tʂɤr⁵³	这块儿 tʂei⁵³kʰuar²¹³	这 tʂei⁵³	这儿 tʂɤr⁵³
那里	那儿 nar⁵³	那块儿 nai⁵³kʰuar²¹³	那儿 nar⁵³	那旮儿 nai⁵³kar³³	那儿 nar⁵³	那块儿 nai⁵³kʰuar²¹³	那儿 nar⁵³	那儿 nar⁵³
怎么了	咋了 tsa²¹³ɻ³	咋了 tsa²¹³ɻ³	咋的拉 tsa²¹³ɻ³la³³	咋了 tsa²¹³ɻ³	怎的 tson²¹ti⁵³	咋的 tsa²¹³ɻ³	咋了 tsa²¹³ɻ³	咋了 tsa²¹³ɻ³
什么地方	哪儿 nar²¹³	哪块儿 nai²¹³kʰuar²¹³	哪儿 nar²¹³	哪旮 nai²¹³ka³³	哪个 nai²¹³ɻ³	哪块儿 nai²¹³kʰuar²¹³	哪儿 nar²¹³	哪儿 nar²¹³

第六章　黑龙江站话词汇的构成及流变考察

第一节　黑龙江站话词汇中几种类型的考察与分析

一　站话词汇中的明清白话词语

邢向东（2002：231）借方言语音学上的"历史层次"概念，阐释了词汇系统的历史层次，即它是某一方言词汇系统中沉积下来的、产生在不同历史时期的词汇层。探寻方言词汇的历史层次，其目的就在于"为方言词汇整体探寻历史"。①站话的词汇系统也是在对来源方言的继承以及方言间的接触演变中逐渐建立起来的一个叠置的系统。从历时的角度看，在这个系统中，积淀着不同历史时期的词汇成分。其中，有一部分来源于明清白话中的词语，仍然活跃在今天站人的口语中，成为站话词汇的一大特色。本章将通过一些承传词的例子来说明站话词汇与明清白话词汇的继承关系。

第四章通过对站话的语音特点及演变的考察，可以看出站话的很多语音特征是对其来源方言——明末清初辽东话的继承和保留。由于辽东话与北京话的密切关系，站话语音同今天在地理位置上更接近北京的辽宁、吉林方言相比，与北京话保持了更多的一致性。也就是说，明末清初辽东话既是站话的源头，同时又参与了现代北京话的形成，因此，站话与北京话之间存在着必然的亲缘关系。基于这样的认识，以下词汇考察的书证材料主要选取清代北京话口语作品。这种对比，不仅可以显示站话词汇对明清白话词汇的继承，同时也进一步从词汇层面对站话与北京话的亲缘关系加以验证。

本章所列词语的调查地点为新站村、古龙村、太和村、头站村、宁年村、拉哈镇、塔溪村、二站村等八个站话分布点，每条词语后均注明分布情况。词语确定的原则是只要在两个点及以上使用，且周围方言很少使用的，就看作是站话从明末清初时期辽东话中保留下来的词语。因站话各点

---

① 邢向东：《神木方言研究》，中华书局 2002 年版，第 231 页。

中读音存在差异，词语注音以富裕县宁年村站话为代表（宁年村站话中没有的词语，按照说明以别处读音标注）。例句主要从太和村王淑范老人、宁年村杨桂芹老人的调查记录中选取。

1. 不防头 pu⁵² faŋ²⁴ tʰou²⁴

不注意、不提防之意。"头"在站人口语中读音长而且重。分布点为新站村、古龙村、太和村、头站村、宁年村。

例句：你怎么拿起来就说，在外人面前儿一点儿都不防头。

《红楼梦》第七回：秦氏一面张罗与凤姐摆酒果，一面忙进来嘱宝玉道："宝叔，你侄儿年小，倘或言语不防头，你千万看着我，不要理他。"

《儿女英雄传》第二十一回：安老爷生恐这里话没定规，亲家太太来了再闹上一阵不防头的怯话儿，给弄糟了。

爱新觉罗瀛生（2004：801）在《满语杂识》中提到"不防头"在现代北京话中已不使用。

2. 胡打海摔 xu²⁴ da³ xai³⁵ ʂuai⁴¹³

也作"稀打海摔"，在站话中为懈怠之意，与明清词汇中的"胡打海摔"词义相比已经发生变化。分布点为新站村、古龙村、太和村、宁年村、拉哈镇、塔溪村。头站村作"稀打哈松"，意相同。

例句：眼看就要考试了，赶紧抓紧时间复习吧，别胡打海摔的。

明清词汇中的"胡打海摔"指对孩子不娇惯，任其磕碰摔打。

《红楼梦》第七回：尤氏笑道："罢，罢！可以不必见他，比不得咱们家的孩子们，胡打海摔的惯了。"

站话中"懈怠"义应由此义中的"任其所为、不管不顾"引申而来。

3. 累掯 lei²⁴ kʰən³

也作"扐掯、累恳"。分布点为太和村、宁年村。

陆澹安《小说词语汇释》："扐"借作"勒"，"扐掯"是"要挟胁迫"的意思。今在站话中的意思有所变化，为"拖累、负担过重"之意。

例句：这家的孩子太多，把爸妈给累掯坏了。

明清词汇中的"累掯"有"难为、约束"之意。

《红楼梦》第三十四回：你不许累掯他，不许招他生气，叫他静静的养养就好了。

《儿女英雄传》第二十四回：倒不是送礼，我今日是扐掯你娘们儿来了。

《小额》：恒爷说：大奶奶这又累恳你。"少奶奶说，"这有什么的，您吃饱着点儿。

爱新觉罗瀛生（2004：805）在《满语杂识》中提到"累掯"来自满语，见于《清文启蒙》，意思是"折磨""恶待"，现代北京话已不使用。

4. 哨探 ṣau⁵³ tʰan¹

也作"哨听"，探听、打探。经常叠用作"哨探哨探"。分布点为新站村、古龙村、太和村、拉哈镇。

例句：你去哨探哨探那边有啥消息，一有情况就回来告诉我。

《红楼梦》第二十四回：二爷说什么，我替你哨探哨探去。

5. 打尖儿 da²⁴ tɕiar⁴¹³

外出的人在途中休息吃饭。分布点为古龙村、太和村、宁年村、塔溪村。

清王念孙《广雅疏证·释词·释言五》："打尖，昭人谓旅途小憩为打尖。按《广雅·释诂三》，'止也。'俗以尖字为之。此言小憩止，因小休而饮食，故小食亦曰打尖矣。"

例句：黑天前儿就能到，找个地方打尖儿吃饭吧。

《红楼梦》第十五回：那时秦钟正骑马随着他父亲的轿，忽见宝玉的小厮跑来，请他去打尖。

6. 扯篷拉纤 tʂʰɔ²¹³ pəŋ³ la⁴¹³ tɕʰian⁵²

从中拉拢之意。各点均有分布。"扯篷拉纤"是水上行船术语，由"从中拉拢"进一步引申为介绍男女相识之意，有时含贬义。在东北方言中，还有"保媒拉纤"一词。

例句：她这个人就好扯篷拉纤的，介绍成好几对了。

《红楼梦》第十五回：凤姐又道："我比不得他们扯篷拉纤的图银子。这三千两银子，不过给打发去说的小厮们作盘缠，使他们赚几个辛苦钱。"

7. 忽拉巴 xu⁴¹ la³ ba⁴¹³

也作"忽剌巴"。无缘无故的、忽然。站话各点均有分布。

例句：刚才还好好儿的又说又笑，忽拉巴的脸儿就摞下了。

《红楼梦》第十六回：凤姐听了笑道："我说呢，姑妈知道你二爷来了，忽剌巴儿的打发个屋里人来。原来是你这蹄子闹鬼。"

8. 才刚 tsʰai²⁴ kaŋ⁴¹³

刚才，刚刚。站话各点均有分布。日本学者香坂顺一曾引太田辰夫的观点："'刚才'是官话地区的普通话，'才刚'是北方部分方言或旗人系统的词。"[①]

例句：才刚说过的话，这么一会儿就忘了。

《红楼梦》第二十八回：宝钗笑道："我告诉你个笑话儿，才刚为那个药，我说了个不知道，宝兄弟心里不受用了。"

---

① 香坂顺一著，江蓝生、白维国译：《白话语汇研究》，中华书局 1997 年版，第 281 页。

《儿女英雄传》第九回：安公子说："不怕，水不凉，这是我才刚擦脸的。"

9. 兴头 ɕiŋ⁵² tʰou¹

兴致。站话各点均有分布。

例句：一听说还有这好事，大伙都来了兴头。

《红楼梦》第二十三回：宝玉听了，好似打了个焦雷，登时扫去兴头，脸上转了颜色，便拉着贾母扭的好似扭股儿糖，杀死不敢去。

在明清词汇中，"兴头"还有高兴、得意之意，可以重叠为"兴兴头头、兴头头"。

《红楼梦》第五十八回：婆子说："我说你们别太兴头过余了，如今还比你们在外头随心乱闹呢。"

《儿女英雄传》第三十一回：他身轻俏，手脚灵便，听得婆婆说了，便兴兴头头把个肚子腆得高高的，两只三寸半的木头底儿咯噔咯噔走了个飞快。

《红楼梦》第三十六回：宝玉听了，以为奇特，少站片时，果见贾蔷从外头来了，手里提着个崔儿笼子，上面扎着小戏台，并一个崔儿，兴头头往里走，找龄官。

10. 排揎 pʰai²⁴ ɕyɛn³

数落、斥责。站话各点均有分布。"排"与"揎"为同义语素，都为"推、除"之意，引申为言语上斥责。

例句：这个事情也不能全怪他，就别排揎他了。

《红楼梦》第二十回：可巧凤姐正在上房算了输赢账，听见后面一片声嚷，便知是李嬷嬷老病发了，又值他今儿输了钱，迁怒于人，排揎宝玉的丫头。

《儿女英雄传》第三十八回：长姐听了这话，就排揎起花铃儿、柳条儿来了。

11. 炮燥 pʰau⁴⁴ tsau²

由于心中烦躁而感到身上燥热。站话在此义基础上引申出"不耐烦，急躁"之义。分布点为新站村、古龙村、太和村、宁年村。

例句：他们家的老爷子一上来那炮燥劲儿，谁说啥也不好使。

《红楼梦》第二十回：宝玉笑道："何尝不穿着，见你一恼，我一炮燥就脱了。"

12. 撞客 tʂuaŋ⁵² kʰɤ¹

也作"撞克"，来源于满语 jangkulembi，碰到鬼邪而导致生病。除二站村、塔溪村外各点均有分布。

陆澹安《小说词语汇释》："客"指"野鬼"。"撞客"是碰到了野鬼。因此，也有"撞了客"的说法。

例句：这孩子怎么了，是不是撞客着了？

《红楼梦》第二十五回：再那经上还说，西方有位大光明普照菩萨，专管照耀阴暗邪祟，若有善男子、善女子虔心供奉者，可以永佑儿孙康宁安静，再无惊恐邪祟撞客之灾。

《红楼梦》第三十五回：原是我昨儿吃了酒回来晚了，路上撞了客了。

"撞客"仍出现于现代北京话作品中。

《老舍文集》第八卷《柳家大院》：王家的小媳妇没有活路。心里越难受，对人也越不和气；全院里没有爱她的人。她连说话都忘了怎么说了。也有痛快的时候，见神见鬼地闹撞客。总是在小王揍完她走了以后，又哭又说，一个人闹欢了。

13. 这程子 tʂei⁵² tʂʰən²⁴ tsʅ³

这阵子，这些日子。也作"这一程子"。除头站村、塔溪村之外，其他各点均有分布。

例句：这程子怎么一直没见你呀？

《红楼梦》第二十六回：佳蕙道："你这一程子，心里到底觉怎么样？"

《儿女英雄传》第二十九回：在这里你二叔、二婶儿过于为我操心，忙了这一程子了，也该让他老公母俩歇歇儿。

"这程子"在北京话作品及口语中仍然使用。

《老舍文集》第四卷《离婚》：张大哥这程子精神特别好，因为同事的老李"有意"离婚。

14. 叨登 tau²¹³ təŋ³

也作"倒腾"。搬运物品，也可抽象为把以前的事情翻扯出来，引申为"揭露"。站话各点中均有分布。

例句：你里里外外一趟趟地跑，叨登什么呢？

《红楼梦》第六十一回：如今厨房在里头，保不住屋里的人不去叨登，一盐一酱，那不是钱买的？

《红楼梦》第六十二回：若以后叨登不出来，是大家的造化；若叨登出来，不知里头连累多少人呢。

15. 丧谤 saŋ⁵² paŋ¹

态度不和善，恶声恶气地说话。分布点为新站村、古龙村、太和村、宁年村。

例句：看她哪像亲妈呀，总是恶狠狠地丧谤孩子。

《红楼梦》第三十五回：那玉钏儿先虽不欲理他，只管见宝玉一些性气也没有，凭他怎么丧谤，还是温存和气，自己倒不好意思的了，脸上方有三分喜色。

16. 好早晚 xau²⁴ tsau²⁴ van²¹³

时候不早或很晚了。站话中也作"好这晚、好钟晚"。分布点为新站村、太和村、头站村、宁年村、塔溪村。

陆澹安《戏曲词语汇释》将"好早晚"释同为"多早晚"，"什么时候"的意思。但从《红楼梦》中例句及站话使用情况来看，应为"时候不早"的意思。

例句：这都好早晚了，我得回去了。

《红楼梦》第八回：宝玉的奶母李嬷嬷因说道："天又下雪，也好早晚的了，就在这里同姐姐妹妹一处玩玩罢。"

17. 将养 tɕiaŋ⁴² iŋ³

调养、补养。分布点为新站村、古龙村、太和村、头站村、宁年村、塔溪村。"养"字除宁年村和塔溪村读作 iŋ，其他各点读作 iaŋ。

例句：病刚好，哪能出去干活，还是好好将养将养吧。

《红楼梦》第四十五回：黛玉每岁至春分、秋分之际，必犯嗽疾；今秋又遇贾母高兴，多游玩了两次，未免过劳了神，近日又复嗽起来，觉得比往常又重些，所以总不出门，只在自己房中将养。

18. 折变 tʂə²⁴ pian³

变卖。分布点为新站村、太和村、头站村、宁年村。

例句：他就是因为好赌，本来家里就没什么值钱的东西，现在也快折变光了。

《红楼梦》第七十二回：旺儿媳妇笑道："那一位太太奶奶的头面衣裳，折变了不够过一辈子的？"

《儿女英雄传》第七回：我们商量着，把几间房几亩地典给村里的大户，又把家家伙伙的折变了，一共得了百十两银子，套上家里的大车，带上娘儿两个，想着到京东去投奔亲戚，找个小买卖作。

19. 扎筏子 tsa⁴¹ fa²⁴ tsʅ³

也作"扎伐子"。分布点为新站村、古龙村、太和村、宁年村。本义是编制木排用于水上运输，引申为罗织罪名、借机拿别人撒气的意思。

例句：你说他就说他，别拿我扎筏子。

《红楼梦》第六十回："快把这两件事抓着理扎个筏子，我在旁作证据，你老把威风抖一抖，以后也好争别的礼。"

《儿女英雄传》第二十八回：她一眼看见了褚一官，便拿他扎了个筏子，说道："你也来了，好哇！你们要看新人只顾看，也是两条眉毛、两个眼睛、两只耳朵、一个鼻子、一张嘴。"

20. 梯己 t^hi^{24} $tçi^{213}$

也作"体己"，私下或私人物品之义。站话各点均有分布。《小说词语汇释》释义为"自己、私人"。并引郑所南《心史》："元人谓自己物曰梯己物。"

例句：这姐俩儿好长时间没见，昨晚唠了一宿体己话。

《红楼梦》第五十五回：宝玉和林妹妹，他两个一娶一嫁，可以使不着官中钱，老太太自有体己拿出来。

《儿女英雄传》第二十回：原来昨日安老爷把华忠叫在一旁说的那句梯己话，合今早安老爷见了安太太老夫妻两个说的那句哑谜儿，他在旁边听着干着了会子急不好问的，便是这件事。

21. 花马吊嘴 xua^{24} ma^3 $tiau^{52}$ $tsuei^{213}$

也作"滑么吊嘴"，油嘴滑舌、耍贫嘴之意。站话各点均有分布。

例句：这个小子滑么吊嘴的，一看就靠不住。

《红楼梦》第六十五回：尤三姐站在炕上，指贾琏笑道："你不用和我花马吊嘴的，咱们清水下杂面，你吃我看见。"

《小说词语汇编》收录有"掉嘴（掉嘴口）"词条，释义为"花言巧语"。

22. 意意思思 i^{53} i^1 $s\eta^{35}$ $s\eta^{413}$

也作"二意思思"。形容行动迟疑或犹豫不决的样子。站话各点均有分布。

例句：你就别二意思思的了，赶紧走吧！去晚了就来不及了！

《红楼梦》第六十五回：他只意意思思的就撂过手了，你叫我有什么法儿？

《儿女英雄传》第二十回：（何玉凤）听得声都要走，便有些意意思思的舍不得。

23. 展样 $tşan^{21}$ ian^3

像样，有气派。也可重叠为"展展样样"。站话各点均有分布。

例句：这姑娘坐有坐相，站有站样，不管走路还是坐着，都展展样样的。

《红楼梦》第六十七回：这是宝姑娘才刚给环哥儿的。难为宝姑娘这么年轻的人，想的这么周到，真是大户人家的姑娘，又展样，又大方。

24. 嗔 $tş^hən^{413}$

不满、埋怨。站话各点均有分布。

例句：嗔着我没给她买新衣服，这孩子一天嘟着脸不说话。

《红楼梦》第六回：因此刘姥姥看不过，乃劝道："姑爷，你别嗔着我多嘴。"

《红楼梦》第二十九回：贾母因昨日见张道士提起宝玉说亲的事来，谁知宝玉一日心中不自在，回家来生气，嗔着张道士与他说了亲，一口声声说"从今以后，再不见张道士了"，别人也并不知为什么原故。

25. 号丧 xau²⁴ saŋ³

又作"嚎丧"，哭（骂人的话）。站话各点均有分布。清顾炎武《日知录·丧礼主人不得升堂》："《南史》孔秀之遗令曰：'世俗以仆妾直灵助哭，当躧丧主不能淳至，欲以多声相乱，魂而有灵，吾当笑之。'黄汝成《集释》：张氏曰：'闻京师之俗，有丧者用仆隶代哭，济南城中人，间有用之者，名曰号丧。'盖误读文公《家礼》代哭之文而致此谬也。"

例句：大清早起来鸡飞狗跳的，号丧什么！

《红楼梦》第六十九回：秋桐正是抓乖卖俏之时，他便悄悄的告诉贾母王夫人等说："他专会作死，好好的成天家号丧，背地里咒二奶奶和我早死了，他好和二爷一心一计的过。"

26. 打卦 ta²¹ kua⁵³

算卦。站话各点均有分布，但在新站村不单独使用，只在"算命打卦"一词中出现。

例句：这老太太就信那些算命打卦的。

《红楼梦》第六十九回：贾琏与秋桐在一处，凤姐又做汤做水的着人送与二姐，又叫人出去算命打卦。

《金瓶梅》第八回：（潘金莲）用纤手向脚上脱下两只红绣儿来，试打了一个相思卦，看西门庆来与不来。

"打卦"在明清语汇中还有"打趣"的意思。

《红楼梦》第九十九回：这是怎么说，我饶说笑话儿给姑妈解闷儿，姑娘反倒拿我打起卦来。

27. 念心儿 nian⁵² ɕiər¹

也作"念信儿、念想儿"。纪念之物。站话各点均有分布。

例句：把这支笔送给你，做个念心儿吧。

《红楼梦》第六十九回：（贾琏）接了银子，又将一条汗巾递与平儿，说："这是他家常系的，你好生替我收着，做个念心儿。"。

《儿女英雄传》第三十七回：金玉姊妹两个都不曾赶上见过舅公的，便道："这准还是舅舅个念信儿呢。"

28. 过余 kuɤ⁵² y¹

也作"过逾"。过头，过分。"余"读作轻声。分布点为新站村、古龙村、太和村、宁年村、塔溪村。

例句：他这个人有点儿老实过余了，总是挨人欺负。

《红楼梦》第五十八回：婆子道："我说你们别太兴头过余了！如今还比得你们在外头乱闹呢！这是尺寸地方儿。"

《红楼梦》第三十六回：他姐姐伏侍了我一场，没个好结果，剩下他妹妹跟着我，吃个双分子也不为过逾了。

《儿女英雄传》第十七回：姑娘，你也莫过逾小看了我尹其明。我虽不拈长枪大戟，不知走壁飞檐，也颇颇有些肝胆。

29. 顶缸 tiŋ⁴¹ kaŋ⁴¹³

顶替。站话各点均有分布。

例句：你找不着偷你东西的人，也不能随意抓个人来顶缸呀。

《红楼梦》第六十一回：这样说，你竟是个平白无辜的人了，拿你来顶缸的。

30. 捞梢 lau⁴¹ ʂau³

在赌博中赢回输掉的本钱。引申为"补上过去的不足"。分布点为新站村、宁年村。

例句：没想到他这几圈儿下来，捞梢回去不少。

《红楼梦》第七十三回：姑娘的金丝凤，原是我们老奶奶老糊涂了，输了几个钱，没的捞梢，所以借去，不想今日弄出事来。

31. 调歪 tiau⁴¹ vai³

又作"掉歪"，在站话中又作"刁歪"。各点均有分布。《关东方言词典》释义为"狡猾"；《北京话词语》释义为"不驯顺"；《小说词语汇编》释义为"出坏主意"，似乎都不够准确。结合明清小说及站话中的用例，释义为"不讲理、讲邪理"较为合适。

例句：她这个特刁歪，啥事都往歪了想，总觉得人家背后算计她。

《红楼梦》第六十八回：妹妹这样伶透人，要肯真心帮我，我也得个臂膀。不但那起小人堵了他们的嘴，就是二爷回来一见，他也从今后悔，我并不是那种吃醋调歪的人，你我三人，更加和气。

《红楼梦》第七十八回：俗语又说："女大十八变。"况且有本事的人，未免有些调歪，老太太还有什么不曾经历过的？

《儿女英雄传》第十五回：虽说是没甚么模样儿绝好的一个热心肠儿，甚么叫闹心眼、掉歪，他都不会。

32. 搅家星 tɕiau²⁴ tɕia³ ɕiŋ⁴¹³

也作"搅家精"，指妇女不贤惠，站话中也作"搅家不良"。分布点为新站村、古龙村、太和村、头站村、宁年村、塔溪村。

例句：这个女人就是个搅家星，闹得家庭可不和睦了。

《红楼梦》第八十回：薛蟠此时亦无别法，惟日夜悔恨不该娶这搅家星罢了，都是一时没了主意。

33. 丧话 saŋ^{52} xua^{53}

不吉利的话。站话各点均有分布。

例句："把门锁好，别让贼溜进来！""哪能啊，净说这丧话。"

《红楼梦》第八十回：年轻的夫妻们，斗牙斗齿，也是泛泛人的常事，何必说这些丧话？"

34. 不济 pu^{24} tɕi^{52}

不好，不中用。站话各点均有分布。

例句：人家再不济，也把中学读完了。哪像你，念到一半就不念了。

《红楼梦》第一百一十回：王夫人到了晚上，叫了凤姐过来，说："咱们家虽说不济，外头的体面是要的。"

35. 胳揪 kɤ^{41} tɕiou^{3}

皱眉。分布点为古龙村、太和村、宁年村。

例句：她天天胳揪着眉头，好像总有什么烦事儿似的。

《红楼梦》第一百一十六回：宝钗听着，不觉的把眉头儿胳揪着发起怔来。

36. 扔崩 zən^{41} pən^{3}

象声词。多形容走得迅速、突然。分布点为古龙村、太和村、宁年村。太和村站话中读作"zʅ^{42} pən^{3}"。

例句：那个赌鬼输了钱，扔崩了。

《红楼梦》第一百一十九回：刘姥姥道："这有什么难的呢？一个人也不叫他们知道，扔崩一走就完了事了。"

37. 掂掇 tian^{41} tui^{3}

也作"掂对"，考虑，估量。站话各点均有分布。

例句：你别看她嘴上不说，心里面早就掂掇明白了。

在明清白话作品中，写作"战敠"。

《红楼梦》第四十四回：平儿今见他这般，心中也暗暗的战敠：果然话不虚传，色色想的周到。

《儿女英雄传》第七回：安公子当下便有些狐疑起来，心里战敠道："这女子好生作怪！独自一个，没个男伴，没些行李，进了店，又不是打尖，又不是投宿，呆呆的单向了我这间屋子望着，是何原故？"

38. 矜贵 tɕin^{41} kuei^{3}

高贵。站话各点均有分布。

例句：别人都干活就她不干，好像谁也没她矜贵似的。

　　清和邦额《夜谭随录·娄芳华》："我家小娘子出身矜贵，门楣王谢，甲第金张 。"

　　《红楼梦》第一百一十六回：宝玉顺步走入一座宫门，内有奇花异卉，都也认不明白，惟有白石花栏围着一棵青草，叶头上略有红色，"但不知是何名草，这样矜贵？"

　　39. 济事 tɕi⁵² ʂʅ⁵²

　　成事、顶用。常与"不"连用，表示否定。站话各点均有分布。

　　例句：这孩子一点儿都不济事，白长那么大个子了。

　　《红楼梦》第八十一回：生女儿不得济，还是别人家的人，生儿若不济事，关系非浅。

　　现代北京话中也使用，如：

　　叶圣陶《倪焕之》十九：单看见一个学校，一批学生，不济事，还得睁着眼看社会大众。

　　40. 下晚儿 ɕia⁵³ var²¹³

　　也作"下晚儿黑"。接近黄昏的时候。各点均有分布。

　　例句：昨天下了一天的雨，下晚儿的时候才停。

　　《红楼梦》第四十八回：我们那年上京来，那日下晚湾住船，岸上没有人，只有几棵树，远远的几家人家作晚饭,那个烟竟是碧青，连云直上。

　　41. 宾服 pin⁴¹ fu³

　　佩服。站话各点均有分布。

　　例句：这么棘手的事他都能办成，我真是太宾服他了。

　　《红楼梦》第八十四回：不是我说句冒失话，那给人家作了媳妇儿，怎么叫公婆不疼、家里上上下下的不宾服呢？

　　42. 浮来暂去 fu²⁴ lai³ tsan⁵² tɕʰy⁵²

　　来去无定。分布点为新站村、古龙村、太和村、头站村、宁年村、塔溪村。

　　例句：你天天这一趟那一趟，浮来暂去的，一件正事没干。

　　《红楼梦》第八十八回：一时，摆上饭来，丫环回来禀道："太太叫回老太太：姨太太这几天浮来暂去，不能过来回老太太，今日饭后家去了。"

　　43. 眼面前 ian²¹ mian¹ tɕʰiar²⁴

　　跟前。站话各点均有分布。"面"在宁年村站话中读作 mɤ，经常以四字格词语形式出现，如"眼儿面跟前儿、眼儿面前儿前儿"。太和村、新站村读作 mu。

　　例句：不要光顾着眼面前，还得往远了想。

　　《红楼梦》第十九回：有今儿记得的，前儿夜里的芭蕉诗就该记得呀，眼面前儿的倒想不起来。

《儿女英雄传》第四十回：那时候的风气，如安太太、舅太太，也还懂得眼面前几句满洲话儿，都在那里静静地听着。

44. 压伏 ia^{41} fu^3

也作"压服"。用强力制伏。除拉哈镇外，站话各点中均有分布。

例句：当干部得以理服人，不能靠手里的权力来压服百姓。

《红楼梦》第八十八回："你们打架已经使不得，又弄个野杂种什么，何三来闹，你不压伏压伏他们，倒竟走了。"

45. 娘儿们 niar^{24} mər^0

长辈妇女和晚辈的合称。分布点为新站村、古龙村、太和村、宁年村。

例句：老王太太的两孩子过年都回来了，娘儿们几个见了面亲热得不行。

《红楼梦》第十一回：闲了的时候，还求婶子常过来瞧瞧我，咱们娘儿们坐坐，多说几遭话儿。

《儿女英雄传》第一回：既如此，就依你们娘儿们的话，左右是家里白坐着，再走这一荡就是了。

金受申在 20 世纪 40 年代对于《儿女英雄传》中的北平方言进行了考释，其中对"娘儿们"一词的释义有二：一是包括母子、母女、祖母、舅母、姑母和晚辈的代名词，读作"呆儿们"或"nia 们"，二是指妇女，有污辱含义。[①]释义一的用法仍然存在于站话当中。

46. 假撇清 tɕia^{24} pʰiɛ^{42} ɕiŋ^{423}（此处注音为太和村站话中的读音）

假装清白、正经，与自己无关。分布点为新站村、古龙村、太和村、塔溪村。

例句：行了，你怎么想的我们大家都知道，就别假撇清了！

《红楼梦》第九十二回：二爷上学去了，你又该咕都着嘴想着，巴不得二爷早一刻儿回来，就有说有笑的了，这会子又假撇清，何苦呢？

47. 抖搂 tou^{21} lou^3

也作"抖擞"。受凉，感冒。站话各点均有分布。

《小说词语汇释》认为"受凉"的词义由"振动"义引申而来，因为睡眠的人若有事起身，振动了被窝便容易受凉。在站话中，经常说出生后的婴儿"抖搂开了就好了"，意思是受几次凉后，身体适应了就不易再得感冒。

例句：告诉你多穿点儿你不听，怎么样，抖擞着了吧？

《红楼梦》第七十七回：不想虚弱透了的人，那里禁得这么抖搂，早喘

---

① 金受申：《北平通：儿女英雄传：北平方言考释》，《一四七画报》1946 年 8 月 9 日第 13 版。

成一处了。

48. 编派 pian⁴¹ pʰai³

编造谎言，或夸大别人的缺点、错误。站话各点均有分布。

例句：有话当面说，别背后编派人。

《红楼梦》第十九回：黛玉听了，翻身爬起来，按着宝玉笑道："我把你这个烂了嘴的！我就知道你是编派我呢！"

49. 动秤儿 tuŋ⁵² tʂʰɚ¹

开始干、动手。分布点为古龙村、太和村、宁年村、塔溪村。

例句：你那边都干完了，我这儿还没动秤儿呢！

《红楼梦》第一百零一回：我这里一大堆的事，没个动秤儿的，没来由为人家的事瞎闹了这些日子，当什么呢！

50. 媳妇子 ɕi²⁴fu⁴²tsʅ¹

媳妇。分布点为新站村、宁年村、塔溪村。

例句：你看人家那媳妇子，又会说话又能干。

《红楼梦》第十六回：贾琏笑道："正是呢，方才我见姨妈去，不防和一个年轻的小媳妇子撞了个对面，生的好齐整模样。"

《儿女英雄传》第三十八回："忽见旁边儿又过来了个年轻的小媳妇子。"

51. 撒村 sa²⁴ tsʰuən⁴¹³

说粗鲁话。村，村野。分布点为新站村、古龙村、太和村、头站村、宁年村。

例句：老李家的姑娘就是个骂人撒村的野丫头。

《红楼梦》第一百零三回：我们为好劝他，那里跑进一个野男人，在奶奶们里头混撒村混打，这可不是没有王法了！

"撒村"也作"撒村捣怪"。

《红楼梦》第七十五回：邢德全也喷了一地饭，说："你这个东西，行不动儿就撒村捣怪的。"

52. 替另 tʰi²⁴ liŋ³

另外。分布点为新站村、古龙村、太和村、头站村、宁年村。

例句：这布你要是没相中，我再替另拿一样，你再选选。

《红楼梦》第一百零四回：贾政回到自己屋内，王夫人等见过，宝玉、贾琏替另拜见。

53. 齐打伙儿 tɕi²⁴ ta³ xuɣr²¹³

一齐。站话各点均有分布。拉哈镇、塔溪村也作"打伙儿"。

例句：大家都对他不满意，齐打伙儿去领导那儿告状。

《红楼梦》第九十二回：年年老太太那里必是个老规矩，要办"消寒会"，齐打伙儿坐下，喝酒说笑。

《红楼梦》第九十九回：只要你们齐心，打伙儿弄几个钱，回家受用；若不随我，我也不管了，横竖挤得过你们。

54. 不忿儿 pu²⁴ fər⁵²

不服气，不平。站话各点均有分布。《小说词语汇释》引清徐树丕《识小录》："《水浒传》有'郓哥不忿闹茶肆'，初谓是俗语耳。乃唐人李端闺情云：'月落星稀天欲明，孤灯未来梦难成，披衣更向门前望，不忿朝来鹊喜声。'始知施耐庵之有所本。"

例句：他看人家比他强还有点儿不忿儿。

《红楼梦》第二十五回：那赵姨娘素日虽然常怀嫉妒之心，不忿凤姐宝玉两个，也不敢露出来；如今贾环又生了事，受这场恶气，不但吞声等语。

55. 护庇 xu⁵² pi¹

庇护、保护。站话各点均有分布，除宁年村外都读作"xu⁵³pʰi¹"。

例句：这年头，没有人在上面护庇着不行。

《红楼梦》第八十二回：你别说我是你的外孙女儿，是隔了一层了，我的娘是你的亲生女儿，看我娘分上，也该护庇些。

56. 小性 ɕiau²¹ ɕiŋ⁵²

气量小，常为小事儿气恼、发脾气。站话各点均有分布。

例句：她是个小性儿人，一句话说不对心思，就撅脸子。

《红楼梦》第二十二回：些没要紧的恶誓、散话、歪话，说给那些小性儿、行动爱恼的人、会辖治你的人听去！

57. 找补 tʂau²⁴ pu³

添补、补充。站话中也作"垫补"。站话各点均有分布。

例句：离吃饭时间还早呢，你先吃块蛋糕找补一点儿吧。

《红楼梦》第一百零八回：去罢，好好的睡一夜，明儿一早过来，我要找补，叫你们再乐一天呢。

《儿女英雄传》第九回：只有十三妹姑娘，风卷云残，吃了七个馒头还找补了四碗半饭，这才放下筷子。

现代北京话中也有使用：

老舍《骆驼祥子》：曹先生告诉了祥子门牌号数，又找补了一句："还是用我自己的车。"

58. 人客 zən²⁴ tɕʰiɛ²¹³

客人。分布点为新站村、古龙村。香坂顺一（251）认为"人客"是唐代以前就出现的古语词，《红楼梦》中对它的使用从表达效果看很自然，应该是当时口语中使用的词语或者是方言的残留。同时他也指出，把"客人"

说成"人客"的方言还有广东话、闽话、客家话。

例句：老李家儿子娶媳妇，人客去了不少。

《红楼梦》第五十六回：虽然我们宝玉淘气古怪，有时见了人客，规矩礼数更比大人有礼。

59. 厌物 ian^{52} u^1

令人讨厌之人。分布点为新站村、古龙村、太和村、头站村、宁年村。站话中有时直接用副词修饰，如"真厌物"，意为"真是个令人讨厌的人"。

例句：这孩子一点儿教养没有，走到哪儿都是个厌物。

《红楼梦》第一百一十二回：凤姐道："你听他说甄府里，别就是甄家荐来的那个厌物罢？"

60. 左右 tsux^{21} liou^{52}

反正。站话中"右"字音变，添加了声母[l]，各点均有分布。

例句：左右你也没相中，干脆都给我吧。

《红楼梦》第六十四回：凤姐道："左右也不过是这么着，三日好两日不好的。"

《红楼梦》第一百零一回：左右我是外人，多早晚我死了，你们就清净了。

站话中还有许多以两个意义相对的语素构成的词语，与"左右"类似，表示"无论、不管怎样都"的意思，如"早晚儿、好歹、高低、贵贱、横竖"等。例如："明年开春时，高低得买个四轮车。""别人爱怎么想怎么想，横竖我自己心里有数"。这些词语也大多普遍通行于东北方言中，有些也是从明清语汇中继承下来的。

《红楼梦》第四十六回：鸳鸯冷笑道："老太太在一日，我一日不离这里；若是老太太归西去了，他横竖还有三年的孝呢，没个娘才死了他先纳小老婆的！"

《红楼梦》第十九回：袭人见总无可吃之物，因笑道："既来了，没有空去之礼，好歹尝一点儿，也是来我家一趟。"

61. 一顿把 i^{24}tuən^{52}pa^{213}

连续的、不停歇的。即东北方言中的"一连气儿、一溜儿气"。分布点为新站村、太和村、宁年村。

例句：他这个人急性子，从来干活都是一顿把弄利索，一点儿不耽搁。

《红楼梦》第三十六回：说着，果然将那雀儿放了，一顿把将那笼子拆了。

62. 拿大 na^{24}ta^{52}

摆架子。分布点为古龙村、太和村、宁年村、塔溪村。

例句：他这个人自以为是，到处拿大，觉得谁都不如他。

《红楼梦》第五十四回：贾母因说："袭人怎么不见？他如今也有些拿大了，单支使小女孩子出来。"王夫人忙起身笑回道："他妈前日没了，因有热孝，不便前头来。"

63. 毛团 mau^{24}tuan^{24}

骂人的话，即"畜生"。站话中作"毛团子"，分布点为新站村、古龙村、太和村。但意义有所不同，新站村只指称小孩子，古龙村和太和村只指称牛、马、羊等放牧畜生。

例句：家里弄了这些个毛团子，一刻都离不了人。

《儿女英雄传》第四十回：主儿打毛团子似的，掇弄到这么大，也不管主儿跟前有人使没人使。

64. 汗褡 xan^{52}t^{h}a^{24}

中式小褂。在站话中"衬衫"也被称作"汗褡儿"，"背心"称作"汗溜儿"。也作"汗褡子"。除拉哈镇之外各点均有分布。

例句：这汗褡儿都穿好几天了，赶紧脱下来洗洗。

"汗褡"也作"汗塌儿"。

《儿女英雄传》第三十八回：（长姐儿）一眼看见大奶奶的汗塌儿袖子上头，蹭了块胭脂。

爱新觉罗瀛生（2004）在《满语杂识》中提到过上述的部分词语，他认为"累肯、忽拉巴、不防头、横竖、哈什房"这些词语在现代北京话中已经不使用了，而"抖搂、替另、撺掇、捞梢、念心、顶缸、丧谤、编排、体己、数落"等词在北京话中仍然使用。[①]这一方面说明了站话与北京话之间由于来源相同而具有一定的亲缘关系，另一方面也表明站话中仍然存在的一些词语可以作为清初层次辽东、北京地区语言状况的一种反映。

二　站话词汇中的外来词

谈到站话中的外来词，即刻就会想到这个由蒙古语借来的词语——"站"。汉语中的"驿站"在元代之前称"驿""邮""亭"等，直到元代才借音蒙古语"站"表示"驿传"义，进而发展出"驿站"义。在"站人"和"站话"的指称中，本身就体现着外来语的深刻影响。大量外来词的加入，构成了站话词汇的特征之一，也反映着民族间相互接触、相互融合的历史。

---

① 爱新觉罗瀛生：《满语杂识》，学苑出版社 2004 年版，第 801—816 页。

　　从产生的类型来看，外来词可以分为两种：借用的和底层的。所谓借用，主要指通过文化交流借入的词语，也就是狭义的"借词"。汉语外来词大部分都属于这一类。而"底层的"是指"不同语言经过'人种过程'或'文化过程'后，某语言族群在采用另一语言的过程中本族语言的'碎片'残存或遗留"，即"底层词"（史有为 2003：10）。①按照这种分类方式，可以把站话中的外来词分为两大类：一类是产生于满语、蒙古语底层的外来词；一类是从俄语等借用来的外来词。前者所占数目更多，对站话的影响更大。在本文的叙述中，二者一律称之为"借词"。

　　（一）站话中的满语借词

　　清代以前，生活在黑龙江地区的少数民族所持的是阿尔泰语系中满—通古斯语族、蒙古语族等语言。清朝建立后，清政府对包括黑龙江在内的东北地区实行军府制，以军政为主，兼管民政。同时在二百多年的时间里实施封禁政策，限制民人随意出入。这使得在清前中期很长一段时间内，少数民族一直是黑龙江地区的人口主体。站人是较早成批进入黑龙江地区的汉人，在与当地少数民族接触的过程中，一方面使汉语的优势地位不断扩大，同时也必然吸收一定数量的民族语汇。这些借自民族语言的词语一方面促进了民族间的交往，同时也丰富了汉语词汇的表达内容。它们作为黑龙江地区早期汉语方言词汇的一个组成部分，在民人大量涌入之后，进一步在汉语方言间积累、传播和使用，成为今天黑龙江地区外来语词汇的基础。

　　东北地区是满清王朝的"兴王之所"，建立政权以后，为了加强统治，把黑龙江地区的少数民族都编入八旗，并借助政治力量在各民族中推行满语，使满语逐渐成为黑龙江地区各少数民族中的强势语言。但是这种影响对于在文化上更加先进的汉语来说并没有多大的作用。随着社会经济的不断发展，"满族人以及其他少数民族越来越感觉到本民族语汇的贫乏，开始大量借用汉语词汇"。②当然，在民族交往的过程中，语言肯定是相互影响、相互借用的。再加上当时驿站中的管理者多为满族人，因此满语对站话的影响也不容忽视。站话对满语词汇的借用，首先体现在地名上。"因为在汉人到达之前原住民就用他们的语言为地命名，汉人来了之后沿用下来。"③这从"保存至今的黑龙江省满语地名有近万条之多"④可见一斑。驿站设立之后，地名也多沿用少数民族已有的称呼。这些地名有的几经转

---

① 史有为：《汉语外来词》，商务印书馆 2003 年版，第 10 页。

② 李德滨等：《黑龙江移民概要》，黑龙江人民出版社 1987 年版，第 56 页。

③ 李如龙：《汉语方言学》（第二版），高等教育出版社 2007 年版，第 149 页。

④ 黄锡惠：《黑龙江省满语地名翻译的几个问题》，《满语研究》1985 年创刊号。

译已经看不出民族语言的痕迹，有的已被新的汉语名称取代，但是它们作为历史发展变迁的见证，对了解当时的社会环境、地理风貌都有着重要的意义。由于这类地名数量众多，下文只列举几个驿站地名作为这一类别的代表。

宁年鄂漠　"宁年"是满语大雁的意思，"鄂漠"是泡子，"宁年鄂漠"就是大雁栖息的泡子。驿站始设于康熙二十四年（1685 年），初称宁年池站，即今天富裕县宁年村富宁屯。

拉哈　"拉哈"在满语和达斡尔语中是"淮头鱼"的意思，因附近嫩江盛产此鱼而得名。驿站始设于康熙二十四年（1685 年），初称拉哈岗站，即今天讷河市拉哈镇。

呼兰　满语为"烟囱"之意。康熙二十二年（1683 年）清朝为了加强东北边疆的防御和对该地区的管理，在呼兰河一带设八处卡伦。即今天哈尔滨市呼兰区呼兰镇。

此外，很多来源于满语的驿站官职名称，虽然今天已不使用，但在清代汉文典籍以及驿站相关历史资料中大量存在，如：

1. 笔贴式

源于满语 bithesi，书记官，管理翻译、文书、档案等。杨宾《龙江三纪》："每站设笔贴式一，拨什库一……笔贴式登记档案。"[1]因清政府对站人实行严格的三不准政策："不准当官、不准参加科举考试、不准越驿站百里"，笔贴式是站人可以担任的最高官职。

2. 拨什库

也作"领催"。在驿站内掌管登记档册、支领官兵俸饷事务的官职。

站话中的满语借词还体现在一些与生产生活密切相关的词语上，这些借词在周边民人话中较少使用。比如：

3. 威呼

源词为 weihu，独木舟，小船。《宁古塔纪略》："江中往来，俱用独木船，名'威呼'。"《柳边纪略》亦曰："宁古塔船有二种，小者曰'威弧'，独木，锐首尾，古所谓'刳木为舟'者也。"后来，用木板造的小船也称"威呼"。

4. 拉合

源词为 laha，是以前站人筑屋墙时使用的一种独特方法。它是将木条纵横搭架，再将涂了泥的草编辫一样束密结在木架上，中间填入泥土，里外抹草泥而成，故称"拉合辫"，并将用此方法所筑屋墙称为"拉合辫墙"。

---

① 杨宾：《龙江三纪·柳边纪略》卷之三，黑龙江人民出版社 1985 年版，第 90 页。

5. 哈什屋

源词为 hasa，仓房。它是将满语读音"哈什"与汉语"屋"结合一起构成的外来词。哈什屋盖在院内东侧，便于家人出入取东西。今天在站话各点中仍广泛使用，读音略有差别。爱新觉罗瀛生（2004：817）在《满语杂识》中提到"哈什房"，义为"仓""库"，并说现在此词已不使用。

6. 搭

源词为 da，义为"头领"。站话中有"网户搭""屯搭"等词语，也是汉语与满语的结合。"网户搭"指以出租船、网收利的人。"屯搭"义为屯内头领。

7. 撞克

源词为 jangkūlambi，汉语借用其中的词干部分发音 jangkū。指碰到鬼邪而导致生病，是对癔病的一种说法，即民间所谓的"遇见邪、鬼上身"之义。

8. 包坍

源词为 bodori，满语义为"疣"。站话中为"疾病"义，有的站话代表点中也作"包沉"。

9. 叉玛

源词为 sama，也作"萨满"，是萨满教巫师即跳神之人的专称。萨满教在中国北方古代各民族中间的影响根深蒂固，它的主要仪式就是"跳神"。通过这一仪式，"萨满"作为人、神之间的中介，将人的祈求、愿望转达给神，也可以将神的意志传达给人。《北临录》载："金以女巫为萨满，或曰珊蛮"；《龙江纪略》："降神之巫，曰萨麻。"吴振臣《宁古塔纪略》："凡大、小人家，庭前立木一根，以此为神。逢喜庆、疾病，则还愿。择大猪，不与人争价，宰割列于其下。请善诵者，名'叉马'，向之念诵。"

站话中有一句至今沿用的俗语叫做"跟啥人学啥人，跟着'叉玛'学跳神儿"。在通俗地表达了环境影响人的道理同时，也表达出站人对这一宗教的否定态度。

10. 靰鞡

源词为 ula，也作"乌拉"，是满族最先发明和穿着的一种鞋，用牛皮制成，里面填有乌拉草，在冬天具有很好的保暖作用。张缙彦《宁古塔山水记》："鞠牛豕皮为履，名曰渥腊"；西清《黑龙江外记》："冬日行役，率着乌拉……软底而藉以草，温暖异常"；徐宗亮《黑龙江述略》："土人著履，曰乌拉，制与靴同，而底软，连帮而成，或牛皮，或鹿皮，缝纫极密，走荆棘泥淖中，不损不湿，且亦耐冻耐久"；杨宾《柳边纪略》："护腊，革履也，絮毛子草于中，可御寒"；《鸡林旧闻录》："用方尺牛皮，屈曲成之，不加缘缀，覆及足背。"

站人中留传的"民俗二十四怪"中，就有"牛粪马粪当烧柴，靰鞡草用后再晾晒"之说。

11. 瓦昏味儿

"瓦昏"是满语，源词为 wahnn，义为"臭"。"瓦昏味儿"即臭味。在今天的站话当中词义有所改变，指"像葱蒜、肉类腐烂的气味"

12. 霞棚

指用谷糠、油渣、麻秆为材料制成的灯，汉语称为"糠灯"。《柳边纪略》载："糠灯俗名虾棚，以米糠和水，顺手粘麻秸，晒干，长三尺余，插架上或木牌燃之，光与烛等而省费。然中土人都用油灯。"许多流人都曾以诗记录，如杨宾《宿尼什哈站》："糠灯劳梦寐，麦饭慰飘零。明发骑鞍马，萧萧逐使星。"《赠李召林侍御》："糠灯旧梦依青琐，雪窖新诗满皂囊。宣室他年君自到，谩将浊酒注酉曹。"康熙五十二年，因受《南山集》牵连的桐城方登峄与其子方式济被遣戍黑龙江卜奎（今齐齐哈尔），途中暮宿茂兴站时，见室内奇异之灯感而赋诗："糠秕亦生辉，能分兰焰微。霜骸横骨瘦，黍沥裹肌肥。客对星星鬓，山昏寂寂扉。映囊贫计拙，今日始知非。"这种糠灯简便实用，赫哲族人一直到解放前都在使用。今天的站人曾有诗赞云："糠粘麻秆即霞棚，红火初燃焰欲腾。何事囊萤兼映雪，小窗分作读书灯。"

13. 搽不哈喇

即灯架。制作方法是将一段三丫木的三杈交汇点之下的独枝截断，然后倒立于地，使其一茎直立向上，接着在直茎顶端凿一小孔，将霞棚插于孔中，又可在孔中前后移动。由于灯架远远望去像站立的女人，站人也将之称为"懒老婆"。载方登峄父子也曾见搽不哈喇有感赋诗："断木衔光远，居然八尺檠。丫杈劲三足，臃肿上孤茎。不问红花喜，聊辞烛泪倾。通明看色相，粉黛亦虚名。"

站话中还有很多满语借词也存在于大部分黑龙江方言中。黄锡惠（1997：57）认为，东北地区"最先受到满语影响的汉人对后来汉人语言上的影响不可轻视之"。[①]这些满语借词应该是在多种汉语方言与满语的接触融合中，在不同的历史时期不断积累、丰富，发展起来的。例如：

---

① 黄锡惠：《汉语东北方言中的满语影响》，《语文研究》1997 年第 4 期。

表 6-1　　　　　　　　　　　站话及黑龙江方言中的满语借词①

词语	源词	词　　义
喇忽	lahū	做事不用心，大意
哏叨	hendumbi	满语义为"说、讲、谈"，借用到汉语中演变为"训斥、责骂"
撒摸	sabumbi	向四周看
嘞嘞	leolembi	满语义为"说、谈论借用到汉语中指'不停地说，含贬义'"。站话中也说"得得""咧咧"
摸萨	macimbi	满语义为"向外舒展"，借用到汉语中指"用手抚摸或擦拭"
耷拉	dalajambi	下垂、挂着
央咕	yangge	请求、乞求，站话中也作"央咾"。
栽歪	jailambi	满语义为"躲、躲避"，借用到汉语中演变为"闪身、侧身"

（二）站话中的蒙语借词

蒙古族是清代时黑龙江地区仅次于满族的第二大民族。在黑龙江地区的蒙古族被划分为依克明安、扎赉特、杜尔伯特和郭尔罗斯后旗共四个旗。这些区域恰好是南路驿站所在区域，因此站话中的蒙语借词在南部的几个分布点中表现的数量更多一些。同样，蒙语借词也首先体现在地名上。以驿站名称为例：

茂兴苏苏　源于蒙古语"木乌苏"，"水质不好"之意，康熙年间黑龙江内驿站的南部起点，今为肇源县茂兴镇。

古鲁　源于蒙古语"古尔班禅连"，"三个泡子"之意，明末清初演变成"古鲁"，康熙年间黑龙江内驿站的南起第二站。民国时期一度称"轱辘站"，后为"古龙村"，今为肇源县古龙镇。

乌兰诺尔　蒙语为"红色的泡子"之意。驿站始设于雍正五年（1727年），站民大多由茂兴和古龙拨付出，因为后建之站，按汉人习惯后称之为"新站"，今为肇源县新站镇。

察普齐尔　蒙语为"立陡的崖子"之意。雍正十三年（1735年）开始设置驿站，是由卜奎至呼兰间六站台之一。后按汉人习惯称之为"二站"，今肇源县二站镇。

鄂尔多图　蒙语为"有宝的地方"之意。雍正十三年（1735年）开始设置驿站，是由卜奎至呼兰间六站台之一。后按汉人习惯称之为"三站"，今肇源县三站镇。

---

① 满语音转译参照高扬《东北方言中的满语借词》，硕士学位论文，广西师范大学，2010年。

多克多力　蒙语为"山嘴子"之意。康熙年间设置驿站，今为杜尔伯特蒙古族自治县巴彦查干乡太和村。

站话中对于蒙语词汇的借入，更多的是与生产生活尤其是畜牧密切相关的事物和概念名称。比如对于牲畜的细致分类，在今天的南路站话中仍然通行：

1. 胡拉布子 $xu^{24}lapu^{53}ts\eta^{0}$

源于蒙语 hurag-a，"小羊"的意思。太和村、头站村、宁年村站话中也称为"苦鲁布子"。

2. 布裸子 $pu^{53}lu\gamma^{213}ts\eta^{0}$

源于蒙语 biragu，"小牛"的意思。"布裸子"在新站村、古龙村、太和村等仍然使用，但在宁年村站话中已经不表示"小牛"义，而是专门指淘气的小孩子。这是词语在发展过程中，词义发生变化的一种表现，即随着词语所表达的事物或概念逐渐淡出人们的日常生活，词语的本义已不再使用，但其引申出来的比喻义还会在一定范围内存在。

3. 驴搭哈儿 $luei^{24}ta^{0}xar^{312}$

"两岁的小驴"之意，是汉语与蒙语结合构造的词语。

4. 马搭哈儿 $ma^{24}ta^{0}xa^{312}$

"两岁的小马"之意，是汉语与蒙语结合构造的词语。

5. 牵撒儿 $ta^{31}sa^{0}$

指皮张或布的边角料。

6. 打布鲁脚子 $ta^{21}pu^{53}lu^{0}tɕiau^{213}ts\eta^{0}$

干零活。

此外，蒙语借词中的"哈喇（放得过久而发霉的食物）、嘎拉哈（用羊骨做的一种儿童玩具）、蝲蝲蛄（蝲蛄）、划拉（收拾、搜罗）"等也普遍使用于黑龙江方言中。

满族、蒙古族相对于其他民族生产力水平更高，因此站话中的借词也相对更多。但站话中也留下了其他民族的语言痕迹。例如有一种运输工具叫大轱辘车，就是达斡尔族的一种独有的创造。达斡尔语叫做"达斡尔特尔格"，后来逐渐演变成为"达古尔车"、"大轱辘车"。还有北路驿站上把坎肩、马夹叫作"尚打神"，当地人说这也是借自达斡尔语。

（三）站话中的俄语借词

清代黑龙江地区驿站的设置，其目的主要为反击沙俄侵略提供进兵运饷之需。这条驿路修好之后，与原来吉林、盛京的驿站相连，成为连接东北地区的一条重要纽带，形成了直达北京的畅通交通线路。它大大促进了各地区的沟通与交流，甚至为俄国商旅和使臣的往来提供了极大的方便。据俄罗斯莫斯科城大臣于康熙三十六年（1697 年）为清准其商人贸易事致清领侍卫大臣索额图咨文内称："彼等（指俄国商人）行至贵国省城时，望按至圣皇帝之大臣以和好之礼所定之例，对我俄罗斯汗官货，斯皮里顿及其同往商人，由嫩江供给驿站盘费，护送来京。"清政府于康熙三十九年正月通知俄方"准按定例，派员至本国索伦地方，护送来京"。①可以想象，汉语与俄语之间的相互借用必然会发生在这条驿路上的语言接触之中。在今天的站话中保留了许多俄语借词，这些借词，有的多出现于站话中，比如"孬幕（小房间）"，而大多数则普遍使用于黑龙江地区。因此，站话中的俄语借词，也是在长期的语言接触中不同历史层次的逐渐累积。以下只例举一些在站话中经常使用的俄语借词。②

1. 孬幕儿

源词为 номер 单间、小房间。站话中不同分布点的发音略有差异，如太和村称"孬屋"，塔溪村称"孬门"。

2. 马神

源词为 машина，机器。站人经常用"玩马神"形容使用阴谋诡计。

3. 维大罗儿

源词为 ведро，水桶。站人特指圆台体、适于饮马的水桶。

4. 马林果

源词为 малина，覆盆子。站话中指一种红色的野果。

5. 沙普克

源词为 щалка，帽子。站话中指一种棉质的软帽。

俄语借词在站话及黑龙江方言中大量借入，是 20 世纪初随着中东铁路的修建，大批俄国人进入到黑龙江地区后才开始的。比如 20 世纪 20 年代有人曾编过这样的顺口溜："一到中国街，满街毛子调。握手拿瓜摸，都拉时气好。来了个戈比旦，开着马神车，搂着个玛达姆，喝着俄特克。奶油斯米旦，列巴大面包，水桶喂得罗，栏波电灯泡。没钱喊涅肚，有钱哈拉少。"③随着时代的发展与变迁，这些直到 20 世纪 50 年代还在大街小巷流行的俄语借词，今天已经逐渐淡出黑龙江方言了。

王力先生曾说："各地汉语方言里来历不明或无字可表的词语，都可能是来自他族语言。不过，因为它们很早就进入了汉语词汇里，已经和汉语水乳

---

① 参见孟宪振《清初吉林至瑷珲驿站考》，《历史档案》1982 年第 4 期。

② 俄语拼写参照刘正琰等编《汉语外来词词典》，上海辞书出版社 1984 年版。

③ 王培英：《论俄罗斯文化对哈尔滨的影响》，《黑龙江教育学院学报》2002 年第 3 期。

交融，不容易考证出来就是了。"[1]站话中的一些词语，比如"瘪拉器_{炉筒子}、班克_{装油、酒的小筒}、圪扔_{垃圾}、苏巴汤_{用西红柿和卷心菜做成的汤}、团瓢子_{圆形粮仓}、苏牙子_{一面压有十字花纹的一种饼}"等，都已无法查找到源词，但应该都是借自外民族语言中的借词。

三　站话词汇中的四字格俗语

四字格俗语因其具有口头性、通俗性和地域性的鲜明特点，在很多方言中都是表现其词汇特征的一个重要组成部分。站话中的四字格俗语也有其鲜明的个性特征。

（一）站话中四字格俗语的类别

从内部结构上看，站话中的四字格俗语可以分为两类，一类是词语的直接组成成分均为有实在意义的语素，可以称之为复合式四字格俗语。另一类是由实语素加虚语素构成，可以称之为附加式四字格俗语。以下将分别举例说明。

1. 复合式

复合式四字格是指那些构成词语的直接成分都具有实在意义的四字格。按照组成成分之间的结构关系，又可分为以下几种：

（1）主谓式

组成成分之间是一种陈述关系，比如：

茅连草舍_{院子脏}　　　　　　　　粪草囤门_{家中十分脏乱的样子}

一管_儿不递_{一言不发}　　　　　　　边框四至_{四面临界}

大天十亮_{天完全亮了}　　　　　　　剜筐是菜（剜刀是菜）_{不加选择}

小鬼龇牙_{冬天天刚亮前最冷的时候}　　三星对门_{半夜时分}

老云接驾_{日落时出现的乌云}　　　　狗扯羊皮_{喜欢随处乱说又没完没了的人}

（2）述宾式

组成成分之间是一种支配关系，它在结构上可以是 1+3，如"包葫芦头"，也可以是 3+1，如"把不住麻"，也可以是 2+2，如"急等马发"。比如：

不进盐酱_{不听劝说}　　　　　　　　打哑巴谗_{不爽快}

逞干巴强　　　　　　　　　　　　把不住麻_{顾不过来}

横踢马槽　　　　　　　　　　　　急等马发_{急急忙忙}

捎带二意_{顺便}　　　　　　　　　不着摇兴_{不正经做事}

不得烟_儿抽_{不受赏识}　　　　　　包葫芦头_{负全部责任}

上打房银_{搬入前先交清房租，引申指先交钱后办事}

---

[1] 王力：《王力文集》（第十一卷），山东教育出版社1990年版，第674页。

（3）述补式

组成成分之间是一种补充关系。补充成分可以表示处所、程度等。如：

服伏在地_{服气}　　　　　　　掏心肺腑_{说心里话}

隔长不短　　　　　　　　　　缺腿狼藉_{缺胳膊少腿的样子}

起早趴晚_{不分早晚}

（4）状中式

直接成分之间是一种修饰关系，前一成分可以表示状态，如"昂扬不睬儿"，可以表示途径，如"照本儿实发"。

大口连把（大口连马）_{一大口一大口地吃}　　昂扬不睬_{儿 不爱理人的样子}

照本儿实发_{明说、实说}　　　　随帮唱影_{儿 没有自己的主见，只是跟着别人走}

（5）联合式

直接成分之间是一种并列关系。联合式四字格俗语在站话中最为丰富，内部结构关系也更为复杂。可以再细分为以下几类：

① 定中+定中

混马交枪_{鲁莽}　　　　　　　鸡毛火炭_{非常着急}

五马长枪_{挥舞棍棒}　　　　　　膀天膀地_{吹嘘}

尖头日脑　　　　　　　　　急头白脸

熟头马面_{指相互之间经常见面都很熟悉}　　成本大套_{比喻说话系统全面}

明盔亮甲　　　　　　　　　锯齿_儿狼牙

肉沫烂酱_{烂成一团}　　　　　　瘪目瞎眼

死相倒气_{呆板}　　　　　　　亲门近支_{儿 指亲戚}

清汤寡水　　　　　　　　　一屁俩谎

亲姊热妹_{同胞姊妹}　　　　　　仁亲俩厚_{泛指亲戚朋友}

人模大样_{指懂事了且表现文雅的意思}　　浑头马面

憨皮大脸_{不听劝导}　　　　　　清锅冷灶_{冷冷清清}

② 动宾+动宾

陷天豁地_{物品胡乱堆放}　　　　抽声咽气_{悲哀}

淌眼_儿抹泪_{儿 不出声地哭}　　　蒙天虎地

瞟眉使眼_儿　　　　　　　扭头别膀_{不团结}

瞅空没影_{不守铺儿}　　　　　急天抓地_{哭叫声多而杂}

粘牙倒齿　　　　　　　　　哈腰撅腚

补破连烂（补破连绽）_{缝补}　　扯篷拉欠（扯风拉欠）_{从中介绍}

安帮靠底_{可靠、稳妥}　　　　　抡风扫地_{形容发脾气时的动作}

戗毛戗翅　　　　　　　　　夹七带棒_{乱掺和}

欻尖_儿卖快_{出风头，显示自己}　　蹭跐上格_{小孩淘气，爱上高处}

拿五做六儿　　　　　　　　　　闲牙斗齿

扯三亡四　　　　　　　　　　扯三妄二胡说乱做

支腿拉胯四肢伸展地仰卧　　　　背包儿撅伞出门时携带各种东西，多而累赘

观风料哨放哨　　　　　　　　画笔成样照着现成的样子模仿

安脏贴画污蔑　　　　　　　　借高上驴顺势

瞒头盖脚隐瞒真相　　　　　　成宿隔夜整夜

呲毛撅腚乱糟糟显得不整洁　　隔山片海散乱而没有中心

齐边儿齐沿儿整齐　　　　　　扬场五道杂乱

有红是白脸色白里透红　　　　编笆结枣凭空捏造

存钱握粮形容家境富裕　　　　托人弄戗为达到某种目的而托人办事

放屁崩坑比喻霸道　　　　　　为难遭宰遇到难处或不顺利

显鼻显眼引人注目　　　　　　有来道去儿 说得符合情理

应名打鼓表面所做和实际不一致

③ 状中+状中

单摆浮搁有各自的位置，缺少应有的联系　　钉帮铁牢确定不移

五迷三道说话、精神不正常　　三吹六哨不说实话，吹牛

胡迷烟道啥也不懂　　　　　　胡扯六拉说话不靠边，做事不正经

鬼迷三道说话做事怕人知道　　穷吃胀喝

大吃二喝　　　　　　　　　　稀打海摔懒怠

④ 主谓+主谓

口挪肚攒　　　　　　　　　　缕顺条扬和顺融洽

路断人稀僻静　　　　　　　　鸦默雀静静悄悄

手拿把掐儿 做事不费力　　　　狼藏狈掖极力掩饰

⑤ 重叠式

两个具有实在意义的词根加以重叠，包括 AABB 式和 ABAB 式。如：

边边拉拉边角　　　　　　　　毫毫生生身体没有什么毛病

滋滋衍衍自在　　　　　　　　般般样样样样都有

意意思思犹豫不决　　　　　　背背服服妥当

滋滋梗梗秀美大方　　　　　　态态歪歪不端正

眸视眸视不予理睬　　　　　　无可无可打心眼里感激

制制蒿蒿傲慢

⑥ 其他

还有一些联合式四字格词语，直接成分的内部关系并非一致，如成破利害利弊得失（四个单音节语素联合），拖连打地拿东西拖拉不利索（连动+动宾），有情后补对于别人的情义表示容后补报（动宾+状中），明灯蜡烛（定中+名），滚蛋出沟儿滚开,

含贬义（动+动宾），生汤瓦热_{半生不熟}（定中+主谓），苦熬干休_{困苦煎熬}（状中+中补），借壁邻右（名+动宾），急水赶天_{性子急}（定中+主谓），不得烟抽_{不被看好.遭冷遇}（动宾+动）。

2. 附加式

附加式四字格是指由词根加上词缀构成的四字格。这类四字格中的词缀因口语中的音变可以有多种语音形式。站话中的这种附加式四字格俗语与黑龙江方言大体一致，但是有一些特殊的词缀只见于站话词语中，如"温凉不暂、明光骄暂、浮来暂去、胡子古叶、干巴扯叶、糊涂嘛约、透亮什奔儿"等。

按照词缀的位置，可以把附加式四字格俗语分为四种：前缀式、中缀式、中后缀式、后缀式。

（1）前缀式

词缀在前的四字格俗语数量较少，如：

叽拉拐弯

（2）中缀式

词缀位于四字格俗语中间，又可分为以下几种类型：

① 根+缀+主谓

鮈喽气喘　　提溜蒜挂

② 根+缀+述宾

呵什带喘　　弯溜撅棒_{很弯}　　丧嗒游魂_{神情沮丧}

①②中的词缀都是先与第一个词根组合后，再与后面短语结合为一个四字格俗语，通常表示对后面短语的修饰。词缀读轻声。

③ 根+缀+缀+根

前后两个词根为一个双音节词语，词义即为整个四字格词语的意思。如"死拉毫冷"，就是"死冷"。在中间加入词缀，使词语程度加深或带上贬义色彩。前一个词缀读轻声，后一个词缀通常读作阴平。

紫拉毫青　　　　　　　　死拉毫冷

油吱嘛花　　　　　　　　支棱巴翘

弯不拉曲　　　　　　　　埋了咕汰

硌拉巴生_{不随和}　　　　　乌了巴涂_{水不凉不热不好喝}

稀胡脑泞_{泥泞}

④ 述宾+缀+根

这种四字格俗语的实语素为三字格的述宾短语，词缀加在双音节宾语中间，多为"拉"，只起到结构作用，没有意义。

没深拉浅　　　　　　　　没滋拉味儿

没油拉水儿　　　　　　　　　没好拉歹不管不顾，不计后果

没意拉撒（思儿）　　　　　　没心拉肺

淡轻拉水儿

⑤ 定中+缀+根

这种结构的四字格俗语又分为两种情况：

一是实语素为三字格的定中短语，词缀加在双音节的中心语中间，只起到结构作用，没有意义。

厚嘴拉唇　　　　　　　　　　薄边儿拉沿儿

妄口巴舌没影的话　　　　瘦筋巴骨

贼眉溜眼　　　　　　　　　　细声拉语儿

成年溜辈

二是实语素为三字格的主谓短语，词缀加在主语谓语之间，只起到结构作用，没有意义。

红眼拉瞎　　　　　　　　　　烂眼乎瞎

黄皮拉瘦　　　　　　　　　　眼皮拉浅

⑥ 重叠+缀

囊囊不揣不爽快　　　　磨磨不丢形容人说话办事不痛快

（3）中后缀式

这种四字格俗语结构为单音节词根+中缀+后缀，中缀通常只起到结构作用，读轻声。后缀则起到强调词根的性质状态的作用，通常都读作阴平。

勺楞光叽　　　　　　　　　　毛楞暂光不细致

悬篷溜拉事情没有定准，说不定　屁子嘟毫好说笑话

血呼打掌　　　　　　　　　　炼嘛咕咚水不干净

提溜当嘟　　　　　　　　　　干巴扯叶

痂巴什叶　　　　　　　　　　干巴拉瞎

皮啦嘎叽　　　　　　　　　　半拉克叽

胡子古叶胡傲乱傲　　　　破嘟失虎残破、不完整

血呼哧啦　　　　　　　　　　泥头拐杖

贱不喽嗖　　　　　　　　　　强势巴火勉强

粉不鲁突　　　　　　　　　　黑漆撩咣

油叽咯奈　　　　　　　　　　行搭乎哧不在意

阴刺忽拉

（4）后缀式

① 联合+缀

温凉不暂不冷不热　　　　泞泥巴叽道路泥泞难走

糊涂嘛约

② 定中+缀

大肚咧些　　　　　　　　　　驴脸呱嗒

白脸克张_{脸色青白很难看}　　　　　红眼巴嚓

臊气咕咚　　　　　　　　　　鼻涕拉瞎

驴性巴道　　　　　　　　　　破马张飞

青脸实漂_{不爱理人的样子}

③ 动宾+缀

疹人呼啦　　　　　　　　　　冒烟咕咚

透亮什奔儿　　　　　　　　　没筋咕曩儿_{一点力气也没有}

站话中的四字格俗语，与黑龙江方言相比，既有共性，又有差异。共性主要体现在附加式四字格俗语上。二者都具有数量丰富、色彩鲜明的词缀系统，构成了一大批词语的生动形式。而站话中由实语素构成的丰富的四字格俗语则展示了它的个性特征。很多词语只在站话中使用，体现了站话词汇的鲜明特色。下面我们主要对站话中这种复合式的四字格俗语加以分析。

（二）站话中复合式四字格俗语的语义特点

1. 从构成成分看，站话中的复合式四字格俗语是对概念的高度凝练和整合

复合式四字格俗语不同于附加式四字格，它的组成成分都是表示实在意义的实语素，因此词语的意义含量更为丰富和复杂。要把这些丰富的含义融汇在一个四字格词语中，要求对概念进行高度的凝练与整合，才能使表达的意思清晰、明确。比如"瞅空没影"，意思是说抓住机会溜掉，不见了人影，来形容那些不坚守岗位的人。这个四字格词语在最大程度上把这种连续的动作高度凝练，既简洁又明了。比如"有情后补"，意思是在之前的交往中得到了别人的情义，那么以后有机会再回报。短短的四个字把事件的前因后果概括进去，不仅提高了语言表达的效率，更是站人特有的文化、观念、思维方式的一种体现。再比如"掏心肺腑"一词，它的意思是彼此之间坦诚相待，不仅达到"掏心窝子"的地步，而且程度更深。与一般所说的"掏心掏肺"相比，它的语义含量更为丰富。再如"照本儿实发"，意思地按照本来的面目和真实情况来明说、实说。如果对这一词语的结构进行分析，那么它由两个层次组合而成。第一个层级是偏正关系，"照本"作为状语来修饰"实发"。第二个层次中的"照本"是述宾关系，"实发"又是一个偏正关系。可见，词语中的四个语素没有冗余成分，将复杂的结构关系表现得清晰且精练。

2. 从语义构成方式来看，站话中的复合式四字格俗语主要通过描摹、引申、比喻、夸张等手段来表现语义

描摹，是通过对事物、现象的直接描写或描绘来表达意义。比如"大风小嚎、鸦默雀静"是对声音的描摹，"有红似白"是对色彩的描摹，"瘪目瞎眼、人模大样、饯毛饯翅"是对外形的描摹，"瞟眉使眼ㄦ、呲毛撅腚、抡风扫地"是对动作的描摹，"茅连草舍、扬场五道、粪草囤门"是对景象的描摹。这类四字格俗语在描摹中抓住对象的特点来表达意义，既生动形象，又具有很强的概括性。

引申，是通过字面意义来表达更为抽象的含义。比如"扭头别膀"字面含义是扭过头去，转过身子，同时还具有的引申义是相互之间不团结。"陷天豁地"字面意思是天地混乱，引申义是物品胡乱堆放而导致乱七八糟。"蹬趾上格"的意思是小孩淘气，爱上高处。其引申义是指说话办事超过了应有的界限，常含贬义。这类四字格俗语的引申义已经约定俗成，字面义通常不使用。

比喻，是通过比喻的修辞手法使词语在字面义的基础上产生比喻义。这类词语可以分为两类，一类是只存喻义，比如"小鬼龇牙"，专门用来指称冬天天刚亮前最冷的时候，"老云接驾"指日落时出现的乌云，"打哑巴谗"比喻说话办事不爽快，"不进盐酱"比喻不听劝说。另一类是本义和喻义都可以使用，如"隔山片海"的意思是相隔遥远，同时还可以比喻因散乱而没有中心的状态。

夸张，是通过夸张的手法来描摹事物的性状。这类词语很多都含有语素"天、地"，比如"陷天豁地、急天抓地、蒙天虎地"等，以此来达到最强烈的夸张效果。还有一种夸张结合比喻、反语的修辞手法，蕴含着鲜明的讽刺意味。比如"明盔亮甲"，意思是说衣服长时间不洗，已经如盔甲一般又硬又亮了。这一词语借助几种手段，达到生动、形象、幽默的表达效果。

3. 从表达效果来看，站话中的复合式四字格俗语还具有表义的形象性和色彩的鲜明性等特征

表达效果和语义的构成方式密切相关。站话中的复合式四字格俗语通过描摹、比喻等手段，创造出了形象、生动、色彩鲜明的表达效果。

形象性，一方面体现在四字格俗语对人、物的声音、外形、动作、性质、状态等的生动描写，使人产生栩栩如生、身临其境的感觉。另一方面也体现在将抽象的事物、概念具体化、形象化。如"肉沫烂酱"换为另外一个四字格就是"乱乱乎乎"，但是它却没有"肉沫烂酱"的形象具体的表达效果。"补破连烂"就是"缝缝补补"，但是却通过对动作和支配对象的

描摹，将这一行为形象地表现出来。"茅连草舍"就是"乱七八糟"，可它却不是直接通过"乱、糟"等词语直接判断，而是通过对现象的生动描摹，达到形象具体的表达效果。"服伏在地"更是在凝练地表达"服气"的同时，又具体地描摹动作"伏在地"加以补充，将动作、心理具体形象地表现出来。

　　除了上面所说的形象色彩之外，站话中的复合式四字格俗语的鲜明色彩还表现在突出的感情色彩上。四字语俗语产生流行于百姓的口头当中，反映的是日常生活中的事物现象，蕴含着最朴实直接的喜好憎恶等价值判断。其中，表示厌恶色彩的词语占大多数。比如对人物外貌、动作进行描写的"尖头日脑、急头白脸、瘪目瞎眼、哈腰撅腚、歪毛歪翅、呲毛撅腚、支腿拉胯"等，蕴含着贬义色彩，在形象描摹的同时，表达出批评、否定的价值判断。

　　4. 从表现方式来看，站话中的复合式四字格俗语是"文雅"与"俗白"的巧妙结合

　　"成语判定的要件之一是看其语意是否典雅，语意典雅的四字组合单位即可视作成语。语意俗白的四字组合单位，大多不具备成语的条件，可径视为俗词语。"（周荐 2004）[①]与附加式的四字格俗语相比，站话中的复合式四字格俗语却表现了更多的"典雅"特征，或者说，它把"俗白"的内容赋予了"典雅"的形式。比如上文中所提到的，从组合成分来看，复合式四字格俗语的每一个语素都表现实在的意义，成分间的语义关系更为丰富和复杂，是对语素义的高度提炼和整合。这一点与成语非常相似。此外，复合式四字格俗语词形稳定，说法固定，内部组成成分不会轻易变化，这与带词缀的附加式四字格截然不同。因此，虽然从表现内容来看，站话中的复合式四字格俗语与百姓的日常生活、价值观念密切相关，但是从表现形式上来看，却反映出站人对于"典雅"形式的使用习惯的追求。因此，这种四字格俗语是站话词汇的一大特色。

四　站话词汇中的"子"缀词语

　　站话中的"子"缀词语与普通话和周边黑龙江方言相比，在共同特征之外，也表现出一定的差异性和特殊性。以下主要从构成情况、语用功能等角度对站话中的"子"缀词语进行探讨。[②]

---

　　① 周荐：《四字组合论》，《汉语学报》2004 年第 1 期。

　　② 本节中所列举的"子"缀词语一部分来自于笔者的实地调查，一部分来自于陈立中所著《黑龙江站话研究》及刘小南等著《黑龙江方言民俗志》中的分类词表。

（一）构成情况

从构词上来看，站话中的"子"缀词语有些和普通话或周边黑龙江方言是一样的，如"桌子、沙子、嫂子、兔子、起子、塞子、傻子、瞎子"等，有些是普通话中或周边方言中没有的，如"铺子（豆类、荞麦等作物收割后码成的小堆）、小朗子（男孩儿）、水桩子（彩虹）、沙坨子（沙子堆成的岗子）、老家子（麻雀）、粪杵子（蜣螂）、叫白子（捣蒜用的钵）、奶斗子（接奶用的小桶）、胳膊腕子（臂弯）、大腿胯子（大腿根儿）、走时子（狗发情）、串态子（指人没出息，变得不如以前）"等。以下从音节和词性的角度，对站话中"子"缀词语的构成情况举例说明。

1. 从音节的角度看

（1）单音节词根+子缀

撩子（因干农活的技术不高而在四方形的地里整出的半截垄子）　　棱子（物体或地面上一条条凸起来的部分）

垡子（翻耕或掘出的土块）　　泡子　　屯子（村庄）　　日子（指日期；指生活）　　沙子

杈子（用来挑柴草等的一端带齿的长柄农具）　　瞎子（很不饱满的农作物籽粒）　　磙子（石磙）　　根子（根儿）　　穗子（穗儿）

藤子（藤）　　瓢子（瓢）　　蒿子（田地中杂草的统称）　　扒子（公羊）　　桩子　　冲子　　公子（雄性动物的统称）

母子（雌性动物的统称）　　鲢子（鲢鱼）　　牙子（墙四周突出的部分；物体周围雕花的装饰）　　汉子　　膀子（翅膀）

筛子（筛谷物等用的器具）　　岗子（低矮的山包）　　雹子　　耙子　　小子儿　　妹子　　拽子（先天性手残疾的人）

租子　　牤子（公牛）　　沫子（浮沫）　　痂子（烧糊变苦的锅巴）　　姑子

（2）双音节词根+子缀

冰脑子（水面结冰初期结成的絮状冰）　　米糁子（苞米碾后剩下的小粒儿；糁）　　偏脸子（偏向一侧的斜坡）

垄帮子　　野甸子　　凹斗子（凹陷的地方）　　水坑子　　缸底子（水缸中的沉淀物；缸的底部）　　臭油子（沥青）

秋头子（初秋）　　这程子（这些日子）　　鲫瓜子（鲫鱼）　　粮囤子（粮站用来储存粮食的圆形仓房）　　谷瘪子（不饱满的谷子）

老抢子（苍耳）　　牤蛋子（小公牛）　　毛驴子（驴）　　鹅崽子　　地窖子（在向阳缓坡上挖深坑而建成的简陋房子）

门鼻子（门鼻儿）　　火墙子（火墙）　　尿盆子　　刨花子（刨木花）　　灯罩子　　电匣子（收音机）

戏片子（唱片）　　小犊子　　小小子　　老毛子（俄罗斯人）　　生荒子（缺乏经验的人）　　泥抹子

私孩子（对女性私生子的蔑称）　　老妈子　　车豁子　　鬓角子　　脖颈子　　嘴巴子　　黏涎子

耳根子　　肩膀子　　脚丫子　　歪嘴子（歪嘴的人）　　豁牙子（缺失部分牙齿的人）　　病包子　　棉袍子

汗溜子　　领页子（衣领向外翻的部分）　　裤衩子　　袜底子　　酱块子　　半语子

（3）三音节词根+子缀

荒地隔子（隔开田地的狭长荒地）　　碱巴落子（盐碱地）　　塔头沟子（沼泽地）　　石头块子（石块儿）

苞米瓢子（玉米花轴）　　石头窝子（用来饮牛、马的石器）　　苞米栈子（储存玉米等的简易架空仓房）

黄瓜架子（给黄瓜搭的架子）　　苞米皮子（包裹玉米的叶状物）　　高粱秸子（高粱秸秆）

土豆儿栽子（栽种时所用的带有芽眼的马铃薯碎块儿）　　花生秧子（花生的秸秆，多用来喂羊）　　松树油子（松脂）

杈不落子（树杈；发育不良的孩子）　　西瓜蛋子（小西瓜）　　王八盖子（乌龟或团鱼的硬甲）　　枕头皮子（枕套）

老土豆儿子　　喇嘛台子（炕与锅台之间的小土墙）　　茅屎楼子（厕所）　　洋戏匣子（留声机）　　小兔崽子

淘气包子　　小孩伢子　　蛤蜊片子　　二八裉子（对做事情有始无终的人的讥称）　　驴马烂子（小流氓）

尾巴根子_{总爱跟在大人身旁不愿离开的小孩子}　　小地赖子　手艺棒子_{工匠}　车老板子

老半口子_{妻子（年老的）}　脑门盖子　铺衫挠子_{边角布料}　大嘴岔子　吐沫星子

肩膀头子　胳膊肘子　屁股蛋子　开花卷子　起被窝子_{起床}　　铅笔拧子_{削笔刀}

2. 从词性的角度看

（1）动词性成分+子缀

这种结构中的"子"缀具有转类功能，使动词加上"子"缀后变成名词，如"扳子、起子、夹子、套子、凿子"等，也见于普通话。站话中同类型的"子"缀词语还有：

铺子_{农作物收割后码成的小堆}　拖子_{平地的农具}　碾子_{磨盘上的石碾，用驴子牵引}　栽子_{移栽的苗儿}

筛子_{筛谷物等用的器具}　漏子　挠子　锔子_{用于连接破裂的陶瓷两脚钉}　卷子_{花卷，一种面食}　磙子_{石磙}

（荒地）隔子_{隔开田地的狭长荒地}　前趴子_{身体向前扑倒}　（蝇）甩子_{拂尘}

（泥）抹子_{一种在建筑时将泥抹匀抹平的工具}　（麦）余子_{秕粒、麦壳等}　（铅笔）拧子_{削铅笔刀}

（灯）捻子

（2）形容词成分+子缀

这种结构中的"子"缀具有转类功能，使形容词加上"子"缀后变成名词，如"瘫子、聋子、疯子、傻子、瘸子"等，同类型的"子"缀词语还有：

瘪子_{不饱满的谷粒儿；也指没本事的人}　母子_{母羊}　荒子_{半成品}　水洼子　二混子

生荒子_{缺乏经验的人}　南蛮子_{站上人对关内移民的称谓}　赖子　老西子_{站上人对山西移民的称谓}

（抹）斜子_{田地角落里不规则的半截垄子}　（猴头）闲子_{闲着无聊爱招惹是非的人}

（3）名词性成分+子缀

这种结构的"子"缀词语比较复杂，按照名词的不同性质可分为以下几类：

① 名词性成分为非词根语素，必须加上"子"缀才能独立成词，"子"缀词词义和非词根语素义基本相同。"子"缀具有构词作用。

园子　铧子_{犁铧}　缨子_{某些植物茎上部的穗状部分}　鲤子_{鲤鱼}　橛子　障子_{篱笆、栅栏}

脑子_{脑髓}　崽子骡子　垡子_{翻耕或掘出的土块}　瓢子_瓢　膀子_{翅膀}　姑子　蒿子_{田地中杂草的统称}

骡子　牤子_{公牛}　冠子_{鸡冠}　泥螺垢子_{泥鳅}　仓子_{粮仓}

② 名词性成分是词，加上构词后缀"子"后，"子"缀词语与原名词词义不同。"子"缀具有转义作用。

杈_{树杈}——杈子_{用来挑柴草等的一端带齿的长柄农具}　歪嘴——歪嘴子_{歪嘴的人}

豁牙——豁牙子_{缺失部分牙齿的人}　水底——水底子_{水中的沉淀物}

狗——狗子_{污辱，骂人的话}　牙——牙子_{墙四周突出的部分；物体周围雕花的装饰}

奶_{奶水}——奶子_{乳房}　姑——姑子

烟——烟子_{锅底上的黑灰}　脐_{肚脐}——脐子_{玉米脐子，玉米胚}

栈——栈子_{用于储存粮食的架空仓房}　　　　坝_{堤坝}——坝子_{野田坝子，野外}

包——包子_{较矮的突起地形，土包子、沙包子等}　　秧——秧子_{经常用来指称身体不好或没有能耐的人}

粉面_{面粉}——粉面子_{淀粉}　　　　　　缸底——缸底子_{缸中的沉淀物}

③ 名词性成分是普通话中的词，在站话中却习惯加上"子"缀构成"子"缀词语。"子"缀词语与普通话中不加"子"缀的词语在意义上没有什么差异，"子"缀只是一个衍音成分。

例如（站话——普通话）：

藤子——藤	菱角子——菱角	芦苇子——芦苇
肺子——肺	蒺藜子——蒺藜	碗架子——碗架
鸡笼子——鸡笼	饭盒子——饭盒	饭勺子——饭勺
火墙子——火墙	车棚子——车棚	水房子——水房
柳条子——柳条	酥饼子——酥饼	茶缸子——茶缸
水舀子——水舀	钱夹子——钱夹	水坑子——水坑
窗棂子——窗棂	瓦刀子——瓦刀	马鞍子——马鞍
鬓角子——鬓角	空场子——空场	铁丝子——铁丝
灯罩子——灯罩	风车子——风车	酒盅子——酒盅
肩膀子——肩膀	胎毛子——胎毛	脚丫子——脚丫
眼眶子——眼眶	眼珠子——眼珠	布衫子——布衫
枕巾子——枕巾	鼻梁子——鼻梁	茶缸子——茶缸
棉袍子——棉袍	酒缸子——酒缸	羊羔子——羊羔
小袄子——小袄	树枝子——树枝	脚面子——脚面
媳妇子——媳妇	奶妈子——奶妈	媒婆子——媒婆
书桌膛子——书桌膛	松树油子——松树油	衣裳挂子——衣裳挂

④ 名词性成分是词，在普通话中通常儿化，在站话中不儿化，而是加"子"缀构成"子"缀词语，在色彩意义上与儿化词略有差别。

例如（站话——普通话）：

根子——根儿	瓢子——瓢儿	屯子——屯儿
穗子——穗儿	痂子——痂儿	马驹子——马驹儿
鞋带子——鞋带儿	鱼竿子——鱼竿儿	毛驴子——毛驴儿
小贩子——小贩儿	尿盆子——尿盆儿	门鼻子——门鼻儿
耳垂子——耳垂儿	脸蛋子——脸蛋儿	肚脐子——肚脐儿
手腕子——手腕儿	澡盆子——澡盆儿	砖头子——砖头儿
裤衩子——裤衩儿	树林子——树林儿	树根子——树根儿
房檐子——房檐儿	袖头子——袖头儿	书皮子——书皮儿
马褂子——马褂儿	锥把子——锥把儿	背心子——背心儿

衬里子——衬里儿　　　灯泡子——灯泡儿　　　小米子——小米儿

粉条子——粉条儿　　　门槛子——门槛儿　　　饭兜子——饭兜儿

吐沫星子——吐沫星儿　　　　　屁股蛋子——屁股蛋儿

尾巴根子——尾巴根儿　　　　　下巴颏子——下巴颏儿

胳膊肘子——胳膊肘儿　　　　　电线杆子——电线杆儿

辘轳把子——辘轳把儿　　　　　鸡蛋糕子——鸡蛋糕儿

黄豆芽子——黄豆芽儿　　　　　车老板子——车老板儿

土豆粉子——土豆粉儿　　　　　苍蝇拍子——苍蝇拍儿

（4）（数）量词+子缀

半□xuan 子 温度介于开水和温水之间的水　　（这）一程子 这些日子，这一阵子　　二齿子 有两个齿的钉耙

四齿子　　趟子 成行的东西

（二）站话"子"缀词语的特征

从以上对站话"子"缀词语的构成的举例中可以看出，站话中"子"缀的作用与普通话和周边黑龙江方言基本一致，即"子"缀具有成词、转义、转类等功能，有时还使词语带上了"指小""表恶"的感情色彩。同时，站话中的"子"缀词语与普通话相比也表现出一定的特殊性，主要体现在以下几个方面。

1. 站话中的"子"缀除构成名词外，还构成一定数量的"子"缀动词

在普通话和一些方言中，"子"缀的一个主要功能是转类，即可以将动词、形容词等名词化，如：

盖——盖子　　　　　扳——扳子　　　　　套——套子

傻——傻子　　　　　瞎——瞎子　　　　　骗——骗子

站话中的一些动词加"子"缀后，仍然作动词，例如：[①]

串秧——串秧子 不同品种的动物或植物杂交，改变了原来的品种　　　　串态——串态子 指人没出息，变得不如以前

串烟——串烟子　　　　　　　　　　　　勾糇——勾糇子 勾欠

拧劲——拧劲子 不和睦，闹别扭　　　　　反□kuaŋ˒——反□kuaŋ˒子

出挺——出挺子 蔬菜长蘸　　　　　　　　下套——下套子 用圈套打猎

抬杠——抬杠子

此外，"对嘴子 对质、上赶子、打泥子 猪在泥洼中打滚儿"等也都是动词性成分加"子"后仍作动词。

---

① 之所以把站话中的这种"子"缀动词看成是动词加"子"缀构成，而不是动词加"子"缀名词构成，是因为这些动词虽然多为动宾结构，但两个语素已经凝固成词，中间不能插入其他成分。"子"缀是附着在整个动词后，而不是先和动词中的名词性语素结合。比如普通话及周边方言中的"抬杠"，在站话中为"抬杠子"，"子"附着在动词"抬杠"后，而不是先和"杠"构成"子"缀名词"杠子"。

2. 站话中的"子"缀与普通话相比，虚化程度更高，"子"缀词语的色彩意义更轻淡

词缀是词汇意义虚化的结果。普通话及多数方言中的"子"缀，虽然已失去了实在的词汇意义，但还保留一定的附加意义。站话中的"子"缀也具有这样的语用功能。例如，从语义类别来看，很多"人物类"的"子"缀词语带有鄙视、厌恶的感情色彩，例如"碎嘴子说起话来没完没了的人、犟眼子脾气倔强的人、生荒子缺乏经验的人、车豁子赶车人、格楞子不随和的人、酸脸子爱生气的人、小犊子、小贩子、猴头闲子、丫头片子、驴马烂子小流氓、二八艮子对做事情有始无终的人的讥称"等。但是，站话中的大多数"子"缀词语与普通话或周边方言相比，色彩意义似乎更加轻淡。前文在"子"缀词语构成中提到，许多普通话中的词语，在站话中通常后附"子"缀。如普通话中的"肺、铁丝、肩膀、茶缸、鼻梁、树枝、鬓角、奶妈、水房、衣裳挂"等，在站话中都加上"子"缀，构成"子"缀词语"肺子、铁丝子、肩膀子、茶缸子、鼻梁子、树枝子、鬓角子、奶妈子、水房子、衣裳挂子"。这些"子"缀词语与普通话不加"子"缀的词语相比，不但在词汇意义上没有差别，而且也不附带什么色彩意义。"子"缀只是一个纯粹的衍音成分，虚化程度更高。因此，站话中"子"缀词语的色彩意义也显得更加轻淡。

站话"子"缀词语的这一特点，同样也体现在另外一类"子"缀词语中。前文已述，许多词语在普通话中需要儿化，在站话中则不儿化，而是加上"子"缀构成"子"缀词语。如普通话中的"穗儿、饭粒儿、灯泡儿、电线杆儿、砖头儿、肚脐儿、鸡蛋糕儿、裤衩儿、毛驴儿、背心儿"等，在站话中是"穗子、饭粒子、灯泡子、电线杆子、砖头子、肚脐子、鸡蛋糕子、裤衩子、毛驴子、背心子"等。普通话的儿化词通常具有表示名词的小称意义，但是在站话中，这些"子"缀词语等同于普通话的儿化词。王福堂（1999：124-127）曾著文讨论过儿化韵的发展方向，他认为，由于语流音变的合音作用产生的儿化词"不符合汉语语素和音节的结构规律"，使得汉语中儿化词中的语素"儿"逐渐被"磨损"，其所附带的小称意义也逐渐淡化。例如南方地区的一些方言中虽然还存在儿化韵，但不再有构成新词的能力。官话方言中西南地区的一些方言中，儿化词数量很少，小称意义也已经不很明确。因此，"方言中儿化韵发展的最后阶段是衰亡"。①正是由于儿化词小称意义逐渐淡化，才使站话中色彩意义轻淡的"子"缀可以取代儿化韵，构成更多的"子"缀词语。

3. 站话中"子"缀构词能力更强，"子"缀词语数量更多

与普通话和周边方言相比，站话中的"子"缀词语数量更加丰富。以

---

① 王福堂：《汉语方言语音的演变和层次》，语文出版社1999年版，第125页。

下将从其与普通话的对应关系来加以说明。

（1）站话在普通话中成对应的"子"缀词语

① 站话与普通话词语有相同语素

如前面提到的一些站话"子"缀词语由普通话词语加上"子"缀构成；一些普通话中的儿化词在站话中不儿化，而是加"子"缀构成"子"缀词语。站话这种在普通话词语或相同语素后加"子"缀的构词方式，也导致了站话中的"子"缀词语数量更为丰富。

② 站话与普通话词语没有相同语素

许多普通话词语在站话中的对应词语是"子"缀词语，二者没有相同语素。例如：

臭油子_{沥青} 扒子_{公羊} 牤子_{公牛} 泥螺垢子_{泥鳅} 青拐子_{青蛙} 茅屎楼子_{厕所} 障子_{篱笆} 叫臼子_{捣蒜缸} 电匣子_{收音机} 洋戏匣子_{留声机} 快匣子_{轻便照相机} 嗓葫芦子_{喉结} 痂子_{锅巴}

这也在一定程度上增加了站话"子"缀词语的数量。

（2）站话在普通话中不成对应的"子"缀词语

站话在普通话中不成对应的"子"缀词语，是针对站话在普通话中的"不对应词"而言的。所谓"不对应词"，就是"比较两种语言时，一边是词，一边不成词"。（李如龙2009：263）站话中的很多"子"缀词语在普通话或周边方言中找不到相对应的词，而这些"不对应词"，也是站话"子"缀词语丰富性的重要表现。例如：

冰碴子_{水洼中结的薄冰} 冰脑子_{水面结冰初期结成的絮状冰} 米糁子_{苞米碾后剩下的小粒儿；糁} 雪窠子_{积雪较深的地方} 雪窝子_{在雪地上踩出的脚印} 水涝子_{被洪水淹过的麦子} 水园子_{需要用水灌溉的菜园} 荒地隔子_{隔开田地的狭长荒地} 偏脸子_{偏向一侧的斜坡} 横头子_{跟大片竖垄地相连的横垄地} 草垡子_{草根盘结的土块} 抹斜子_{梯形田地角落里的半截垄子} 扑了棵子_{白菜没有抱心儿} 江套子_{围成大半个圈的江的路线，也指所围的地方} 半□_{xuan}子_{温度介于开水和温水之间的水} 抄捞子_{捞鱼的工具} 权不落子_{树杈；发育不良的孩子} 尥蹶子_{驴、马等跳起来用后腿向后踢} 炕墙子_{用来隔开炕内孔道的墙} 老跑头子_{与人有不正当关系的未婚老年男子} 黄嘴丫子_{婴儿；多用作对晚辈的蔑称} 烟拐子_{割下来的烟叶上连带着的马耳形的烟茎}

五 站话词汇中的几个特殊词语

这里所说的"特殊词语"，并非近十余年来研究者们所普遍关注的方言"特征词"。方言特征词"是具有特征意义的方言词，在方言区内普遍应用、大体一致，在外区方言又是比较少见的"。同时，方言特征词"应该有一定的批量。有一定批量才能构成可信的特征"。"由于共同的源流或相连的地域造成的密切交往，不同方言区之间往往有共同的特征词。"（李如龙2002）①方言特征

---

① 李如龙：《汉语方言特征词研究》，厦门大学出版社2002年版，第3页。

词的提取与研究，目的在于从词汇角度展现方言的整体特征，为方言分区及确定方言间亲疏关系提供依据。站话与周边民人话同属北方方言，在长期接触融合的过程中差异越来越小。对于站话特征词的确定恐怕难以表现其与周边方言的差异，这与我们的研究目的不符。因此我们主要通过展示站话词汇中个别词语的特殊性，以小见大，来了解站话在形成演变过程中与周边方言的差异。我们把站话中这种在内部具有一致性，而与周边方言具有排他性的词语，叫做站话"特殊词"，它的数量不多，但是是站人与民人之间相互区别彼此方言的标志性词语。以下我们选取几个这样的特殊词语举例分析。

（一）大妈

站话中将"伯母"称为"大妈"，分称时按照排行分别叫做"大妈"、"二妈"、"三妈"等，而不是像周边民人话一样称作"大娘"，分称时按排序叫作"大娘"、"二娘"、"三娘"等。这一称谓在八个站话调查点中完全一致，是站话区别于周边黑龙江方言的一个特殊词汇。

汉语各方言中对于"伯母"的称呼不同，据董绍克等（2013：173），"伯母"在几种方言中有如下说法：[1]

表 6-2   "伯母"在几种汉语方言中的说法

济南	太原	南宁	绩溪	苏州	厦门	广州	长沙	南昌	梅县
大娘	妈 大娘	伯娘	妈	呒姆	阿姆	伯娘	伯妈	母娘 伯娘	伯姆

而从东北方言、河北方言、山东方言、河南方言以及北京话中"伯母"的称呼来看，则较为统一：

表 6-3   "伯母"在北方方言中的说法

哈尔滨[2]黑龙江	集安[3]吉林	锦州[4]辽宁	宣化[5]河北	固始[6]河南	莱州[7]山东	汶上[8]山东	北京
大娘	大娘、大妈	大妈	大妈	大娘	大娘	大娘	大妈

---

[1] 董绍克等：《汉语方言词汇比较研究》，商务出版社 2013 年版，第 173 页。

[2] 李荣主编，尹世超编纂：《哈尔滨方言词典》，江苏教育出版社 1997 年版，第 92 页。

[3] 朱莹：《集安市榆林镇站话语音词汇研究》，中国社会科学出版社 2012 年版，第 187 页。

[4] 杨淼：《锦州方言词汇研究》，硕士学位论文，辽宁师范大学，2012 年，第 87 页。

[5] 郭风岚：《宣化方言及其时空变异研究》，语文出版社 2007 年版，第 67 页。

[6] 叶祖贵：《固始方言研究》中国社会科学出版社 2009 年版，第 194 页。

[7] 钱曾怡等：《莱州方言志》，齐鲁书社 2005 年版，第 139 页。

[8] 宋恩泉：《汶上方言志》，齐鲁书社 2005 年版，第 90 页。

　　由表 6-3 可以看出，在北方话范围内，"伯母"称作"大妈"只出现于北京话和辽宁地区的方言中，在与辽宁相邻的吉林方言中，两种称呼在一些地区并存。这种分布状况实际上也契合了本文所提出的"站话来源于明末清初层次的辽东话"的观点，即站话保持了一部分源方言的特征，与周边融合了河北、山东移民方言的黑龙江方言并不一致。从词汇的历时演变角度来看，北方方言中"伯母"的两种称呼，也经历着一个发展变化的过程。①

　　汉语中"大娘"一词在宋代就已经出现，例如：

　　（1）李白《草书歌行》："古来万事贵天生，何必要公孙大娘浑脱舞。"

　　（2）南宋《话本选集·错斩崔宁》："不想那大王自得了刘大娘之后，不上半年，连起了几主大财，家间也丰富了。"

　　很显然，这里的"大娘"并非指"伯母"，而是对妇女的一种称呼。甚至可以称呼年轻的女子。例如：

　　（3）《元代话本选集·蒋兴哥重会珍珠衫》："婆子走到床间，说道：'不是老身大胆，一来可怜大娘青春独宿，二来要救陈郎性命。'"

　　"大娘"开始有"伯母"的含义，最早可见于元代的资料中。例如：

　　（4）元《老乞大新释》："你来时。我父亲。母亲。伯父。叔父。大娘。婶子。姐姐。姐夫。二哥。三哥。嫂子。妹子。兄弟们。都好么。"

　　在这段对话中，将"伯父、叔父、大娘、婶子"等亲属关系词对举，显然"大娘"是指称"伯父的妻子"。到了明清时期，"大娘"的这两个含义仍然延续使用。比如《红楼梦》当中，"大娘"既可以是对贾府中年长妇女的称呼，也可以是对"伯母"的称呼。如：

　　（5）《红楼梦》第六回："刘姥姥便拉住一个道：'我问哥儿一声，有个周大娘可在家么？'"

　　（6）《红楼梦》第四十六回："宝玉笑道：'我偏着娘说大爷大娘不成？通共一个不是，我娘在这里不认，却推谁去？'"

　　（7）《红楼梦》第二十四回："宝玉道：'大娘方才说有话说，不知是什么话？'邢夫人笑道：'那里有什么话，不过是叫你等着，同你姊妹们吃了饭去。还有一个好玩的东西给你带回去玩。'"

　　（6）（7）句中的"大娘"是指宝玉的伯母邢夫人。《儿女英雄传》中，"大娘"也指亲属称谓中的"伯母"，如：

　　（8）《儿女英雄传》第二十二回："咱们八旗，论起来，非亲即友，那么论你就叫他大娘。"

---

　　① 本节的清代前期作品用例均来自北京大学 CCL 语料库。

可见，"大娘"一词在清代时与今天大多数北方方言的用法是一样的。

相比较而言，"大妈"一词出现的时间较"大娘"晚，最早可见于元代作品中。如：

（9）《全元曲·逞风流王焕百花亭》："孩儿和梅香都出城去了也。我无甚事，且往隔壁李大妈家吃茶则个。"

在明清作品中"大妈"一词也有使用，但出现得比较少。如：

（10）《警世通言》第三十一卷："却说本地有个名妓，叫做赵春儿，是赵大妈的女儿。真个花娇月艳，玉润珠明，专接富商巨室，赚大主钱财。"

（11）《红楼梦》第六回："引着刘姥姥进了后院，到一个院子墙边，指道：'这就是他家。'又叫道：'周大妈，有个老奶奶子找你呢。'"

（12）《七侠五义》第九十八回："应酬了何夫人，又应酬小相公金章，额外还要应酬丫鬟仆妇，觉得累的很，出来便向众妇人道：'众位大妈婶子，你们与其在这里张的望的，怎的不进去看看，陪着说说话儿呢？'"

在我们检索到的清代及以前作品的用例中，没有发现"大妈"一词表示"伯母"的含义。这也说明，现代北京话中"大妈"的"伯母"义如果不是后起的，那么至少它在当时的使用范围和使用频率都不及"大娘"。

而在现代北京话作品中，两个词语的使用情况正好相反。以老舍作品为例，在北京大学 CCL 语料库中可以检索到的"大娘"用例只有 48 条，其中 36 条为"老大娘"、"孤胆大娘"这样的固定词语。而"大妈"的用例有 310 条。在今天的北京话中，无论是表示"伯母"义还是"老年妇女"义，"大娘"则完全被"大妈"所取代了。那么，这种变化产生的原因是什么呢？

清初满人入关后，大批辽东人士"从龙入关"，对当时北京话产生了一定的影响。在这样的背景下，进入北京的辽东人士必定将一部分词语带到北京，表伯母义的"大妈"也许就是那时进入北京的。当然，我们看到的清代北京话作品中并没有出现"大妈"表示"伯母"的用例，比如《红楼梦》中宝玉称呼邢夫人都是"大娘"。这可能是由于"大妈"一词表示"伯母"义在当时属于新用法，还没有被普遍接受，使用范围相对较小。经过一定时间的演变，到了清末民初之后，"大妈"逐渐取代了"大娘"一词。

通过以上的论证，可以得出这样的结论：站话中将"伯母"称作"大妈"，是对其来源方言辽东话的一种保留。由于亲属称谓相对于其他词汇更多地在家庭内部使用，因此也更不容易受到影响而发生变化。而北京话中的表"伯母"义的"大妈",则是因为"清代辽东话参与了现代北京话的形成"(林焘 1987),受到清初辽东话的影响而逐渐产生变化的结果。

那么,清初辽东话(或者说今天的锦州话)中"伯母"义的"大妈"是怎样发展来的呢?由于可以反映东北地区历史上语言状况的资料相对较少,我们这里只是做出一种推测:东北本来就是满族的"兴王之所",满族人口占有一定数量。再加上满族在东北建立政权后,为了加强统治,在东北各族人民中强制推行满语,导致满语借词或者是满汉融合后的词语一定不少。其中表示亲属称谓的词语最有可能优先进入汉语,比如阿玛(ama 爸爸)、额娘(aja 妈妈)等等。满语的"伯母"读音转写是 amu,[①]发音似可与"大妈"产生一定的联系。两种语言成分杂糅在一起,开始可能是以与"大妈"相似的语音借入,因为"大娘"与"大妈"都有表示"年长妇女"的意思,于是按照"大娘"同时具有"伯母"义类推,将"大妈"也发展出新的含义"伯母",并最终固定下来。今天锦州地区的方言中,只把"伯母"称作"大妈",而把不表示亲属关系的年长妇女称作"大娘",也在一定程度上说明了"大妈"一词首先是以"伯母"义进入方言中的。

(二)姨儿

站话中另一个明显区别于周边民人话的词语也是一个亲属称谓词——"姨儿",即在称呼"姨母"时不说"姨",而是发儿化音"姨儿",分称时按排序分别叫作"大姨儿"、"二姨儿""老姨儿"等。在我们调查的八个站话分布点中,新站村、古龙村、头站村、宁年村、塔溪村只说"姨儿",太和村"姨儿"和"姨娘"并存,二站村"姨儿"和"姨"并存,拉哈镇只说"姨"。

汉语方言中对"姨母"的称呼也存在差异,据董绍克等(2013:174):[②]

表 6-4　　　　　　　　"姨母"在汉语方言中的说法

济南	太原	南宁	绩溪	苏州	厦门	广州	长沙	南昌	梅县
姨	姨	娘	大姨比母大, 小姨比母小	娘娘	阿姨; 母姨	姨妈	姨子; 姨妈	姨娘已婚, 姨子未婚	阿姨

而在北方方言区域内,说法则相对统一:

[①] 爱新觉罗瀛生:《满语杂识》,学苑出版社 2004 年版,第 168 页。

[②] 董绍克等:《汉语方言词汇比较研究》,商务印书馆 2013 年版,第 174 页。

表 6-5 "姨母"在北方方言中的说法

哈尔滨[1]黑龙江	集安[2]吉林	锦州[3]辽宁	宣化[4]河北	固始[5]河南	莱州[6]山东	汶上[7]山东	北京[8]
姨	姨	姨	姨姨	姨娘	姨	姨	姨儿

从共时角度看，站话中的"姨儿"与北京话是一致的。周一民（2011）在谈到儿化的小称作用对儿化词分布的影响时说："在北京话里，儿化词虽然很多，但是在表示长辈的亲属称谓名词中却极为少见。""这体现了尊卑有序、长者为大的伦理观念。特殊的只有'老家儿（家长）、姨儿、叔儿'等有限的几个，其原因可能与表爱因素有关。"[9]这也从一个角度为站话在来源上与北京话存在亲缘关系提供了证据。北方话中儿化词的来源有二，一是古代汉语的儿尾词，二是辽金元时期受到北方阿尔泰语系语言中的卷舌韵尾的影响。因此站话中的"姨儿"就是对清初辽东音的一种继承，它与北京话之间的这种关联也是通过清初辽东话搭建起来的。实际上，站话中儿化音较周边方言多，也是它的一个突出的语音特点。以塔溪站人中流传的儿歌为例：[10]

年三十儿，天擦黑儿，

溜平地儿，下小雪儿，

土拉块儿，石头子儿，

明儿个有空儿上山根儿。

还有：

勺子把儿（北斗星），露水珠儿，

天河儿（银河）昨儿个开化儿了（冰雪消融）。

新站村站人中也有这样的童谣：

二十七儿，杀公鸡儿，

二十八，把面发儿，

二十九儿，蒸馒头儿，

---

① 李荣主编，尹世超编纂：《哈尔滨方言词典》，江苏教育出版社 1997 年版，第 41 页。

② 朱莹：《集安市榆林镇话语音词汇研究》，中国社会科学出版社 2012 年版，第 187 页。

③ 杨森：《锦州方言词汇研究》，硕士学位论文，辽宁师范大学，2012 年，第 87 页。

④ 郭风岚：《宣化方言及其时空变异研究》，语文出版社 2007 年版，第 67 页。

⑤ 叶祖贵：《固始方言研究》，中国社会科学出版社 2009 年版，第 195 页。

⑥ 钱曾怡等：《莱州方言志》，齐鲁书社 2005 年版，第 140 页。

⑦ 宋恩泉：《汶上方言志》，齐鲁书社 2005 年版，第 90 页。

⑧ 周一民：《北京话儿化的社会文化内涵》，《北京社会科学》2011 年第 5 期。

⑨ 同上。

⑩ 张庆山：《神驰嫩江驿站》，黑龙江人民出版社 2013 年版，第 277 页。

三十儿下晚儿坐一宿儿，

初一儿早上可街 kai³¹² 走儿。

这种丰富的儿化词表现在站话词汇的很多方面。单以表示时令、时间的词为例，如"今儿（个）、昨儿（个）、明儿（个）、上秋儿、开春儿、（热）天儿、日子儿、八月节儿、正月儿、腊月儿、年八儿（一年的时间）、初几儿、放亮儿、头晌儿、下半儿晌、天擦儿黑儿、下晚儿、成宿儿、年月儿（时代）、啥前儿、先头儿、才刚儿、后尾 iər²¹³ 儿、一气儿、起根儿、脚前脚儿后儿、空儿"等等，这些词语中除了"今儿（个）、开春儿、下晚儿、啥前儿、先头儿、后尾 iər²¹³ 儿、一气儿、起根儿"等，在民人话中通常都不儿化。

因此，站话中的"姨儿"，是站话词汇中丰富的儿化词的一个具体表现，它是对于源方言的继承和保留，与北京话中突出的儿化方言特征相一致。

（三）揩脸

擦脸。在我们调查的八个站话代表点中，把"擦脸"说成"揩脸"的有四个，分别是新站村、古龙村、太和村、塔溪村。宁年村虽然没有"揩脸"一词，但是有表示物品的"揩脸手巾（擦脸毛巾）"。塔溪村不仅有"揩脸"，还有"揩手（擦手）"一词。

揩，《广韵》："口皆切，平皆溪。"《广雅·释诂三》："揩，磨也。"《玉篇·手部》："揩，摩拭也。"我们查阅了《现代汉语方言大词典》中的二十一部分卷方言词典，[①]其中词语中包括语素"揩"的只有四部：

《南京方言词典》有两个词条，分别是：

【揩屁股】kʰae³¹ pʰi⁴⁴ ku 擦屁股

【揩脸布】kʰae³¹ lien¹¹ pu⁴⁴ 过去用来擦脸洗脸的布，多用粗纱布做成，后来才用棉织的毛巾

《贵阳方言词典》：

【揩屁股纸】kʰai⁵⁵ pʰi²⁴ ku⁵³ tsʅ⁵³ 手纸

《武汉方言词典》：

【揩脚布】kʰai⁵⁵ tɕio²¹³ pu³⁵ 擦脚的布

《萍乡方言词典》：

【揩脚布】kʰai¹² tɕio¹² pu¹¹ 擦脚用的织物

从以上词典所列词条可以看出：第一，"揩"主要出现于西南官话区。

---

① 二十一部词典包括：《苏州方言词典》《西宁方言词典》《南京方言词典》《扬州方言词典》《哈尔滨方言词典》《杭州方言词典》《贵阳方言词典》《徐州方言词典》《牟平方言词典》《济南言方词典》《长沙方言词典》《武汉方言词典》《上海方言词典》《娄底方言词典》《崇明方言词典》《温州方言词典》《海口方言词典》《宁波方言词典》《萍乡方言词典》《广州方言词典》《东莞方言词典》。

第二,"揩"基本上不单独表示动作"擦"义,只存在于"揩脸布、揩脚布、揩屁股纸"等表物品的词语中。只有南京话中还在"揩屁股"一词中表示动作义。实际上,在黑龙江方言中,现在仍有"揩屁股、揩腚"的说法,但是在能够查阅到的资料中,"揩脸"一词似乎只出现于站话当中。

根据现有资料来看,站话中"揩脸"的来源有两种可能。一种是对明清白话词语的保留。比如:

(1)《红楼梦》第十九回:"黛玉便用自己的帕子替他揩拭了,口内说道:'你又干这些事了。干也罢了,必定还要带出幌子来。便是舅舅看不见,别人看见了,又当奇事新鲜话儿去学舌讨好儿,吹到舅舅耳朵里,又该大家不干净惹气。'"

《红楼梦》中直接用"揩拭",后面不接宾语。而"揩脸"的例子在其他作品中也有存在:

(2)《儒林外史》第二十七回:"钱麻子老婆正站在锅台旁边看他收拾鱼,被他这一掼,便溅了一脸的热水,连一件二色金的缎衫子都弄湿了,吓了一跳,走过来道:'这是怎说!'忙取出一个汗巾子来揩脸。"

(3)《说岳全传》第三十二回:"牛皋先锋决要出去交战,来到阵前,牛先锋吐酒于番将脸上,番将忙揩脸时,牛先锋一铜打死,大获全胜。"

(4)《狄公案》第四十二回:"你看哭得这可怜样子,把我们这一位都疼痛死了。你们快去,取盆水来,好让我为娘子揩脸。凡事总不出情理二字,你情到理到,她看看这好处,岂有不情愿之理?"

另一种可能是站人从西南官话中带入的。站人祖先虽然在云贵不过二十余年,不会受到西南方言的太多影响,但也有可能在当地招兵买马或是在其他接触中吸收一些当地方言成分。"揩脸"在那时进入到站人语言中并被带到黑龙江地区,也是有可能的。但是从今天黑龙江方言中仍然存在"揩屁股、揩腚"等词语来看,我们更倾向于前一种解释,即站话中的"揩脸"是对明清白话的保留。

从目前站话各点中"揩脸"横向分布情况来看,非常清晰地展现了这一词语的历时演变线索。塔溪村站话中不仅有"揩脸"一词,还有"揩手",这表明"揩"在塔溪村还具有一定的构词能力,意义保留更完整。在新站村、古龙村和太和村,"揩"只与"脸"组合成词,表明它的存在只能局限于某个词语中,完全失去了构词能力。而在宁年村已经没有"揩脸"一词,但是在"揩脸手巾"这一物品名称中还暂时保留了它的痕迹。"揩脸"进一步的发展就是消失,比如拉哈镇和二站村已经完全用"擦脸"来取代它了。

站话中还有一些区别于周边民人话的特殊词语,比如站人把"菜刀"称为"拨刀";站人称呼父母为"爸、妈",而民人则称"爹、娘";站人称额头为"脑门儿"或"脑门子",而民人则称为"页脑盖";站人称昨天为"昨儿个",民人则称为"夜个"等。实际上站话词汇与民人话的主要差异,就是黑龙江地区早期汉语方言与受到山东、河北移民影响的汉语方言之间的差异。但是由于方言间的融合以及普通话的推广,站话与民人话的界限已经越来越模糊。有一些词语虽然可以被清晰地确认是站话或是民人话,但是站人和民人都说;有些词语已经没有站话或是民人话的界限了。下面列举的这些词语,大多是站人和民人可以清楚说出各自方言的不同说法的词语,并且属于站话的词语在分布区域上至少存在于三点以上。

表 6-6　　　　　　　　　　站话中的特殊词汇

普通话	站话	民人话
菜刀	拨刀	菜刀
饭勺	马勺	饭勺子
汤匙	羹匙	小勺
水瓢	水瓢	舀子
捣蒜用的钵	叫白子	蒜缸子
从井里往上提水的桶	柳罐/柳棍	水桶
用扁担挑的水桶	水筲	水桶
火柴	取灯/起灯	洋火
仓房	哈什/哈什屋/小哈子	仓子
翻地	翻地	哈地
男孩儿	小朗子	小子/小小儿
额头	脑门儿/脑门子	页脑盖儿
父亲	爸	爹
衬衣	汗褟	衬衫
兜	掏儿	口袋
麻雀	老甲子	家贼
啄木鸟	啄木官子/鹰明木	叨叨木
彩虹	水桩子	虹儿
亲切	如气	态和
凶悍(多指妇女)	夜张	泼
吝啬	啬咎/屈皮	抠/抠门儿/抠嗖
经常、反复	顶架儿	邦丁子
昨天	昨儿个	夜个

　　此外，还有一些词语被之前的研究者认为是站话中的特殊词语，但我们通过八个点的对比调查，发现情况并非如此。比如"芫荽（香菜）"被看作是科洛站话中的特殊词语，但是只有与科洛乡相连的塔溪乡有将"香菜"称作"盐荽"的（"芫荽"的音变），其他各点均未见。这个词语在附近的民人话以及黑龙江地区一些山东移民较多的地方也有存在，因此它应该是山东移民带过来的，后又被科洛站话吸收。

第二节　黑龙江站话词汇的对比考察

一　站话词汇的共时对比考察

　　从大的方面看，各点之间的站话在词汇上保持着相当大的一致性。我们这里所说的一致性，并不只是从站话中的词语在各点具有"一致说法"的角度来看。因为这种"一致说法"不仅体现在站话内部，而且也大多体现在站话与周边黑龙江方言词汇的"一致性"上。站话与黑龙江方言同属北方方言，再加上百年来的融合变异，你中有我，我中有你，差异越来越小。这一点通过站话分布区域和使用者数量的萎缩表现得非常明显。因此，我们这里所说的站话词汇内部的一致性，是在同黑龙江方言词汇的比较中来体现的。也就是说，一些在黑龙江方言中不说的词语，在站话的各点或大多数代表点中仍然使用。比如我们在本章第一节里面"五"中提到的"大妈""揩脸"等站话特殊词语，在站话中广泛分布，但是却不出现在周边的黑龙江方言中。当然，站话词汇内部保持了很大的一致性，并不等于没有差异。由于各点站话被分割包围于周边方言之中，在发展演变的过程中受到的影响也会有所不同，表现出一些差异。

　　（一）各点词汇受周边民人话影响的程度不同

　　比较而言，北路驿站的二站村、拉哈镇，南路驿站的头站村等，对于周边方言词汇的吸收程度较强。与第四章中提到的语音演变一样，表现出的站话特征越来越少。例如：

表 6-7　　　　　部分站话代表点词汇与民人话词汇的比较

词语	新站村站话	宁年村站话	拉哈镇站话	二站村站话	民人话
麻雀	老甲/家雀/家贼	老甲子	家贼/家雀	家贼	家贼
彩虹	天虹 kaŋ^{53}	水桩子	虹 kaŋ^{53}	虹 kaŋ^{53}	虹 kaŋ^{53}
昨天	昨儿个	昨儿个	昨儿个/夜来	夜个	夜个

词语	新站村站话	宁年村站话	拉哈镇站话	二站村站话	民人话
额头	脑门儿/脑门子	脑门子	页脑盖	脑门儿	页脑盖
土块	土鲁疙瘩	土鲁疙头	土拉块	土坷垃	土拉坷/土坷垃/土鲁块
捣蒜用的钵	叫白子	蒜白子	蒜缸子	蒜缸子	蒜缸子

　　表6-7中列举的词语的不同说法，上了年纪的站人都能够清楚区分出哪种说法是站人话，哪种说法是民人话。从表6-7中可以看出，拉哈镇、二站村受民人话词汇的影响较多，与民人话有越来越多的一致性。而新站村、宁年村则保留原来的说法。当然，方言词汇间的影响和借鉴是相互的，比如宁年村的民人话中也有将麻雀称作"老甲"、将"彩虹"称作"水桩子"的。而不管是站话还是民人话，在今天四五十岁以下的人口中都已经向普通话靠拢，一律都说成是"麻雀、彩虹"了。

　　（二）很多词语在各点中的差异属大同小异，主要表现在读音的细微差别上

表6-8　　　　　　　　　　各点语音细微差异举例对比

	古龙村	太和村	头站村	宁年村	塔溪村
向日葵	转脐莲	转日莲	转心莲	毛嗑儿/向日葵	转籽莲
孬幕（小房间）	孬幕	孬屋	小屋	孬幕	孬门
垃圾	圪扔 $k\gamma^{31}\ l\ni\eta^{0}$	圪挠 $k\gamma^{41}\ nau^{0}$	圪囊 $k\gamma^{31}\ na\eta^{0}$	圪登 $k\ni^{41}\ d\ni\eta^{35}$	圪能 $k\gamma^{31}\ n\ni\eta^{0}$
打喷嚏	打嚏砰	打嚏风	打嚏面	打嚏分	打阿气
因为	拥固	拥互	拥互	因贵	因物

　　这种语音的细微差异更多地体现在一些四字格词语上。比如：扯逢拉欠——扯风拉欠、嘎巴什业——嘎巴扯叶——干巴扯叶、五迷三道——胡迷烟道——鬼迷三道、毛拉锃光——毛拉三光、临期末晚——临秋末晚、急等马发——立等马发、花么吊嘴——花马吊嘴、五方六月——五风六月、补破连烂——补破连绽、夹枪带棍——夹七带棍等等。这主要是因为四字格俗语主要通过口耳相传，随意性较大。在保持词语的整体意义不发生什么变化的情况下，词语内部的各组合成分的意义就变得模糊起来，从而出现许多不同的说法。

（三）各点站话在演变中受到来源不同的民人话影响，也体现出一定的差异性

站话各点处于民人话分割包围中，由于黑龙江地区移民来源的差异，导致站话在向民人话靠拢时，各点也会表现出一定的差异性。比如塔溪乡站话中把"醋"叫做"忌讳"，把"香菜"叫做"盐荽"，实际上这两种说法并不在站话中具有普遍性，而是嫩江地区的方言。前者是受到当地山西移民方言的影响，后者主要是受到山东移民方言的影响。再比如茂兴镇站话中的程度副词主要使用"诚"或"诚是"（"人诚多了"），但是宁年站人明确地认为"那是民人话"。这极有可能是茂兴镇站话在与周边民人话融合的过程中，很多词语已经难分彼此了。再如头站村把"蜘蛛"说成"蛛蛛"，这与其他各点的"勒勒珠""螺螺珠"不同，与河北一些地区的方言一致，可能是受到了河北移民方言的影响。因此，对于站话词汇特征的考察，似乎通过寻找一定数量的具有显著特征的词汇已经很难做到。正如索绪尔所言："各族人民总是不免来来往往地移动，经过几个世纪的积累，这些迁移把一切都弄混了，在许多地点，语言过渡的痕迹都给抹掉了。"[①]

二　站话词汇的历时对比考察

站话是一种濒危的汉语方言，这是研究者的普遍共识。郭凤岚（2003）从年龄分布的角度，考察了嫩江县科洛乡站话急遽消变的现状。"50 岁以上的站人能说地道的站话的已经不多，且发音很不稳定，50 岁以下的站人则基本上讲东北官话或普通话，站话在该年龄层次上基本消失。"[②]这是从共时层面对站话的发展演变所做的考察。共时差异可以反映历时变化，但是具体到哪些语言项目发生了变化，发生了怎样的变化，变化的规律和趋势如何，仅仅通过共时的年龄分布差异是无法具体地反映出来的。由于站话的研究者少，研究时间较短，现有的研究成果很难提供进行历时比较的资料，这不能不说是站话研究中的一个缺憾。值得庆幸的是，20 世纪 80 年代中期，黑龙江的学者刘小南、姜文振对包括肇源县站话在内的黑龙江地区方言词汇进行了调查，并在其后编写的《黑龙江方言民俗志》的分类词表中将肇源县站话中的特殊词汇标出，共 191 条。这些词语为我们进行站话词汇的历时比较提供了宝贵的资料。虽然时间跨度仅为三十年，但从中也可以清晰地看出站话词汇的演变情况。以下列表说明。

表 6-9 左边第二列为词语的普通话释义，左边第三列为刘小南、姜文振

---

① 索绪尔：《普通语言学教程》，商务印书馆 1980 年版，第 285 页。

② 郭凤岚：《消变中科洛站话》，《中国社会语言学》2003 年第 1 期。

所列出的相应的站话词语，后以"（老）"标注，代表三十年前的站话说法。第四列为笔者调查的今天站话说法，以"（新）"标注，其中空白处表示已没有相应的词语。在调查中，以普通话释义询问，如"成絮状的雪叫什么"，按被调查人的回答记录。如果被调查人没有明确的说法，则给出站话和民人话的所有说法让其选择，按其所选记录。右侧一列为周边民人话，即黑龙江方言的说法，也出自《黑龙江方言民俗志》的分类词表。其中空白处表示原表中未列相应说法。由于两位学者考察的是三十年前肇源县站话情况，因此站话（新）的说法以今天肇源县新站村站话为代表。

表 6-9　　　　　　　　站话词汇的历时比较

	普通话释义	站话（老）	站话（新）	民人话
1	成絮状的雪	老家子脑袋雪	棉花套子雪	大雪片子/鹅毛片子/棉花套子雪
2	小米粒儿状的雪，霜降前多见	雪珠子	米糁 sən²¹³ 子	1
3	彩虹	水桩子	天虹 kaŋ⁵³	虹 kaŋ⁵³ 彩虹，也作"杠"
4	沙子堆成的岗子	沙坨子	沙坨子	2
5	江边	江楞	江沿	3
6	一下雨就积水的低洼地	旱泡子	涝洼塘/蛤蟆塘	涝洼塘
7	土块	土鲁疙头	土鲁疙瘩	土垃坷/土坷垃/土拉坷垃/土鲁块
8	特指房前房后的菜园	场院	园子	园田地/园子
9	黏附在墙壁上的成串的灰	陈灰	陈灰/灰嘟噜	嘟噜灰儿/塔灰儿/塔头灰儿
10	两岁的小马	马搭哈儿	马搭哈儿	4
11	不认真干活儿的马（站）	假马/假力棒子/假嗒棒子	假马/假力棒子	5
12	公牛	簸火	牤子/牤蛋子	牤牛/牤子/牤牛蛋子/牤蛋子/犍子
13	母牛	乌牛	乳 zu²¹³ 牛	乳 lu²¹³ 牛
14	秋天生的牛	秋偏子	秋偏 tɕye⁵³ 子	6
15	两岁的小牛	波勒子	波裸子	7
16	两岁的小驴	驴搭哈儿	驴搭哈儿	8
17	两岁的小羊	苦鲁布子/胡拉布子	苦拉布子	9
18	小狗儿	小点儿	巴拉狗	小巴儿
19	畜种	挈养儿	挈养儿	10
20	一种兔类，头似鼠，前腿短，后腿长，尾长，尾巴绕一圈跳一下，善跑	绕尾巴兔儿	绕尾巴兔儿	11

	普通话释义	站话（老）	站话（新）	民人话
21	麻雀	老家儿/老家子	老甲/家雀/家贼	家雀儿/家贼/大家贼/老家贼/家屁/老家屁/家雀子
22	鸽子	鹁鸽儿	鹁 pʰu²¹³ 鸽儿	鹁鸽子
23	啄木鸟	啄木官子/鹰叨木	鹊 tɕʰien³¹² 叨木	叨木官子/叨叨木/叨叨木子/残嗒木子/锈得儿木
24	鹰	龙鹰	老鹞子	老鹞子
25	蚕蛾	蚕虫儿	1	12
26	一种能在水面上跑的虫儿，形似蚊，腿长	水蚊子/水蛾子	水蚊子	快马子/香油儿
27	天牛	放牛小儿	放牛小儿	13
28	体灰绿色，藏于沙土中，偷袭蚂蚁为食	褪土牛儿/倒牵牛儿	褪 tʰuən⁵³ 土牛儿/倒牵牛儿	14
29	蜣螂	粪杵子	粪杵子/屎壳郎	屎壳郎/屎壳郎子
30	蝼蛄	地狗子/地夹子	地狗子/地夹子	拉拉蛄/地蝲蛄
31	大蜘蛛	勒勒蛛	勒勒蛛	癞癞蛛/罗罗蛛
32	跳蚤	屹珠/跳挣	跳子	跳子/屹子/狗蹦子
33	蚯蚓	齐算（"蛐蟮"的音变）	曲蛇	曲蛇/地龙
34	鱼鳃	鳃际	鱼嘎碎	嘎碎
35	一种身体全绿的青蛙	草蛙儿	青拐子	15
36	蝌蚪	拉蛤蟆胡洞子/蛤蟆胡洞子	拉蛤蟆胡洞子/蛤蟆胡洞子	蛤蟆骨朵儿/哈蟆孤/
37	玉米	苞唠米儿	苞米	苞米
38	莠子的一种，籽粒较实，扬场时不易扬出	贴皮莠子	2	16
39	秕谷	谷老儿	看谷老儿	瘪火/谷瘪子
40	南瓜品种之一	套瓜	3	17
41	豌豆	偷眼豆儿	4	18
42	葱白儿	葱秆儿	葱板儿	葱背儿
43	柳枝上结出的绒球儿	琉琉狗儿	毛毛狗儿	毛毛狗儿/柳毛狗儿
44	山荆子（果实圆形，成熟时红色，味酸甜）	糖梨子	鄂梨子	山丁子
45	浮萍	草锈	浮萍/草锈	19
46	木贼	节节草/竹节儿草	节骨草	节骨草

续表

	普通话释义	站话（老）	站话（新）	民人话
47	生长于低温的沙土地上，可入药	哈拉害	哈拉害	20
48	炒熟的稷米，站人常用来泡牛奶当茶待客	炒米	炒 tsau²¹³ 米	21
49	米汤	饭汤	饭汤	22
50	淘米水	米汤	米汤	23
51	羊肉汤同小米和在一起的饭	汤稀饭	汤稀饭	24
52	用碎面疙瘩煮成的汤	舞爪龙	面穗儿	疙瘩汤
53	用糖和猪油做成的面片儿	飞锅旗/飞火旗/斜鱼子/糖油面片	飞锅旗/飞火旗/斜鱼子/猪油小饽饽	25
54	用荞面片做成猫耳朵状，加糖和猪油做成的食	小饽饽/猫耳朵	小饽饽/荞面猫耳朵	26
55	在肥肉馅中放盐、糖做成的饼	滋油饼	滋 tsʅ²¹³ 油饼	27
56	用面疙瘩捻成圆片，放到加有猪油和菜的汤里煮	圪勒坨儿	圪勒坨儿	28
57	什锦咸菜	花菜	花菜	29
58	站人区一种土平房，左、右、后三面房檐均包在墙壁中	三不露	三不露	30
59	外屋，特指厨房	堂屋地/堂地/外图地/外图/灶房	外途地	外屋地/外地
60	庭中用于储存杂物的小仓库	哈什/哈什屋儿/哈屋儿/龙房	哈什屋/哈吃屋	仓房/下屋儿/仓子/仓棚子/下屋棚子
61	平房顶上抹的一层泥	房望	房望	望
62	房椽上面铺的苇帘或竹秸帘子等	房巴包/巴包	房巴包	房巴
63	镶在四周房檐上的板条	缭檐边儿	缭檐边儿	31
64	露出山墙外面的檩子头	风火檐	风火檐	32
65	在风火檐上压的一层砖	砖拿哨儿	砖拿哨儿	33
66	房子四角从房檐下砌的三级磴儿，主要为了美观	三出水儿	三出水儿/三滴水儿	三点水儿
67	间隔灶台和里屋的墙壁	喇嘛墙儿	喇嘛墙儿	拉海墙儿
68	鸡下蛋处	鸡咕鲁子	鸡咕 ku⁵³ 鲁	蛋窝儿
69	小棉袄	小袄子	小袄子	棉主腰子
70	衬衫	衬褂儿	汗褟儿	34
71	下摆	下扎	5	35
72	衣袋	掏儿	掏儿	兜儿
73	沥青	瑞青	瑞青	臭油子

续表

	普通话释义	站话（老）	站话（新）	民人话
74	理发推子	洋剪子	洋剪子	36
75	连枷	连子	连杆 kan³	连替/连斤
76	耢	拖耙子	拉 la²¹³ 子	耢子/耢拉子
77	耕地时放犁铧的工具	拖耙	爬犁	爬犁/爬犁架子
78	捕鱼的一种小旋网	榔头网	榔头网	37
79	一种大口子网，能横江拦过	呆害网	呆和网	38
80	洗衣时槌衣用的石头	槌巴石	槌 tsʰuei²⁴ 巴石	39
81	由一节节的铁筒组合起来的炉子的烟筒	瘪拉器	瘪拉器	炉筒子
82	捣蒜用的钵	叫白子	叫白子	蒜缸子/蒜白子
83	盖在酱缸上面的尖顶帽状物，有防雨作用	酱帽子	酱帽子	40
84	盛饭的勺子	马勺儿	勺子	41
85	口大底小的水桶	喂特罗儿/半筲子	喂大罗儿/水筲 şau³¹²	喂大罗儿
86	接奶用的小桶	奶斗子	奶斗子	42
87	盛酒器，肚大，有两耳	酒嘟噜子	酒嘟噜子	43
88	塞住瓶口的软木塞等	瓶口儿[tsar]	瓶口儿[tsar]	瓶堵儿/瓶堵头儿
89	明代铜钱，也称洪武钱	大古钱	大钱	57
90	毛笔	斐	斐 fei³¹²/水笔	水笔
91	肋骨	肋提骨	肋 lɤ⁵³ 巴骨	肋条/肋条骨/肋巴/肋巴骨
92	胳膊肘儿	胳膊拐儿	胳膊拐儿/胳膊肘儿	44
93	臂弯	胳膊腕子	胳膊腕子	45
94	二拇指	狗拇指	狗拇 mu⁵³ 指	二拇手指头
95	指甲	指就壳儿	指就 tɕiou⁵³ 盖儿/指就 tɕiou⁵³ 壳	手指盖儿
96	大腿根儿	大腿胺子	大腿胺子	46
97	小腿	连连杆儿	小腿	47
98	八字胡	嘎牙胡儿/嘎牙胡子	嘎牙胡儿/嘎牙胡子	八撇胡儿/两撇胡儿/八字胡儿
99	疾病	包坍/包沉	包坍	48
100	男孩儿	小朗子	小小子	小子/小小儿
101	渔民把头	网户搭	网固搭	49

续表

	普通话释义	站话（老）	站话（新）	民人话
102	旅店中的招待员	小打儿	小打儿	50
103	母亲的祖父	舅爷爷	太姥爷	51
104	母亲的祖母	舅奶奶	太姥姥	52
105	岳父	老丈儿	老丈儿	53
106	小弟弟、小妹妹	小脖脖儿	小□ph_x^{33}	54
107	连襟	挑担子	挑担子/连桥儿	连桥儿/一担挑儿
108	兄弟及妯娌之间，代指关系亲近的人	妯娌伯行	妯娌伯行	55
109	兄弟姐妹的子女	侄男哥女	侄男哥女	侄男外女
110	孕妇	俩人人	双身子	双身板儿/双身子/大肚子/四眼人
111	盲目流入的人口	流盲儿	流盲儿/盲流儿	盲流儿
112	指到处都吃得开的人	光棍	光棍	55
113	打喷嚏	打嚏砰/打嚏闷	打嚏敏	打阿气/打嚏风/打嚏分
114	半听不听	睁个耳朵	睁个耳朵	支棱
115	在别人身上抓、挠，使发痒	胳得	胳就	胳肢/胳就
116	拴住，使不动	密	密	58
117	往壶里续水	串水	串水	59
118	用篦子篦头	刮脑头	刮	刮
119	趴伏	哈捧	趴 $ph a^{312}$ 子	哈巴
120	因失神而险些跌倒	打立闪	一趔介	60
121	揣测、猜想	揣想	猜	61
122	爱、愿意	希哩	希的	希的
123	不愿意、不屑	不希哩	不希	不希/不希的
124	监视	相拿相	相拿相	标
125	上粪	扬粪/挦粪	□$luei^{53}$ 粪	62
126	骟（牛、马等）	搥	搥（牛）/骟（马）	63
127	折价	砸	砸	64
128	赎回	抽回来	抽回来	65
129	划船	摆船儿	摆船儿/划船	66
130	因走错路面折返另走	勾回来	勾回来	倒撅儿/倒背脸子/掉背脸子
131	接待，招待	迎待	招待/答对	待承/答对
132	胡说、瞎说	唠唱	胡诌八咧/扯淡/胡咧咧	胡咧咧/扯王八蛋/胡诌八咧/扯淡
133	凭空捏造	编笆结枣儿	扒瞎	扒瞎/编笆儿

续表

	普通话释义	站话（老）	站话（新）	民人话
134	说心里话，推心置腹	掏心肺腑	掏心肺腑	掏心/掏心窝子
135	插嘴，打断别人讲话	插巴	插杠子	接话/插杠子
136	对质，对证	对嘴子	对嘴子	三头对面
137	训斥，责备	排训/申诉	排揎/哏哆/呲嗒/喀嗤/收拾	呲/呲嗒/撸/损/喀嗤/审叨/梃/崩/收拾/刷/哏哆/申嗔
138	理睬	勒试/理试	勒试	搭搁/搭咕/搭试/勒
139	不理睬	外搭咕	外搭咕	67
140	施舍	行	行 $\varsigma i\eta^{33}$	68
141	以大欺小	大狗咬小巴儿	以大欺小	69
142	横行霸道	横行竖道	横行霸道	70
143	混日子	混天撩日	混日子	混吃等死儿
144	打扮	扎咕	扎咕	拾掇/收拾/捯饬
145	焯	打焯	打焯	炸
146	出殡时抬棺材	抬重	抬重	71
147	未满孝的人在办喜事的人家门下走过	钻红	5	72
148	发脾气，使性子	耍登/玩儿登	耍登	耍/耍驴/耍狗驼子
149	去 上哪儿去	喀	kè	73
150	狗发情	走时子	走时子	起秧子/起群子
151	生病	（闹）不合适儿了/有包坍/不自养了	不合适儿了/有包坍/不自养了/闹病	闹病/长病/不自在了
152	用力过猛而使旧病复发或伤口感染	撑反	□反 $ts^{h}\eta^{213}$ fan^{53}	74
153	柿饼生出柿霜	起卤	起卤	75
154	指人没出息，变得不如以前	串态/串态子	串态 $t^{h}ai^{213}$ 子	回椿/走下道
155	丰盛	丰溜	丰盛	实惠
156	不足数	不够斗儿	不够斗儿（只指尺寸不够）	不够数儿/不够秤儿/不够分量
157	干巴	干巴失叶	干巴失叶	干巴拉瞎
158	使人吃了发腻	意耐人/腻耐人	意耐人/腻耐人	拿人/降人
159	犹豫不决的样子	次次意意/吱溜扎溜儿	次次意意	二意思思/二二意意
160	俊俏，秀美	展样儿/枝梗儿/枝枝梗梗儿/枝枝楞楞儿/美丢丢/清苗/清实/俏生/标性	展样儿/滋梗儿/滋滋梗梗儿	精神/受看/华生/材料儿/水灵儿/溜光水滑儿

续表

	普通话释义	站话（老）	站话（新）	民人话
161	帅气（男性）	棍条	标膀溜直儿	标膀溜直儿/貌堂堂
162	衣服总也不洗，脏得都发亮了	明盔亮甲	明盔亮甲	76
163	家中十分脏乱的样子	粪草囤门	粪草囤门	77
164	邋遢	派气/查刺/邋擦/赖拆/特儿捞散	邋擦/肋赋	肋赋/特勒/派赖
165	不爱理人的样子	馊了巴唧	馊了巴唧/馊性/青脸实漂的	带搭不理/带搭不希理儿的
166	沉下脸来的样子	寡搭搭	寡搭搭	78
167	贤惠	慈慧	慈慧/贤惠	79
168	做假，不实在的样子	假巴失叶	假巴失叶	假假咕咕
169	尖酸	嘴生	嘴生/嘴□sau⁵³	嘴黑
170	说话、办事干脆	咔巴/利亮/简剧	利亮/嘎巴溜丢脆	嘎巴溜丢脆/喇吃咔嚓/不打锛儿
171	絮叨	黏絮	黏絮/磨叽	磨叨/磨叽
172	亲切，和蔼	如气	亲切	态和
173	不听劝导	憋脸/憋皮大脸	憋皮大脸/赛脸	皮/赛脸/上脸
174	凶悍，不讲理（多指妇女）	夜张	泼	泼
175	狂妄，挑剔	狂伤	狂伤	狂性
176	糊涂	糊涂马约/糊迷焉道/浑（闷）头马面	糊迷焉道/稀里糊涂	稀里糊涂/浑浑登登
177	口齿伶俐	便利	利索	溜
178	愚鲁，不通事理	浑马交枪	浑马交枪/四六不懂	浑/四六儿不懂
179	不成熟，不懂事	愣蹭	愣蹭/不定性	不立事/不定性
180	傲慢	制制蒿蒿	渍渍蒿蒿	80
181	爱在上司面前表现自己	奴/奴胜胜/胜示	6	81
182	吝啬	啬吝/屈皮	生/抠	抠/抠门儿/抠搜/小店儿/小店儿挂罗圈儿/生/缩/勾嘎不舍
183	珍贵、值钱	出贵	金贵	金贵
184	唤牲口回来声	嗷唠嗷唠	7	82
185	吆喝牛往前走的声音	哈秋	哈秋	83
186	吆喝牛往右走的声音	达达	达达	84
187	吆喝牛往左走的声音	咧咧	咧咧	85
188	吆喝马往左走的声音	月月	月月	86

	普通话释义	站话（老）	站话（新）	民人话
189	一开始，本来，素来	自溜儿/起根发了/起根发脚	自了 liau²¹³/在早/起根儿/本来	坐起/坐起根儿/起根儿/坐窝儿
190	一个人，独自	一根	一根	87
191	干脆，索性	大爽儿	干脆	88

（一）站话词汇三十年来的变化情况

通过对表 6-9 所列举的 191 条词语的考察，可以从一个侧面看出站话词汇在三十年间的大体变化情况。以下我们用数据统计结果来说明这种变化。

这 191 个词语的发展变化情况可以概括为以下五种类型：

一是站话（新）沿用站话（老）说法，这类词语共 116 个，占总数 60.73%。例如：

土鲁疙瘩（头）土块　马搭哈儿两岁的小马　挈养儿畜种　勒勒蛛大蜘蛛　拉蛤蟆蝌蚪　胡洞子蝌蚪　饭汤米汤　（看）谷老儿秕谷　房望平房顶上抹的一层泥　鸡咕鲁（子）鸡下蛋处　掏儿衣袋　呆害（和）网一种大口子网，能横江拦过　米汤淘米水　花菜什锦咸菜　瘪拉器多节铁筒组合起来的炉子的烟筒　奶斗子接奶用的小桶　狗拇指二拇指　包坍疾病　扎咕打扮　光棍比喻到处吃得开的人　密拴住，使不动　相拿相监视　对嘴子对质，对证　外搭咕不理睬　走时子狗发情　狂伤狂妄，挑剔　意（腻）耐人使人吃了发腻　馊了吧唧不爱理人的样子　嘴生尖酸　小打儿旅店中的招待员

二是站话（新）转用周边民人话或普通话说法，共 45 个，占总数的 23.56%。例如：

棉花套子雪成絮状的雪（站话（老）为"老家子脑袋雪"）

江沿江边（站话（老）为"江楞"）

老鹞子鹰（站话（老）为"龙鹰"）

曲蛇蚯蚓（站话（老）为"曲算"）

苞米玉米（站话（老）为"苞唠米儿"）

肋巴骨肋骨（站话（老）为"肋提骨"）

双身子孕妇（站话（老）为"俩人人"）

不希不愿意、不屑（站话（老）为"不希哩"）

扒瞎凭空捏造（站话（老）为"编笆结枣儿"）

亲切（站话（老）为"如气"）

干脆（站话（老）为"大爽儿"）

三是站话（老）中的词语在站话（新）中失去了原来的说法，并且与民人话和普通话一样，站话（新）中没有对应的词语。这类词语共 8 个，

占总数的 4.19%，例如：

蚕虫儿_{蚕蛾} 贴皮莠子_{莠子的一种，穗小} 套瓜_{南瓜品种之一} 偷眼豆儿_{豌豆} 嗷唠嗷唠_{唤牲口回来声} 钻红_{指未满孝的人在办喜事的人家门下走过} 奴胜胜_{爱在上司面前表现自己} 下扎_{下摆}

四是站话（新）与站话（老）及民人话都不一致。这类词语共 8 个，占总数的 4.19%。例如：

普通话中的"葱白儿"在站话（新）中是"葱板儿"，在站话（老）中是"葱杆儿"，在民人话中是"葱背儿"；

普通话中的"连枷"在站话（新）中是"连杆"，在站话（老）中是"连子"，在民人话中是"连替/连斤"；

普通话中的"小狗儿"在站话（新）中是"巴拉狗"，在站话（老）中是"小点儿"，在民人话中是"小巴儿"；

普通话中的"彩虹"在站话（新）中是"天虹"，在站话（老）中是"水桩子"，在民人话中是"虹"等。

五是站话（新）说法中既包含站话（老）说法，也包含民人话说法，这类词共 14 个，占总数的 7.33%。例如：

陈灰/灰嘟噜_{黏附在墙壁上的成串的灰} 　　老甲/家雀_{麻雀}

粪杆子/屎壳郎_{蜣螂} 　　挑担子/连桥儿_{连襟}

流盲儿/盲流儿_{盲目流入的人口} 　　斐/水笔_{毛笔}

摆船儿/划船 　　排揎/哏哆_{训斥}

不自养了/闹病_{生病} 　　慈慧/贤惠

利亮/嘎巴溜丢脆_{说话、办事干脆} 　　自了/起根儿_{一开始，本来}

如果把这五类词语的变化情况进一步加以概括，可以用表 6-10 来表示：

表 6-10　站话词汇中 191 个词语三十年间发展变化的数据统计

	沿用	转用			兼用
		站话(新)与民人话或普通话一致	站话(新)无新的对应词语	站话(新)与站话(老)及民人话都不一致	
数量（个）	110	45	8	8	20
		61			
百分比%	57.59	23.56	4.19	4.18	10.47
		31.94			

从这个数据结果可以看出：三十年来站话词汇一方面对原来说法有所保留，另一方面在向民人话或普通话不断靠拢。"靠拢"一方面表现在两种方言词语的说法共存兼用，另一方面表现在放弃原来方言词语说法，转用周边民人话或普通话说法。如果我们结合郭风岚（2003）对站话共时层面

年龄分布差异的考察，可以得到对站话词汇演变情况更加全面的认识，即站话词汇在向民人话靠拢的过程中，对原有词汇保留的多少与年龄成正比。

（二）三十年来站话词汇演变的特点与规律

1. 与日常生活密切相关的词语变化较慢

我们按照语义类别对这 191 个词语进行分类统计，结果见表 6-11：

表 6-11　不同语义类别的站话词语在三十年间的变化情况统计

		沿用		转用		兼用	
	数量	数量	百分比	数量	百分比	数量	百分比
天文地理	9	2	22.22	6	66.66	1	11.11
动物植物	38	17	44.74	19	50	2	5.26
饮食房舍	21	20	95.24	1	4.76	0	0
生产生活用品	22	15	68.18	6	27.27	1	4.55
人体人物称谓	22	14	63.64	6	27.27	2	0.91
动作	42	22	52.38	14	33.33	6	14.29
性质状态	32	14	43.75	8	25	10	31.25
吆喝动物声	5	4	80	1	20	0	0

从表 6-11 中可以看出，这 191 个站话词语在三十年间变化最小，即保留站话说法最多的依次是表示饮食房舍的方言词语，比如“汤稀饭、饭汤、飞锅旗/飞火旗/斜鱼子/糖油面片、小饽饽/猫耳朵、滋油饼、圪勒坨儿”“三不露、风火檐、房望、三出水儿、喇嘛墙儿”等，表示生产生活用品的方言词语，比如“瘪拉器、叫臼子、酱帽子、奶斗子、小袄子、汗褟儿、掏儿”等，以及表示人体人物称谓的方言词语，比如“狗拇指、指就壳儿、嘎牙胡儿、网户搭、小打儿、小脖脖儿”等（5 个表示吆喝动物声音的词语也基本沿用，因数量少且较为特殊，不单提出）。这几类词语与日常生活密切相关，在生产活动中使用频率高，因此相对稳固，变化较慢。

2. 从词义的角度看，越是细致分类的特指的概念，越容易保留

以表 6-9 中所列举的表示动物的词语为例，新站话沿用老站话的说法的共有 15 个词语，其中大多数是表示细致分类的概念，如：

马搭哈儿：两岁的小马

假力棒子：不认真干活儿的马

秋倔子：秋天生的牛

波勒子：两岁的小牛

驴搭哈儿：两岁的小驴

苦鲁布子：两岁的小羊

绕尾巴兔儿：头似鼠，前腿短，后腿长，尾长，尾巴绕一圈跳一下，善跑

水蚊子：一种能在水面上跑的虫子，形似蚊，腿长

褪土牛儿：体灰绿色，藏于沙土中，偷袭蚂蚁为食

这些词语由于表示分类细致的或是特指的概念，在民人话及普通话当中没有与之相对应的词语，因此更容易被保留，其中包括一部分蒙语借词。而表示泛指概念的词语则趋向于向民人话或普通话靠拢。如"麻雀"在站话（老）中称"老家儿"，在站话（新）中除了沿用以往说法外，也以民人话的"家雀、家贼"来称呼；"鹰"在站话（老）中称"龙鹰"，在站话（新）中以民人话的"老鹞子"来称呼；"小狗儿"在站话（老）中称"小点儿"，在站话（新）中则为"巴拉狗"；"蚯蚓"在站话（老）中称"齐算"，在站话（新）中与民人话一样，称作"曲蛇"。

3. 四字格俗语因其口语化特征而更多地被保留

表6-9中所列举的191个词语中，站话（老）中的四字格俗语几乎都沿用至今，如"妯娌伯行、侄男哥女、掏心肺腑、次次意意、滋滋梗梗、明盔亮甲、粪草囤门、憨皮大脸、干巴失叶、假巴失叶、糊迷焉道、浑马交枪、渍渍蒿蒿"等，只有"编笆结枣儿、横行竖道、混天撩日"三个词语不再使用。四字格俗语更多地被保留，主要是因为它口语性更强，并且语义简洁，结构工整，更符合语言表达中追求高效、匀称的要求。

4. 一些沿用的词语表现出词义缩小的特点

站话中有些词语虽仍沿用，但发生了词义缩小。例如，"不够斗儿"在站话（老）中义为"不足数"，等同于民人话的"不够数儿、不够秤儿、不够分量"，但在站话（新）中，"不够斗儿"只指"尺寸不够"，没有"不够秤、不够分量"的意思；"捶"在站话（老）中意为"骗(牛、马等)"，而在站话（新）中只用于"捶牛"，"马"不可用"捶"，只能用"骗"。

这些在站话（新）中仍然使用的方言词语出现词义缩小的现象，也是词语在历时层面上发生变化的一种反映，有时可能是词语变化的早期阶段或过渡阶段。

5. 有些词语虽仍然沿用，但在语音上与站话（老）相比表现出差异和变化

表6-12　　　　　　　沿用的站话词语在语音上的差异比较

释义	站话（老）	站话（新）
仓房	哈什屋	哈什屋/哈吃屋

续表

释义	站话（老）	站话（新）
一种大口子网，能横江拦过	呆害网	呆和网
口大底小的水桶	喂特罗儿	喂大罗儿
渔民把头	网户搭	网固搭
打喷嚏	打嚏闷	打嚏敏
用力过猛而使旧病复发或伤口感染	撑反	口反 tsʰəŋ²¹³ fan⁵³
傲慢	制制蒿蒿	渍渍蒿蒿
俊俏，秀美	枝枝梗梗儿	滋滋梗梗儿

　　表 6-12 中列举的前 5 个词语多为音译词，反映出方言词语在口耳相传的过程中可能出现的细微语音变化。这种变化多是随意的，无规律的。后 3 个词语的语音变化则是方言语音系统发生变化后产生的结果，即系统性音变引起一组词变。从"撑反——口反 tsʰəŋ²¹³ fan⁵³""制制蒿蒿——渍渍蒿蒿""枝枝梗梗儿——滋滋梗梗儿"的变化中，可以推测肇源站话在三十年间发生了[tʂʰ]组声母字部分归入[ts]组声母字的变化。这种由音变引起的词汇的变化，恰好可以与本文第四章第一节第一部分讨论的站话古知庄章组与精组字声母发展变化相互印证。

第七章 余论

通过对站话的研究，我们对站话在黑龙江方言中的地位和作用有了一些新的认识。同时，对于有关濒危方言的研究任务、方法等也有了一些思考。

第一节 站话对黑龙江方言及其格局形成的作用

从目前的研究来看，对于黑龙江方言的形成，很少有研究者进行相关的详细讨论。这一方面可能是限于研究材料的匮乏，另一方面可能是由于黑龙江方言是晚近形成的汉语方言，历史不过二三百年，似乎没有什么讨论的价值。但是在我们的考察中，有很多与黑龙江方言形成相关的问题却吸引人去寻求答案。比如：黑龙江方言的源头在哪？在山东、河北等省移民以人数上的绝对优势进入黑龙江地区时，为什么今天的黑龙江方言与山东、河北方言仍然保持较大的差异？与吉林、辽宁地区方言相比，为什么黑龙江方言更接近北京话？今天黑龙江方言东西两区的差异是什么原因造成的？对这些问题的解答，可以帮助准确认识黑龙江方言的来源、特征、分区、与其他方言间的相互关系等问题，同时也能为东北官话、北方官话的相关研究提供更多的基础资料。

要回答以上种种问题，需要对历史资料进行详细考察，明确黑龙江方言形成与发展的过程。但仅仅依靠史实资料而缺乏相关语言资料，其中很多疑惑还是无法解释。而历史上黑龙江地区方言资料的匮乏，成为探讨黑龙江方言形成发展过程的障碍。在对黑龙江站话进行研究的过程中，我们发现站话作为黑龙江地区早期的汉语方言，它的发展演变与今天黑龙江方言及其格局的形成有着密切的联系，前面提出的一些疑惑，可以通过站话这把钥匙来帮助解答。

一 站话形成时期的黑龙江地区语言状况

明确站话形成时期的黑龙江地区语言状况，是以下各相关讨论的基础。本书第二章对站话的形成和发展进行了详细的考察。站话是随着站人的祖先在康熙二十四年（1685 年）进入到黑龙江地区，分布在黑龙江西部绵延一千七百多里的二十个驿站（加上雍正五年建成的乌兰诺尔站）之间，并且保持其特征持续发展了二百多年。直至 1908 年驿站裁撤，站话逐渐衰颓。那么，在站话形成之初，黑龙江地区的语言状况是怎样的呢？

考察语言状况，首先应从语言的使用者说起。黑龙江地区自古为少数民族居住的区域，他们的语言主要是阿尔泰语系的蒙古语、满—通古斯语等。清代之前此地区的汉族人口大多为北方各少数民族政权从中原地区掳掠北徙而至，数量与居住范围极其有限。这些北迁的汉人作为被征服者，进入少数民族区域之后，主要从事各种劳务，更有些成为宫内奴隶。汉语作为处于社会下层人口所使用的语言，是不可能在当地民族语言中占有优势的。因此，"清代前黑龙江地区的少数民族在语言方面并没有统一的趋势"，[1]汉语作为一种弱势语言，只在极有限的区域内使用。至清朝初年，清政府为了加强统治，把黑龙江地区的少数民族都编入八旗，并借助政治力量在各民族中推行满语，使满语逐渐成为黑龙江地区各少数民族中的强势语言。此段时期进入到黑龙江地区的汉族人口主要为少量自发进入的关内流民及流放至此的罪犯"流人"。在这些流人中，就包括站人祖先——884户吴三桂的叛军降卒。因此，当站人在清初来到黑龙江地区时，当地的语言状况与清代之前基本一样，即以少数民族语言（满语）为通用语言，汉语只通行于有限的地区和人群中。而在黑龙江地区西部由南至北狭长驿路上通行的站话，是黑龙江地区早期的汉语方言之一。

二 站话是黑龙江方言的基础方言之一

确定两种方言之间的承继关系，不仅要做语言外因素的考察，比如时间、地域上的关联性，移民的历史和影响等，还应做语言内部因素的考察，比如二者在语言特征、流变规律上的对应性等等。我们认为站话是黑龙江方言的基础方言之一，在黑龙江方言形成过程中起到了重要的作用，原因如下：

1. 从形成时间上来看，站话在黑龙江西部地区已经形成发展了一百多年后，黑龙江地区的通用语言才由少数民族语言转为汉语。也就是说，站话成为黑龙江方言的源头之一，在时间上具有可能性。

汉语在黑龙江地区成为通用语言的时间，可以通过对移民史料的考察加以确定。顺治元年（1644 年）开始，清政府为了恢复东北地区农业生产，曾经采取了一系列奖励向东北移民的招垦政策，致使辽东地区人口迅速增

---

① 李德滨等：《黑龙江移民概要》，黑龙江人民出版社 1987 年版，第 56 页。

长，甚至出现了民多地少的情况。但招垦政策仅持续了二十四年，清政府便出于保护"龙兴之地"的狭隘目的，于康熙七年（1668 年）下令对东北地区实行封禁，严禁汉人出关。在之后的二百年时间内，整个东北地区汉族人口进入的脚步大大放缓。黑龙江地区即使在招垦时期，也极少有关内汉人由辽东继续向北进入此地。加上长时间的封禁，汉族移民数量的增长更是缓慢。直到乾嘉年间，由于全国人口已过三亿大关，关内人多地少，再加上天灾人祸，致使一定数量的山东、直隶、山西等省的汉族流民，不顾禁令私自进入此区。据统计，乾隆三十六年（1771 年）黑龙江地区人口约 10 万，到嘉庆十七年（1812 年）增至 45 万人。[①]在短短的四十二年间，人口数量翻了两番多，其中绝大部分是汉族移民。一方面是汉族人口在数量上占有了绝对优势，另一方面汉族文化的影响和传播日益加强。嘉庆元年（1796 年），黑龙江将军、宗室永琨选齐齐哈尔八旗子弟二十人跟随流人龙光瓒学习汉书，始称汉官学，使汉语逐渐在满人中通行。两方面的因素促使 19 世纪前后，汉语开始成为黑龙江地区的通用语言。

而此时，站话已经在黑龙江西部的广大区域内存在了一百余年。作为黑龙江地区的早期汉语，随着站人人口的增长以及站话对周边地区影响的不断扩大，后入移民的汉语方言必定在与其接触的过程中相互影响，共同促成黑龙江方言的形成。

2. 从分布区域上看，站话纵贯黑龙江地区西部从南至北的广大地区，其对黑龙江方言的形成具有地域上的影响条件。

第二章中对站话在历史上的分布区域作了详细考察。清代黑龙江地区驿站的建设目的就是连接边境与内地，与之前的吉林、辽宁地区驿站相连，直达京师。因此，这条驿路纵贯南北，覆盖了黑龙江西部整个地区。站话即在这样广大的区域内通行。这使得它对黑龙江方言的形成产生影响，具有地域上的优势条件。

此外，黑龙江方言开始形成的时期，汉族移民大多进入的也是中西部地区。李德滨等（1987：34）对于清代移民进入黑龙江地区的情况有过详细考察。他说："清代进入东北地区的流民以山东、直隶两省为多。山东流民大部'泛海'，直隶流民大部'闯关'，从两条路线向东北流徙。""泛海和闯关而来的山东、直隶两省流民，开始大部分定居于辽河流域，之后渐次北进，至嘉庆道光年间，已经大量地进入黑龙江地区。流民沿奉天至吉林官道北进，大体在 1796—1820 年，先进入吉林地区，其后又分为两路进入黑龙江地区：一路自吉林、伯都讷沿嫩江两岸进入黑龙江西部地区，这

① 孙占文：《黑龙江省史探索》，黑龙江人民出版社 1983 年版，第 223 页。

部分流民大多数成为郭尔罗斯后旗（今黑龙江省肇源县）、杜尔伯特旗（今黑龙江省安达县附近——作者按，今为大庆市杜尔伯特蒙古族自治县）等地蒙古王公的佃户；另一路更多的流民则经双城堡至呼兰，并以此为据点沿旧官道北上，进入今绥化、海伦、青冈、拜泉一带，也有的进入宁古塔等东部地区。"①文中所说的一路流民进入的"郭尔罗斯后旗、杜尔伯特旗"等地，也是茂兴苏苏站（今肇源县茂兴镇）、古鲁站（今肇源县古龙镇）、塔拉哈池站（今杜尔伯特蒙古族自治县他拉哈镇）、多克多力站（今杜尔伯特蒙古族自治县巴彦查干乡太和村）、乌兰诺尔站（今肇源县新站）等八个驿站的所在地。而另一路流民主要进入的双城堡、呼兰、绥化、海伦、青冈、拜泉等中部地区，也都与站话区域相邻。此段时期的流民只有小部分流向黑龙江东部地区。由此可见，黑龙江方言开始形成时期，主要分布区域在黑龙江中部和西部，它受到西部站话更多的影响就是必然的了。

3. 驿站在经济、文化、人口等方面对于周边地区的影响，也是站话成为黑龙江方言来源的有利条件。

清代黑龙江地区驿站的设置，除了在反抗沙俄侵略、保卫边防中发挥了重要作用外，对于黑龙江地区的社会发展也产生了积极的促进作用。首先对当地农业生产的影响是非常大的。站丁进入驿站后，政府分给他们官田令其耕种自给，以站养站。因此站丁除跑马送信之外，主要从事农业生产。驿站附近的站丁地也就成了当地的农业基点。清朝初年，黑龙江地区的少数民族以渔猎采集经济为主，少数的农业生产也只是满足自家消费，而"站丁带来先进的耕作方法，对黑龙江地区的少数民族不无影响"。②少数民族在站丁的影响下，改变了原来原始粗放的耕作方式，采取"休闲""轮作"等先进方法，使得农业产量大增。"康熙末年（1722 年左右），黑龙江的粮食已可自给，不再需要南方运粮接济了。"③其次，驿站对于黑龙江地区的商业发展也产生了一定的作用。驿站建立以后，逐渐在几个大的驿站基础上发展起了商业中心。比如，"齐齐哈尔形成了山西帮、山东帮、直隶帮等较大商号"，"墨尔根、黑龙江城则成为中、北部（作者按，指黑龙江将军辖区的中、北部）的集市中心"。④各个驿站也都有大小不同的店铺在周围少数民族和汉人间进行商品交易。很多驿站还利用自身优势，成为往来过客的歇身之处。如《黑龙江外记》中记载："上下站壮丁，自为聚落。每站不下百十家，皆有官房待过客，私开旅店，间亦有之。过此则黄沙极

---

① 李德滨等：《黑龙江移民概要》，黑龙江人民出版社 1987 年版，第 34 页。

② 同上。

③ 孙占文：《黑龙江省史探索》，黑龙江人民出版社 1983 年版，第 111 页。

④ 同上，第 113 页。

目，白草蔽人，不至彼站，想闻鸡犬声不得。"①驿站因此也成为方言传播的一个有效途径。此外，黑龙江地区原有宗教为满族和其他少数民族中普遍流传的萨满教，驿站建立以后，佛教等宗教被带入此区，对当地的宗教信仰也产生了一定的影响。正如吕天光（1981：348）所说："清朝二百六十八年的历史，就是萨满教与佛教融合的历史。"②这种融合，正是通过民族间的相互交往、相互影响来实现的。可以想见，在以驿站为中心所进行的各民族间和各汉族移民间的农业、经济、文化等相互交流中，语言间的相互影响、融合必定发生。而站话作为当地的一种优势语言，在其中的影响作用应是较大的。

4. 从语言特征来看，黑龙江方言受到了移民主要来源地的山东、河北方言的一些影响，这是语言接触的必然结果。但从清末山东、河北移民在短期内以绝对优势数量集中进入的背景来看，这种影响并不算大。这也从另一个角度说明，黑龙江方言在移民大量进入前已经形成发展，并已基本定型。站话与黑龙江地区其他早期汉语方言的语言特征，构成了黑龙江方言特征的基础。

黑龙江地区汉族人口的激增是在清朝末年"弛禁、开禁政策"实施之后。咸丰十一年（1861 年），内外交困的清政府在黑龙江地区逐步弛禁招民，此段期间（1861—1904 年）黑龙江人口由嘉庆时的 40 余万，激增到 200 多万。光绪三十年（1904 年），清政府在黑龙江地区全面开禁招垦，关内北方各省的贫苦农民更加"蜂攒蚁聚"，致使移民数量在清末的一段时间里达到了高峰。1907 年黑龙江地区人口总计 250 多万人，到 1911 年达到了 300 多万，③仅仅四年时间就增加了近 50 万人。民国时期，移民数继续与年俱增，使得黑龙江地区人口进入非常增长时期。从 1911 年辛亥革命起到 1931 年"九一八"事变止，黑龙江地区人口总数在二十年间增长一倍，达到 600 多万，增长人口中绝大多数为外省移民。

这些数字让我们不得不思考，为什么在短暂的集中时间内，以如此强势的移民数量进入到黑龙江地区的山东、河北方言，并没有覆盖或给黑龙江方言带来过多的影响？山东方言通过移民对辽东半岛方言的影响是方言随移民流动的典型案例，它的结果是隔海相望的两个地区方言特征一致，同属胶辽官话。那么，该如何解释如此巨大数量的移民对黑龙江方言的这种影响表现呢？

山东方言对辽东半岛方言的覆盖影响，有其特殊的产生条件。其中两

---

① 西清：《黑龙江外记》（卷 2），黑龙江人民出版社 1984 年版，第 20 页。

② 吕天光：《北方民族的原始社会形态》，宁夏人民出版社 1981 年版，第 348 页。

③ 孙占文：《黑龙江省史探索》，黑龙江人民出版社 1983 年版，第 274 页。

个最重要的因素是两地历史上的密切关系和清初辽东半岛人口构成的巨大变化。胶东半岛与辽东半岛因为地缘的关系，自古以来就联系密切。明代辽东都司（治辽阳）属山东行省（治济南），在政区上加强了两地的关系，方言上的来往也更加紧密。更为重要的原因，是明末辽东人口结构发生了重要的变化。曹树基（1997：628—629）认为："在明代后期辽东地区大约300万汉人中，有250万左右外迁了。另有一大批死于兵火或被满人掳为奴隶，所剩就是金兵占领区的汉人了。……以后对辽东的移民垦殖就在这一背景下发生。"①这也就是说，清初山东移民进入辽东后，成为这里的人口主体，方言自然随之一起进入，形成了两地一致的胶辽官话。

　　与此不同的是，山东、河北移民大量进入黑龙江地区时具有不一样的背景。前文已述，清代之前已有北方汉人进入此区，他们大多为辽金等少数民族统治者掳掠至此的中原汉人，所持方言应为以燕京话为中心的幽燕方言。开禁之前（1861年之前）黑龙江地区汉人来源主要为流人和驻军。流人与驻兵中有少量来自于南方，大多数由吉林、辽宁地区或其他北方地区进入。站人是这些流人中的一部分，所持站话来源于明末清初的辽东话，它同样也以幽燕方言为源头。此外，此段期间的黑龙江移民构成中，还有一类移民在黑龙江方言形成中起到了重要作用，那就是乾隆、道光年间由北京回迁到今天哈尔滨周边地区的满族旗人。清政府为了解决关内旗人的生计问题，动员大量旗人到边疆屯田，先后有5000户以上讲北京话的满洲人到达了黑龙江地区。②这些人将清代北京话带到当地，对当地方言特征的形成产生了重要影响。这些汉语方言在相互融合的过程中逐渐形成发展，成为黑龙江方言的基础。虽然使用人口基数较小，但经过代代繁衍，人口逐渐增多。再加上19世纪前后汉语在黑龙江地区通行，少数民族人口学习的也是这种黑龙江方言。因此，当清末汉人大规模进入到黑龙江地区时，这一方言已经在黑龙江地区通行了一百余年。山东、河北移民方言在与当地黑龙江方言的接触中，为了交流的便利，双方都会趋于扬弃母语方言中令对方难以理解的语言成分，由此在语言环境上产生了"净化"各地方言的客观需求。即邢向东（2002：694）所说，提取"最大公约数"，是方音系统整合的形式之一。而黑龙江方言因其在形成过程中，已经为适应各时期各种来源移民方言采取了相应的调整和转换，容易为大多数人接受和使用。因此，黑龙江方言以其长处"净化"着其他移民的方言。而从社会心理的角度来看，移民也趋向于通过改造自己的方言，更快地融入到新的环

---

① 曹树基：《中国移民史》，福建人民出版社1997年版，第628-629页。

② 邹德文：《清代东北方言语音研究》，博士学位论文，吉林大学，2009年，第24页。

境中去。因此，山东、河北移民虽然在短时期内大量涌入此地，但并没有使黑龙江方言发生根本性的改变。当然，方言的影响必定是相互的，移民方言中的一些特征也体现于今天的黑龙江方言之中。比如山东方言中古日母字读零声母，河北方言中古影疑母字读[n]声母，以及对山东、河北方言词汇的借用等特征，存在于黑龙江方言的很多区域之中。

第四章对站话的语音特征进行了初步的考察，从今天的共时平面来看，站话中存在的一些特征极好地说明了语言接触中，黑龙江方言与移民方言的竞争和演变。比如古日母字、古影疑母字在今天站话分布点内仍然具有高度的一致性，即古日母字不读零声母，古影疑母字不读[n]声母。而黑龙江方言中情况较为复杂，如古影疑母字"除庆安、安达、肇州、肇源、双城、五常、宾县、巴彦、木兰、方正、延寿等今读[n]声母，漠河、呼玛、黑河、逊克、孙吴、嘉荫、同江、抚远、饶同等今读[Ø]声母外，其他各地今读[n]声母或[Ø]声母不定，有的还可以自由互换"。①古日母字的读音各点也存在着差异（参见本书第四章）。这些情况一方面体现了方言接触中由竞争产生的不稳定表现，另一方面也说明了站话对黑龙江方言特征形成的影响。

三 站话特征直接影响了黑龙江西部方言区特征的形成

黑龙江东西两区方言的差异，从另外一个角度说明了站话对于黑龙江方言及其格局形成的作用。郭正彦（1986）根据古知庄章组字声母今读音的不同，将黑龙江方言分为东西两个方言区，东西方言区的主要差异在于"北京话读[tʂ tʂʰ ʂ]声母的字，西区今一般读[tʂ tʂʰ ʂ]，和古精组字不同音，东区今一般读[ts tsʰ s]，和古精组同音"。②东西两区这种语音上的差异，恰好可以体现站话对于黑龙江方言格局形成的作用。郭正彦所说的西部方言区主要分布于西部嫩江流域，南部中部的松花江流域以及北部的黑龙江上游，共有五十三个县市，而站话分布区域从南至北贯穿其中，因此它对于周边方言的影响是必然存在的。第四章中对站话古知庄章组与古精组字声母的发展演变情况作了考察，可知站话在进入黑龙江地区时，知庄章与精组字声母处于分立不混的格局，这种语音特点实际上奠定了黑龙江西部方言语音的基础，在东西两区差异特征的形成中发挥了作用。

以上通过对黑龙江方言形成过程的梳理，可以得出：站话作为黑龙江地区的早期汉语方言，它为黑龙江方言的形成奠定了基础，是黑龙江方言的基础方言之一，在黑龙江方言及其格局形成中具有重要作用。

---

① 郭正彦：《黑龙江方言分区略说》，《方言》1986 年第 3 期。

② 同上。

第二节　对站话濒危现象研究的几个问题的思考

戴庆厦（2004：5—6）提出以多项综合指标体系来判断濒危方言。这一综合指标体系可分为核心指标和参考指标两类。核心指标起主要作用，主要有三：一是丧失母语人口的数量比例。二是母语使用者年龄段的分布比例。三是母语能力的大小。参考指标是起补充、印证作用的，它包括母语的使用范围、对母语的语言态度以及与语言使用相关的社会、文化、经济等情况。①

对比戴庆厦提出的这一综合指标体系，站话无疑是一种濒危的汉语方言。从核心指标来看，站话的使用人口比例极小，年龄主要分布在七十岁以上，相应地，"说"的语言功能已经严重衰退。以我们的调查经过为例，通常我们来到站话代表点后会直接和村委会联系，由村委会提供本村可调查的站人名单，这一名单大概只占本村站人总数的 10%—20%。比如杜尔伯特蒙古族自治县的太和村总人口 3207 人，站人 2400 人，占本村总人口的 80%，但据村委会的了解，站人中能说站话的不多，只提供了 30 个人的名单，这些人全部都在六十五岁以上。其中二十人是夫妻。但当我们和这些人初步接触后就发现，其中还能保留一些站话特征的人只占三分之二，其他人都与周边民人一样，说的是黑龙江方言。再比如齐齐哈尔昂昂溪区的头站村，总人口 1947 人，站人占全村人口四分之一多。我们在村委会推荐的十余人中，最终选择了夫妻均为站人，家中保存家堂庙和家谱的王姓老人作为发音人，但从前面的音系描写可以看出，站话特征已经相当薄弱了。至于像黑河的二站村、讷河的拉哈镇等，站人的身份还可以确认，但是很难找到保留站话特征的发音人了。从参考指标来看，游汝杰（1993）、郭风岚（2003）、陈立中（2005）都曾从语言态度、使用范围等方面对站话这种衰颓的表现进行过论述。

和一般方言研究相比，对于濒危方言的研究，在研究目标、研究方法等各方面都有更为特殊的要求。结合我们在站话研究中的一些思考与体会，以下从两个方面来加以讨论。

一　今后站话濒危现象研究的目标和任务

（一）目标

范俊军（2008）从"濒危"所具有的动态性和级次性角度，将濒危方

---

① 戴庆厦：《中国濒危语言个案研究》，民族出版社 2004 年版，第 5-6 页。

言概括为两类：活力不足、正在衰变的方言以及濒于灭绝的方言。前者可能进行"抢救"，后者则无法"抢救"，惟有记录和保存语料。①对于站话这样一种濒于消亡的方言，今后的研究目标主要包括以下两个方面：一是对站话进行全面的记录和描写，运用现代技术手段和研究方法对站话加以保存和分析。二是挖掘站话研究的价值和意义。费孝通曾经说过，语言所承载的"历史和传统就是我们文化延续下去的根和种子"。方言研究的意义，即在于挖掘其中所蕴含的丰富的历史文化、民俗传统、民族精神等宝贵资源，使之能够更长久地保留和延续。这是站话研究，也是所有濒危语言研究的出发点和最终归宿。

（二）任务

1. 从广度和深度上对站话进行更为全面的补缺调查

从广度上来看，目前对于站话的调查还远远不够，无法全面反映站话的全貌，很多站话资源还没有得到充分的认识和挖掘。首先，对于站话分布点的调查还有待于扩展。游汝杰（1993）、郭凤岚（2003）、陈立中（2005）分别调查了肇源县茂兴镇、泰来县时雨村以及嫩江县科洛村的站话，加上我们所调查的肇源县新站村、古龙村、杜尔伯特蒙古族自治县的太和村、昂昂溪区的头站村、富裕县的宁年村、讷河市的拉哈镇、嫩江县的塔溪村以及黑河二站乡的二站村等八点站话，目前只对站话分布区域的十一个点进行了调查。与第二章中我们确定的目前站话二十个分布点比较，只占其中的一半。此外，历史上的站话分布点，在今天有的发展为村屯，有的发展为乡镇政府所在地，而后者的分布情况就比较复杂。乡镇下设行政村屯较多，面积较大，站人分布较杂、较分散，极有可能有一些站人聚居和站话分布的区域是我们还没有关注到的。比如游汝杰（1993）考察肇源县茂兴镇站话时就注意到，距茂兴东十二里的张家窝棚的站人比古驿站所在地的茂兴更集中，约占当地人口百分之九十。这是站人在驿站裁撤、走出驿站后自发流向的新的分布区域。如果没有更为细致深入的走访调查，这些站话资源可能一直到消失，都不可能被充分地挖掘和利用。

从深度上来看，目前对于站话的调查还无法达到完善的要求。比如在语音方面，仅局限于声韵调基本系统的归纳、变调描写等，而缺少对于语音项目更为全面的考察，以及语音在短语、句子等不同语言层级上的动态变化描写；在语法方面，应对站话的语法现象进行更为深入地观察和描写，在与周边方言的充分比较中，归纳站话的语法特征；在词汇方面，也大多按照词表上的词条进行调查记录，忽略了实际语言交际中鲜活而富有特色

---

① 范俊军：《岭南濒危汉语方言研究刍议》，《学术研究》2008 年第 11 期。

的词汇以及反映站人习俗观念的"文化符号"词汇。这些词汇中所蕴含的意义价值没有得到充分地挖掘，使站话这一濒危方言的研究目标难以落实到它的"最终归宿"上。例如，站话中有许多反映站人婚丧嫁娶、衣食住行等风物习俗的词语，这些习俗在今天有很多已经不复存在，但它们却存留于词语当中。如果不对这些词语加以搜集和整理的话，这些曾经存在过的独特的文化、历史现象也将随着词语的消失而永远消失，这将是"无可挽回的损失"。

2. 利用各种存储介质对站话活态语料完整地保存

充分记录和保存语料，是濒危方言研究的主要任务。它的目的不仅在于对濒危方言语言结构的记录，还在于对方言所承载的地域文化等资源的记录与保存。如果没有充分的记录，方言以及与之相关的文化现象一旦消失，便永远无法恢复。20世纪80年代后期，国外的语言学者就如何在当代文化环境和技术条件下记录和描写濒危语言，采集和保存濒危语言资源等问题进行了持续不懈的研究，形成了一门新的语言应用学科——记录语言学（documantary linguistics）（范俊军 2008）。这一新颖的学科理论为我们的濒危方言研究提供了有效的理论与方法上的启示。在目前国内的濒危方言研究中，很多研究者都开始关注通过建立音档及语料库的方法，记录、收集尽可能丰富的语言现象。通过这一手段，不仅对濒危方言的语音、词汇进行记录，便于今后的研究，而且还可以对俗语、民歌、民间故事等语言材料加以保存，真实地反映濒危方言的自然语言面貌，从而保留当地特有的民俗民风等文化遗产。

站人的祖先在清初由辽东辗转云南，生活了二十余年后又万里跋涉来到了北疆，虽然在语言特征上并没有受到云贵方言过多的影响，但是很多的习俗却保留着南方的苗岭风情。这些风俗习惯很多已经消失，但有一些还留存于语言当中。以两个词语为例，比如"耍青"，意思是在农历五月初五（五月节）时，大人孩子都把最好的衣服穿在身上，欢欢乐乐地到野外去玩，青年男女还对歌传情。据说这一天是站人们最喜欢的节日。再如，站人女子从前喜欢穿白，窄衣紧袖，头发梳得光亮美观，却光着脚板下地干活。因此被当地民人嘲笑为"修头不修脚"。这些代表着文化多样性的语言如果不加以保存，很可能会像站人中的"女字"那样永远成为历史之谜。肇源县站人杨中华、李世银都曾撰文谈过他们在20世纪50代亲眼见过的，在站人妇女中曾经流传的"女字"。这种文字形象各异，类似甲骨文的符号，只在女人中通行，已经失传。据说是来自云南已经失传的"女书"。对于站话中活态语料的记录与保存，目的就是将不断衰颓的语言特征及文化资源有效地存留，为相关的社会语言学、文化学、历史学、人口学等研究提供宝贵的资料。正如联合国教科文组织濒危语言问题特别专家组所指出的那样，已经无法保持、延续或恢复活力的语言，仍然值得对其做出尽可能完整的记录。这是因为，每一种语言都蕴涵着独特的文化知识和生态知识。同时，它丰富了人类的智力财富，展现了一种于现有知识而言可能是全新的文化视野，并且，记录过程常常能够帮助该语言使用者重新激活其语言和文化知识。①

此外，按照联合国教科文组织濒危语言问题特别专家组给出的濒危语言等级判断标准，站话已是一种"极度危险"的濒危方言，对于它的资料获取很有可能是最后一次或是唯一一次。因此对它的记录与保存必须及时、完整。因为一旦没有及时全面的记录，这种缺失可能就是无法弥补和挽回的。比如我们于2012年5月在新站镇调查了一位82岁的李姓发音人，她的站话特征保留非常突出，而且对站人的历史、风俗了解得非常丰富，同时又极其开朗善谈，是一位非常理想的发音合作人。但当我们在2013年10月再一次去寻访她作补充调查时，老人已经辞世。可以想象，随着站话在使用人口数量上的日渐萎缩，站话资源面临着随时消亡的可能。因此，在对站话资料进行记录和保存时，要充分采取录音、摄像等多种手段，借助成熟的方言处理软件技术（比如现在被广泛运用的Elan多媒体转写标注软件②），进行语言存档和语料库建设，直观形象地多角度反映站话的面貌及其蕴含的社会文化信息，最大程度地加以保存。

二　站话濒危现象研究中方言群体的主导地位

方言群体在濒危方言研究中的主导地位，是方言研究中一个崭新的视角，也是濒危方言研究中极具战略性眼光的有效策略。联合国教科文组织在《语言活力与语言濒危》一文中，明确提出了语言族群在濒危语言研究中的主导地位：

在少数民族语言族群中，越来越多的人对研究工作提出了如下要求：（1）要求对指导研究的条款与条件享有支配权；（2）要求有权享有并在未来有权使用研究成果（例如，要求享有征得他们同意与否决的权利；他们想了解研究成果能给自己带来何种利益；他们希望有权决定研究成果的传播和使用方式。总而言之，他们期望拥有与外来研究者同样的平等关系，

---

① 联合国教科文组织濒危语言问题特别专家组，范俊军等译：《语言活力与语言濒危》，《民族语文》2006年第3期。

② Elan是荷兰纽梅因马普心理语言学研究所开发的一个多媒体转写标注软件，在语言存档、口语语料库建设、濒危语言和方言的保存等方面被广泛使用。已由湖南师范大学李斌进行简体中文的汉化（目前为4.2版，2012年2月更新），汉化文件已经加入Elan官方安装程序。下载地址：http://lat-mpi.eu/tools/elan.。

期望在属于他们自己而不是别人的研究过程中成为积极的参与者。)①

这一提法也应成为站话濒危现象研究的准则和策略。我们认为，方言主体的积极参与与主导地位，主要体现在以下两个方面：

1. 方言主体热爱自己的方言与地域文化，热衷于对本方言的研究和本地文化资源的搜集整理，愿意为方言学者的专业研究提供相关的基础资料，渴望在方言研究中发出自己的声音。

如果在当地有这样一支积极发挥主导作用的民间研究队伍，将极大地促进方言研究的效率，也会使濒危方言在一定程度上注入新的活力。比如肇源县由政协牵头，成立了"站人文化研究会"。研究会成员主要为热爱文史研究的当地群众，还有一些地地道道的农民。他们在定期发行的内部刊物《古驿风情》中刊发了很多有关古驿站历史、地理、古迹等介绍或考察文章，也有一些涉及方言与民俗的资料。这部分资料的价值在于它为方言的专业研究者提供了许多在短期调查中无法发现的方言事实，也可以使研究者在实地调查前能够有针对性地制订调查项目和计划，大大提高了方言研究的成效。当然，民间研究的局限性也是显而易见的，即许多判断不是建立在考证的基础上，而多为听闻或主观判断。比如在这套系列丛书中，几位作者为了说明站人与云贵的联系时，都提到站话中的"街 kai、去 kʰɤ、哈什屋仓房 xa ʂ u"等来源于苗语或云贵方言，显然没有根据。因此，在充分发挥民间方言群体的效用性的要求下，对方言学者和研究者提出了更高的要求，那就是有必要在濒危方言群体中培养语言文化积极分子，适当传授观察方言现象的方法和方言记录的相关技能，建立长期的合作关系，以便追踪濒危方言的发展动态，及时获取相关资料。这是除了方言主体之处，任何的研究者和研究机构都不具有的优势。

2. 民间方言群体希望可以借助于语言学者的研究与宣传，使当地方言可以承载更多的效益，比如文化效益、经济效益、社会效益等，享有更多的由方言研究带来的权益。

实际上，这不仅仅是方言群体的愿望，也是所有科学研究的目标，即任何研究都应该以服务社会为导向，社会科学也不例外。对于濒危方言来讲，它"是学术资源，也是文化资源，为地方群体专有，也为社会共享。单纯以研究者的学术成果为取向，是将濒危方言视为个人研究资源，本质上是对民间资源的一种抢占"。②因此，濒危方言研究者应树立为方言群体

---

① 联合国教科文组织濒危语言问题特别专家组，范俊军等译：《语言活力与语言濒危》，《民族语文》2006 年第 3 期。

② 范俊军：《岭南濒危汉语方言研究刍议》，《学术研究》2008 年第 11 期。

服务的意识，只有这样，方言主体才能发挥出最大的积极作用，方言研究也才能实现其更多的社会价值。

站人是一个较为特殊的群体，他们在历史上的特殊身份使他们在民系发展过程中，并不愿意凸显个人身份，而身份的显示在很多情况下都是以语言作为标志的。因此，随着清末民初山东、河北移民的大量涌入，站人在主观上倾向于通过弱化自己的方言特征，来弱化自己的身份特征。这也是站话逐渐衰颓的主要因素之一。但是近十年来一些地方对于站人文化历史的挖掘和重新认识，提高了站人对于自身身份的认同感，包括对于站话的态度也有了极大的改变。站人们在研究自己方言、文化的热潮中，体会到了作为方言主体和文化主体的责任感和自豪感，这样的一种社会效益使站人们愿意投入更多的热情协助方言学者的研究和调查，同时也在一定程度上"重新激活其语言和文化知识"。在我们调查站话各分布点时发现，对于站人文化的开发越为积极的地点，其方言特征越为突出。比如宁年县文管所申报的"古驿道站丁习俗"项目入选为黑龙江省非物质文化遗产名录，嫩江县也开始动工修建"古道驿站博物馆"，这使得很多站人开始重新审视站人的历史和现状，热衷于修订家谱，并投入了极大的热情对方言、风俗等加以挖掘和研究。方言主体的积极态度与方言特征的显著程度，实际上是互为因果，互相促进的。因此，使方言主体享有更多的由方言研究带来的社会效益，是濒危方言研究的策略和目标之一。

同样，站话与站人文化的研究甚至可以带动当地的旅游经济、文化经济等多项发展，使站人享有更多的经济效益。比如肇源茂兴和富裕宁年都在站话与站人文化研究的热潮中修建了"驿站风情园""驿站人家"等旅游项目，嫩江县城内有多家以驿站传统饮食为特色的"驿站美食城"等。这也提醒方言研究者，可以利用自身的专业优势，帮助这些项目注入更多的方言与文化内涵，使它们具有更多的生发点和增长点。方言主体在其中获得经济效益的同时，也是在为濒危方言中所承载的地域文化的挖掘与传承做出自己的贡献。

参考文献

1. 爱辉县修志办公室：《爱辉县志》，北方文物出版社 1986 年版。
2. 爱新觉罗瀛生：《满语杂识》，学苑出版社 2004 年版。
3. 高艾军、傅民编：《北京话词典》，北京大学出版社 2001 年版。
4. 孟宪振：《清初吉林至瑷珲驿站考》，《历史档案》1982 年第 4 期。
5. 曹树基：《中国移民史》，福建人民出版社 1997 年版。
6. 陈立中：《黑龙江站话研究》，中国社会科学出版社 2005 年版。
7. 陈其光：《语言调查》，中央民族大学出版社 1988 年版。
8. 陈章太：《方言岛》，载于根元等《语言漫话》，上海教育出版社 1981 年版。
9. 戴庆厦：《中国濒危语言个案研究》，民族出版社 2004 年版。
10. 丁声树：《方言调查词汇手册》，《方言》1989 年第 2 期。
11. 董绍克等：《汉语方言词汇比较研究》，商务出版社 2013 年版。
12. 杜尔伯特蒙古自治县地方志编纂委员会：《杜尔伯特蒙古自治县县志》，黑龙江人民出版社 2002 年版。
13. 范俊军：《岭南濒危汉语方言研究刍议》，《学术研究》2008 年第 11 期。
14. 高晓虹：《北京话入声字文白异读的历史层次》，《语文研究》2001 年第 2 期。
15. 高扬：《东北方言中的满语借词》，硕士学位论文，广西师范大学，2010 年。
16. 耿振生：《明清等韵学通论》，语文出版社 1992 年版。
17. 王长元、王博编：《关东方言词典》，吉林教育出版社 2001 年版。
18. 郭风岚：《黑龙江科洛站话记略》，《文化学刊》2008 年第 2 期。
19. 郭风岚：《黑龙江站话的分布区域与归属》，《方言》2008 年第 1 期。
20. 郭风岚：《文化缺失与语言的濒危——以站人、站话为例》，《中国文化研究》2007 年夏之卷。
21. 郭风岚：《消变中的科洛站话》，《中国社会语言学》2003 年第 1 期。
22. 郭风岚：《宣化方言及其时空变异研究》，语文出版社 2007 年版。
23. 郭风岚：《语言变异:本质、因素与结果》，《语言教学与研究》2006 年第 5 期。

24. 郭正彦：《黑龙江方言分区略说》，《方言》1986 年第 3 期。

25. 贺登崧著，石汝杰等译：《汉语方言地理学》，上海世纪出版集团 2012 年版。

26. 贺巍：《东北官话分区（稿）》，《方言》1986 年第 3 期。

27. 贺巍：《中原官话分区（稿）》，《方言》2005 年第 2 期。

28. 黑龙江省档案馆等编：《清代黑龙江历史档案选编》（光绪二十一年至二十六年），黑龙江人民出版社 1987 年版。

29. 黑龙江省地方志编委会：《黑龙江省志（第五十八卷）方言民俗志》，黑龙江人民出版社 2001 年版。

30. 黑龙江省肇源县地方志编审委员会办公室：《肇源县志》，中国标准出版社 1985 年版。

31. 黄伯荣：《汉语方言语法调查手册》，广东人民出版社 2001 年版。

32. 黄典诚：《汉语语音史》，安徽教育出版社 1993 年版。

33. 黄锡惠：《汉语东北方言中的满语影响》，《语文研究》1997 年第 4 期。

34. 黄锡惠：《黑龙江省满语地名翻译的几个问题》，《满语研究》1985 年创刊号。

35. 姜成厚等：《富裕县志》，中共党史资料出版社 1990 年版。

36. 姜文振：《试论黑龙江方言中的合音现象》，《求是学刊》1997 年第 6 期。

37. 姜希俊：《站人春秋》，载王鸿鹏编《古驿风情》，肇源县文化活动中心内部资料 2011 年。

38. 金受申：《北平通：儿女英雄传：北平方言考释》，《一四七画报》1946 年 8 月 9 日第 13 版。

39. 李得春：《老乞大朴通事谚解朝鲜文注音》，《延边大学学报》（社会科学版)1992 年第 1 期。

40. 李德滨等：《黑龙江移民概要》，黑龙江人民出版社 1987 年版。

41. 李德春：《〈四声通解〉今俗音初探》，《民族语文》1988 年第 5 期。

42. 李荣主编，刘丹青编纂：《南京方言词典》，江苏教育出版社 1997 年版。

43. 李荣主编，汪平编纂：《贵阳方言词典》，江苏教育出版社 1998 年版。

44. 李荣主编，魏钢强编纂：《萍乡方言词典》，江苏教育出版社 1998 年版。

45. 李荣主编，尹世超编纂：《哈尔滨方言词典》，江苏教育出版社 1997 年版。

46. 李荣主编，朱建颂编纂：《武汉方言词典》，江苏教育出版社 1998 年版。

47. 李如龙：《汉语方言特征词研究》，厦门大学出版社 2002 年版。

48. 李如龙：《汉语方言学(第二版)》，高等教育出版社 2007 年版。

49. 李兴盛：《东北流人史》，黑龙江人民出版社 1990 年版。

50. 联合国教科文组织濒危语言问题特别专家组，范俊军等译：《语言活力与语言濒危》，《民族语文》2006 年第 3 期。

51. 林焘：《北京官话区的划分》，《方言》1987 年第 3 期。

52. 林焘：《北京官话溯源》，《中国语文》1987 年第 3 期。

53. 刘凤云：《清代三藩研究》，中国人民大学出版社 1994 年版。

54. 刘小南、姜文振：《黑龙江省志·方言民俗志·方言编》，黑龙江人民出版社 2001 年版。

55. 刘宇等：《拉林—阿勒楚喀满族京旗汉语方言岛述略》，《黑龙江民族丛刊》2011 年第 5 期。

56. 刘云：《〈小额〉及其作者松友梅》，载松友梅《小额》（注释本），世界图书出版公司 2011 年版。

57. 刘正琰等编：《汉语外来词词典》，上海辞书出版社 1984 年版。

58. 陆澹安编著：《戏曲词语汇释》，上海锦绣文章出版社 2009 年版。

59. 陆澹安编著：《小说词语汇释》，上海锦绣文章出版社 2009 年版。

60. 路遇等：《中国人口通史》，山东人民出版社 2000 年版。

61. 吕叔湘：《汉语语法分析问题》，载吕叔湘《汉语语法论文集（增订本）》，商务印书馆 2002 年版。

62. 吕天光：《北方民族的原始社会形态》，宁夏人民出版社 1981 年版。

63. 马文忠等：《大同方言志》，语文出版社 1986 年版。

64. 孟宪振：《清初吉林至瑗珲驿站考》，《历史档案》1982 年第 4 期。

65. 孟祥宇：《辽宁通溪片语音研究》，硕士学位论文，辽宁师范大学，2012 年。

66. 讷河县文物志编写组：《讷河县文物志》，北方文物杂志社 1986 年版。

67. 嫩江县地方志编纂办公室：《嫩江县志》，三环出版社 1992 年版。

68. 聂志平：《黑龙江方言词汇研究》，吉林人民出版社 2005 年版。

69. 齐齐哈尔市地方志编纂委员会：《昂昂溪区志》，黑龙江人民出版社 2006 年版。

70. 钱曾怡：《汉语方言研究的方法与实践》，商务印书馆 2009 年版。

71. 钱曾怡：《汉语官话方言研究》，齐鲁书社 2010 年版。

72. 钱曾怡等：《莱州方言志》，齐鲁书社 2005 年版。

73. 裘真：《山东棒子、老畚与臭糜子——哈尔滨方言的渊源》，《学理论》2009 年第 5 期。

74. 史有为：《汉语外来词》商务印书馆 2003 年版。

75. 宋恩泉：《汶上方言志》，齐鲁书社 2005 年版。

76. 孙占文：《黑龙江省史探索》，黑龙江人民出版社 1983 年版。

77. 索绪尔：《普通语言学教程》，商务印书馆 1980 年版。

78. 泰来县地方志办公室：《泰来县志》，黑龙江人民出版社 1992 年版。

79. 汪如东：《江苏海安方言的"子"尾词》，《方言》2012 年第 4 期。

80. 王福堂：《汉语方言语音的演变和层次》，语文出版社 1999 年版。

81. 王力：《汉语语音史》，中国社会科学出版社 1985 年版。

82. 王力：《王力文集》（第十卷），山东教育出版社 1987 年版。

83. 王力：《王力文集》（第十一卷），山东教育出版社 1990 年版。

84. 王利：《晋东南晋语语音研究》，硕士学位论文，山东大学，2008 年。

85. 王临惠：《天津方言阴平调值的演变过程》，《中国语文》2012 年第 1 期。

86. 王培英：《论俄罗斯文化对哈尔滨的影响》，《黑龙江教育学院学报》2002 年第 3 期。

87. 王士元著，石锋等译：《语言的探索——王士元语言学论文选译》，北京语言文化大学出版社 2000 年版。

88. 魏毓兰等撰，李思乐等点校：《龙城旧闻》，黑龙江人民出版社 1986 年版。

89. 温洪清、李志红：《清代黑龙江地区的驿道和驿站》，《黑龙江史志》2007 年第 7 期。

90. 西清：《黑龙江外记》（卷 2），黑龙江人民出版社 1984 年版。

91. 香坂顺一著，江蓝生、白维国译：《白话语汇研究》，中华书局 1997 年版。

92. 邢向东：《神木方言研究》，中华书局 1986 年版。

93. 徐通锵、王洪君：《说"变异"》，《语言研究》1986 年第 1 期。

94. 徐宗亮等撰，李兴盛等点校：《黑龙江外记》（卷 2 建置），黑龙江人民出版社 1985 年版。

95. 许宝华、潘悟云：《不规则音变的潜语音条件——兼论见系和精组声母从非腭音到腭音的演变》，《语言研究》1985 年第 1 期。

96. 杨柏森：《茂兴八大姓"八辈子姑舅亲"的由来》，载《古驿风情》（一），肇源县文化活动中心内部刊物，2005 年。

97. 杨宾：《龙江三纪·柳边纪略》卷之三，黑龙江人民出版社 1985 年版。

98. 杨春宇：《辽宁方言知、庄、章组的语音类型及特征》，《辽宁师范大学学报》（社会科学版）2013 年第 1 期。

99. 杨森：《锦州方言词汇研究》，硕士学位论文，辽宁师范大学，2012 年。

100. 叶祖贵：《固始方言研究》，中国社会科学出版社 2009 年版。

101. 尹世超：《哈尔滨市志·方言》，黑龙江人民出版社 1998 年版。

102. 尹世超主编：《东北方言概念词典》，黑龙江大学出版社 2010 年版。

103. 游汝杰：《汉语方言岛及其文化背景》，《中国文化》1990 年第 2 期。

104. 游汝杰：《黑龙江省的站人和站话述略》，《方言》1993 年第 2 期。

105. 曾寿著，季永海译注：《随军纪行译注》，中央民族学院出版社 1987 年版。

106. 张佰英总纂，崔重庆等整理：《黑龙江志稿·经政·氏族)》卷 11，黑龙江人民出版社 1992 年版。

107. 张军：《响水县方言音系比较研究》，硕士学位论文，南京师范大学，2004 年。

108. 张强：《四川盐亭等六县市方言音系调查研究》，硕士学位论文，四川师范大学，2012 年。

109. 张庆山：《神驰嫩江驿站》，黑龙江人民出版社 2013 年版。

110. 张世方：《北京官话语音研究》，北京语言大学出版社 2010 年版。

111. 张树铮：《山东方言语音特征的扩散方向和历史层次》，《山东大学学报》（哲学社会科学版）2007 年第 5 期。

112. 张涌泉：《〈金瓶梅〉词语考释》，《杭州大学学报》1989 年第 12 期。

113. 张志敏：《东北官话的分区(稿)》，《方言》2002 年第 2 期。

114. 中国社会科学院和澳大利亚人文科学院合编：《中国语言地图集》，香港朗文出版（远东）有限公司 1987 年版。

115. 中国社会科学院语言研究所：《方言调查字表（修订本)》，商务印书馆 1981 年版。

116. 周荐：《四字组合论》，《汉语学报》2004 年第 1 期。

117. 周一民：《北京话儿化的社会文化内涵》，《北京社会科学》2011 年第 5 期。

118. 周一民：《北京口语语法》，语文出版社 1998 年版。

119. 周振鹤、游汝杰：《方言与中国文化(第 2 版)》，上海人民出版社 2006 年版。

120. 朱莹：《集安市榆林镇话语音词汇研究》，中国社会科学出版社 2012 年版。

121. 庄初升：《论闽南方言岛》，《韶关学院学报》（社会科学版）2001 年第 1 期。

122. 庄初升：《试论汉语方言岛》，《学术研究》1996 年第 3 期。

123. 邹德文：《清代东北方言语音研究》，博士学位论文，吉林大学，2009 年。

后　记

本书是在我的博士论文《黑龙江站话的特征及流变研究》的基础上修改而成的。书稿付印之际，内心的感慨与感恩无以言说。姑且就以博士论文中的"致谢"来表达我此时的心情吧。

不惑之年，重新做回学生，对我而言，既是上天的恩赐，更是一次严峻的考验。

百年名校厚重的历史，美丽校园洋溢的青春气息，环绕身边的浓郁的学术氛围以及名家时贤的谆谆教诲，都令我沉迷不已，时时感恩于命运的眷顾。然而，论文的写作过程，对于已经离开校园近二十载，缺少严格专业训练的我来讲，毫无疑问，是一次艰巨而痛苦的历程，甚至一度被认为是"不可完成的任务"。今天，当这篇小文终于磕磕绊绊得以问世的时候，心中满满充斥的只有两个字——感谢。

感谢我的导师周一民教授。这篇论文的写作，从选题的确立、框架的构建，到材料的选择、细节的修订，如果没有导师精准悉心的提点指教和不断的鼓励，我可能至今还汗漫无归，甚至已经中途放弃。尽管愚钝如我，对于导师的指点只能领悟、落实十之一二，但这也足以使我于迷途中找到方向，并坚持走了下来。感谢导师对我这个天资驽钝的"老学生"的宽容、理解与帮助，他的教诲和这份师生情谊我将铭记于心，终身难忘。

同时，也感谢论文的开题专家、预答辩专家刁晏斌教授、孙银新教授和李晋霞博士，以及三位匿名外审专家。他们的指导和建议给了我很多启发，让我在论文修改过程中获益良多。

我还要感谢我的家人，是他们一直以来的支持与关怀，激励我度过那些焦虑困惑的日子，使我可以心无旁骛地置身于论文的写作之中。尤其是我的女儿，在缺少妈妈陪伴的日子里，依然乖巧懂事，成绩优异。我希望可以用我今后更多的陪伴，弥补这三年间她成长岁月中妈妈缺席的遗憾。

尤其令我念念不忘的，是我在进行方言调查的过程中，来自朋友们热情而无私的帮助。感谢我少年时代的好友王亮帮助联络并细致安排了我在肇源县古龙镇的调查；感谢因孩子间的友谊而结识的女儿好友的爸爸尹利明，感谢他全程照顾并陪同我进行了嫩江县科洛乡的调查；感谢我的大学好友夏元鹏陪同我在肇源县新站镇、杜尔伯特县太和村进行调查；感谢好友郭湘英陪同我前往富裕县宁年村、昂昂溪头站村进行调查；感谢我的几位学生协助我完成了对讷河市拉哈镇和黑河市二站村等地的调查。他们的友情和付出，我将永远珍存于心。

　　我更要感谢那些与我素昧平生的发音合作人。他们的质朴热情和积极配合，使每一次乡间小路上的颠簸，田间地头的交谈，村委会里的谈古论今，温暖农舍中漫长而又略显枯燥的记音过程，都成为温馨而美好的回忆。他们更让我知道，抛却了功利的学术，因为发现的喜悦和服务社会的价值，竟是这般的引人入胜和自在充实。在此，向这些黑土地上淳朴的站人后裔们，奉上我最深的敬意。

　　三年博士生活，是一次于世外桃园中的艰苦修行。凡尘苦恼暂忘，一心只向论文。虽难成佳作，却也收获颇丰。感谢这段求学经历，让我体验到了"时光倒流"的惊喜，让我更加敬畏学术，感恩生活。

　　感谢我的生命中，有你们相伴！

杨松柠

2014 年 5 月